KB143749

중국의
새로운
민주주의
탐색

중국의 새로운 민주주의 탐색

| 이희옥 지음 |

성균관대학교
출판부

차례

중국의
새로운
민주주의
탐색

서문

수업을 하거나 외부강의를 할 때, 자주 듣는 질문 중 하나는 '중국이 아직도 사회주의체제인가', '무늬만 사회주의 아닌가' 하는 것이다. 이것은 지속가능한 발전과 사회주의는 모순이기 때문에 중국이 자유민주주의 이데올로기를 도입할 수밖에 없다는 인식에 기반하고 있다. 그러나 이러한 희망적 예단에도 불구하고 중국의 사회주의체제는 여전히 기능하고 있고, 심지어 '중국예외주의'의 가능성을 제기하기도 한다. 실제로 중국의 당국가 체제는 어느 전문가의 전망과 같이 "수축과 적응을 반복해 가면서 시간을 정하지 않은 채 그럭저럭(muddling through) 유지될 가능성이 크다." 그리고 이러한 체제의 생존이 이데올로기 추입과 강압적인 통제만으로 이루어졌다면, 구소련과 동유럽이 걸었던 같은 길을 걸었을 것이다.

그러나 이와는 달리 중국은 줄곧 개혁과 전환의 역사였다. 제5세대 지도부인 시진핑-리커창 체제도 예의 '전면심화개혁(全面深化改革)'을 제시했다. 이것은 개혁을 심화시키지 않고서는 이 국면을 돌파하기 어렵다는 것을 의미한다. 더구나 힘과 이데올로기보다는 헤게모니나 권위를 통해 국가를 유지해야 하는 상황에서는 개혁이야말로 체제 정당성과 이데올로기적 정당성을 보장하는 근거이다. 그리고 사회주의의 부족은 민족주의를 거쳐 '중화의 가치'로 메우고 있다. 제4세대 이후 중국지도부는 '중화민족의 위대한 부흥'을 대표로 내걸었고 모든 이데올로기와 사상을 '중화'라는 용광로 속으로 빨아들이고 있다. 이것은 과거 상대화되었던 중국식 규범을 보다 보편적인 규범으로 만들고자 하는 새로운 현상이다.

그동안 사회주의 이데올로기는 많은 부침을 거쳤다. 그 과정에서 이데올로기가 중국정치에 작동하는 범위와 방법에도 많은 변화가 있었다. 그럼에도 불구하고 체제의 뼈대인 사회주의 이데올로기는 당-국가체제의 작동 원리, 업적주의(meritocracy)의 기초, 대안 이데올로기 부재 원인, 경제발전에도 불구하고 정치발전으로 전환되지 않는 이유를 설명하는 데 여전히 의미가 있다. 이것은 규범적인 옳고 그름이 아니라, 중국정치 이해의 차원이다.

건국 이후 특히 개혁개방 이후 중국정치는 매우 역동적이었다. 개혁, 전환, 전형(轉型), 이행, 변화라는 말은 중국정치를 관통하는 핵심주제였다. 때로는 중국의 변화의 폭과 깊이가 넓고도 빨라 항상 우리 예상을 넘어서 왔다. 많은 학습 경험을 했지만, 지금도 중국의 변화를 정확히 예측하고 따라가고 있다고 보기 어렵다. 그 결과 유수한 국제적 예측기관들의 중국경제 예측이나 정치학자들의 중국정치 전망은 점차 신중해지고 있다. 반면 중국은 상대적으로 자신감을 보이고 있다. 이미 세계 시장은 '중국을 위해 중국과 함께' 움직이고 있고 국제사회에서 중국의 영향력도 크게 증대했다. 2014년 3월 프랑스를 방문한 시진핑 주석은 "이미 중국이라는 사자는 깨어났다"고 자신감 있게 말했다. 그 과정에서 담론정치의 요체인 정치 이데올로기도 끊임없이 조정되어 왔다. 마르크스주의적 접근에 따르면 토대에 조응하는 상부구조의 일종인 이데올로기 수정은 자연스러운 것이었으나, 그람시적 접근에 따르면 이데올로기(상부구조)와 물질력(토대)의 관계에 있어 물질적 힘은 내용이고 이데올로기는 형태로서 상호 연관된 것이기도 하다. 이것은 이데올로기 없이는 물질적 힘이나, 물질적 힘이 없는 이데올로기는 개인적 공상들(fancies)에 불과하다는 것을 의미한다.

필자는 1990년 중반 중국의 이데올로기 연구로 박사학위를 받았다. 그 무렵은 강고해 보이던 소련과 동유럽 사회주의가 차례로 몰락하고 냉전이 끝난 시점이었다. 그야말로 '이데올로기의 종언', '역사의 종언'이 당시의 담론을 지배했다. 당시 필자의 관심은 중국이 자신의 이데올로기를 위해 전통과 고전 사회주의로부터 무엇을 발견하고 무엇을 버리고 있는가에 있었다. 1989년 천안문사건 직전 개혁개방의 세례를 받은 중국 지식인들의 열정은 뜨거웠고 찻집 살롱마다 논쟁이 넘쳐났다. 사실 '지금 여기'의 중국사회보다 자유롭고 논의의 폭도 넓었다. 천안문사건 당시 다양한 사조의 출현도 이러한 지적 분위기를 반영했다. 한국에서도 '87년 체제'를 맞이하면서 민주주의의 모색을 두고 다양한 토론이 전개되었다. 돌이켜보면 거칠었지만 진지했던 한국 사회구성체 논의도 이 맥락에서 전개되었다. 이러한 지적 분위기에서 중국정치학도가 중국의 자본주의와 사회주의에 대한 재인식에 주목하게 된 것은 자연스러웠는지 모른다. 이것이 길을 '잘못' 들어선 계기였다.

문제는 자료였다. 당시 관련 자료를 찾고자 했으나 한중수교 이전의 중국은 '죽의 장막'이었고 중국은 '중공'으로 불리던 시기였다. 당시 대학원 박사과정 입학과 유학 사이에서 방황하던 필자는 1989년 8월 작은 출판사 편집위원 자격으로 처음으로 천안문사건의 열기가 남아 있던 중국 땅을 밟았다. 첫 기착지는 홍콩을 경유해 내린 다롄이었다. 당시 정보기관으로부터 '적성국' 중국 방문을 앞두고 사전교육을 받았음은 물론이다. 다롄-선양-옌볜-청두 등지를 다니면서 천안문사건 이후 중국의 생생한 민낯을 볼 수 있었다. 천안문사건의 여파로 서방의 금수조치가 이루어지고 있는 상황에서 목격한 다롄 동북무역박람회의 을씨년스러운 풍경, 외국인은 외국환(外幣)을 사용해야 하는 묘한 이질감, 선양 중심가에 웅장하게 서 있던 마오쩌둥 동상, 일찍 저무는 대도시의 저녁 풍경, 옌볜 서시장의 지극히 한국적이던 풍경과 잡풀이 우거진 윤동주의 묘, 그리고 청두공항에서 소달구지로 항공짐을 나르던 장면도 떠오른다.

지금에야 고백하지만, 그 무렵 공부를 위해 중문판 마오쩌둥 선집 등의 원전을 몰래 들여와 참고했고, 『모택동저작선독(毛澤東著作選讀)』을 한국에서 번역해 출판할 수 있었다. 1980년 대학에 입학한 이후, 권위주의 시절을 맴돌았던 필자의 중국어는 아마 이때 다져진 것이 아닐까 생각한다. 하루에 10여 시간 씩 책상에 앉아 원고지에 옮겨 쓰던 일들이 새롭다. 이렇게 보면 필자가 원고지 번역의 마지막 세대인 셈이다. 이후 필자는 다시 홍콩대학에 적을 두고 박사논문 자료 수집을 위해 몇 달 내내 내부 자료 열람실을 들락거렸다. 매일 숙소인 깜종(金鐘)을 출발해 홍콩대학 도서관을 다니며 자료를 복사하고 책을 읽는 데 오롯이 시간을 사용했다. 그때 복사기에 넣기 위해 구입했다 남은 동전이 지금도 책상서랍에 있다. 그리고 시간이 나면 홍콩중문대학 도서관으로, 저녁이면 홍콩 뒷골목 서점에서 자료를 찾기도 했다. 수교 직후 베이징대 아태연구소 방문연구원으로 다시 베이징대학 도서관과 아시아·아프리카연구소에 출근하면서 자료를 수집하고 복사하던 일들이 눈에 선하다. 당시 허술했던 관리 탓인지 아니면 매일 들르던 외국인에 대한 배려였는지 모르지만 『보존유의(保存留意)』, 『내부간물(內部刊物)』을 어렵지 않게 볼 수 있었다. 그러나 복사기의 뜨거운 열기를 선풍기로 겨우 식히던 시절이어서 대부분 베껴 쓰는 수밖에 없었다. 분량이 많은 자료는 당시 대우그룹의 북경사무소에서 복사했다. 지도교수인 최관장 교수님의 연구실 서가에 꽂혀 있던 타이완에서 내부 출간된 중국자료를 읽으면서 자료 찾기의 수고를 많이 덜 수 있었다.

이 과정을 거치면서 박사논문을 쓰고 난 뒤, 학위논문의 문제의식과 이후 전개된 이데올로기 수정문제를 보완해『중국의 새로운 사회주의 탐색』(창비, 2004)을 출판했다. 당시 창비 주간이었던 연세대학교 백영서 교수의 격려가 큰 힘이 되었다. 그러나 대학에 자리 잡은 후, 마르크스의 중국화, 이데올로기 연구에 대한 사회적 관심도 퇴조했고 중국 연구에 관한 한국의 여건상 중국을 둘러싼 국제환경과 부상하는 중국에 대한 전략연구를 병행하지 않을 수 없었다. 이 무렵 이 연구를 지속할 수 있었던 것은 학술진흥재단 프로젝트의 구속력이 컸다. 당시 프로젝트의 연구책임자였던 서강대 전성흥 교수와 함께 학문적 우애를 나눈 것은 유쾌한 기억이다. 그리고 다시 성균관대학으로 자리를 옮기고 나서 정치외교학과 동료교수들과 의기투합해『아시아에서의 좋은 민주주의 모색』이라는 새로운 연구프로젝트를 시작하면서 후속작업을 계속했다. '좋은 민주주의'의 문제의식을 제기하고 이론적 틀을 제공한 마인섭 교수와 학과 동료들과의 토론은 이 책을 정리하는 데 큰 도움이 되었다. 여기에 실린 이데올로기 관련 논문들은 대부분 이러한 과정에서 나온 것으로『중국의 새로운 사회주의 탐색』의 후속판을 구성하고 있다. 이 책에 실린 제2장과 제3장은『중국학 연구』에, 제5장은『중소연구』, 제4장과 제6장은『국제정치논총』에 실었던 원고를 하나의 논리적 체계에 맞추어 고쳐 썼다. 시기적인 변화에 따른 중국 이데올로기의 궤적을 엿볼 수 있다는 점에서 글 쓴 시점을 의도적으로 바꾸지는 않았다.

이 책은 처음 성균관대 출판부의 우수도서출판 지원도서로 선발되었지만, 이미 3년이 흐르고 말았다. 그동안 성균중국연구소가 출범하면서 그 실무를 맡아야 했고, 2013년 안식년을 보내면서도 다른 일을 병행하느라 책 작업에 좀처럼 속도를 낼 수 없었다. 그동안 여러 권의 책을 냈지만, 유독 이 책의 출판에만 게을러 관계자들에게 미안한 마음이다. 만시지탄이다. 요즘 부쩍 느끼는 생각이지만, 모든 일이 내 뜻대로 이루어지지 않는다는 것이다. 학계 동료, 성균중국연구소 식구들, 강의실에서 만나는 제자들로부터 언제나 학문적 자극을 받았다. 이러한 모든 성과와 아이디어는 모두 아마 그 언저리 어딘가에서 나왔을 것으로 믿는다. 감사의 이름을 거명하기 시작하면 끝도 없을 것이다. 박사과정 최정우 군이 선생을 잘못 만난 탓으로 이 책의 자질구레한 일들을 도맡아 정리했다. 미안하고 고마운 마음이다.

여름이 본격적으로 시작될 모양이다. 대나무가 곧게 뻗는 이유는 중간 중간 매듭을 짓기 때문이다. 이 책이 그 매듭에 턱없이 미치지는 못하겠으나, 개인적으로는 새로운 연구방향을 찾기 위한 묵은 숙제를 했다는 점에서 의미를 두고 싶다. 중국을 공부하는 분들과 동학과 학생들에게 작은 도움이 되기를 바라며 아낌없는 질정을 바란다.

명륜동에서

이 희 옥 삼가씀

중국의
새로운
민주주의
탐색

서론:
중국정치와 이데올로기

제1장
서론: 중국정치와 이데올로기

중국은 당국가체제이다. 1921년 창당한 중국공산당이 1949년 중화인민공화국을 건설했다는 역사적 맥락 속에서 당이 국가 전반에 영향력을 행사하고 있다. 현재 이러한 중국의 당국가 체제의 지속가능성에 대한 많은 논의가 있었다.[1] 그리고 그 저변에는 사회주의 과시론(過時論)이나 이데올로기 무용론에 대한 서로 다른 인식이 자리 잡고 있다.

이데올로기에는 다양한 정의와 해석이 있다. 넓게 보면 이데올로기는 정치적, 사회적 세계를 그리는 것이기 때문에 우리가 살고 있는 세계를 의미 있게 하지 않고서는 아무것도 행동할 수 없다. 따라서 이것 없이는 아무것도 할 수가 없다. 이런 점에서 이데올로기는 사회적 행동, 계서(hierarchy), 담론이 있는 모든 곳에 존재하는 중립적 용어이기 때문에 누군가 이데올로기 종언을 선언한다고 해도 이것은 역설적으로 이데올로기적 언명에 불과하다. 그러나 정치 이데올로기의 차원에서는 사회생활의 의미·신호·가치의 생산과정, 특정한 사회집단과 계급의 이념체계, 지배적 정치권력의 합법화를 지원하는 의미(ideas), 사회적 이

• • •

1) Eric X. Li, "The Life of the Party," *Foreign Affairs* 92-1 (Jan/Feb, 2013); Yasheng Huang, "Democratize or Die: Why China's Communists Face Reform or Revolution," *Foreign Affairs* 92-1 (Jan/Feb 2013), pp. 47-54.

〈이데올로기 유형〉

주관적 형태	언명(manifestation)	내용
사회(시민)이데올로기	개념화된 이데올로기	가치이념(ideas)
정당의 이데올로기	제도화된 이데올로기	이론
국가이데올로기	사회-심리학적 이데올로기	정책적 주장

출처: Li Peng and Long bailin, "Special issue: Theoretical consciousness and the construction of contemporary system of Chinese Academic Discourse, *Social Science in China* 38(3), (August 2012),p.176.

익에 의해 부여되는 사상형태, 담론과 권력의 국면, 의식적 사회행위자가 그들의 세계를 의미 있게 하는 매개(medium), 행동지향적 신념체계, 개인이 사회구조와의 관계를 실행하는 독립적 매개 등으로 표상된다.[2] 이것은 자유민주주의 이데올로기나 사회주의 이데올로기와 같이 체계적으로 구성되며 이데올로그에 의해 대중에게 전파된다.

중국의 체제이데올로기는 정확하게 합의된 개념은 없고 가치구조(value structure), 문화(culture), 정치이론(political theory)의 층위에서 다양하게 사용되고 있다. 대체적으로 "지도층이 어떤 일반적인 목표를 향하여 정치체제 또는 노선을 이끌어 나갈 때, 이 목표에 관해 지니는 전망 및 이것을 이끌어 나가는 방법과 추진속도"라고 할 수 있다.[3] 그리고 또한 중국정치 이데올로기는 이것이 어떻게 표현되는가, 누구의 것인가에 따라 다양한 하위 범주화가 가능하다.

• • •

2) Terry Eagleton, *Ideology: An Introduction* (London: Verso, 2007), pp.2-3.;이희옥,『중국의 새로운 사회주의 탐색』(서울: 창비, 2004), pp.24-30.
3) Lowell Dittmer, "Political Development: Leadership, Politics and Ideology," Joyce K. Kallgren eds., *The People's Republic of China After Thirty Years: An Overview* (Los Angels: U.C.L.A Press, 1979), p.27; Michael Freeden, *Ideology: A Short Introduction* (Oxford: Oxford University Press, 2003), p.2.

중국의 정치이데올로기는 대체적으로 당국가 체제 이데올로기의 특징을 지니고 있으며, 가치·이론·정치적 주장을 모두 포괄한다. 요컨대 중국 이데올로기는 하나는 현대화의 추진과 관련되어 있고 다른 하나는 분절과 불일치가 존재하는 영역에서 합의와 응집력을 만들어 내는 기능을 해왔다.[4] 물론 이러한 이데올로기 기능은 역사적으로 변화가 있었다. 마오쩌둥 시기는 하나의 권력의 원천이었고, 중국에 필요한 올바른 이데올로기가 무엇인지를 배타적으로 결정했다. 마오쩌둥 자신도 중국혁명은 이데올로기적 선전이 결정적인 역할을 했다고 믿었다. 문제는 국가건설 과정에서도 이러한 혁명 이데올로기를 활용하면서 대약진운동과 문화대혁명 같은 재난을 야기했다는 점이다.

그러나 덩샤오핑 이후 개혁개방 시기는 대중의 일상생활에 직접적으로 관여하기보다는 효과적인 정치적·사회적 기제를 확보한 후, 사안에 따라 선택적으로 활용했다. 권력핵심의 정책결정 과정에도 사회주의 이데올로기 규정력은 과거에 비해 크게 약화되었고, 그 자리에 '중국특색'이 자리잡았다. 1997년에서 2006년까지 중국의 주요 출판물에 나타난 '중국특색'이라는 용어는 모두 23,412개나 된다. 특히 '중국특색' 사회주의는 용법(提法)에 그치지 않고 다양한 의미로 '중국특색'을 사용했다. 이것은 곧 '중국특색'이라는 의미가 사회주의로부터 분절되고 있다는 것을 의미한다.[5]

그러나 이러한 현상이 곧바로 개혁개방 시기에 이르면 사회주의 이데올로기가 무력화된다는 것을 의미하는 것은 아니며, 여전히 세계를 해석하는 프레임, 정책을 생산하는 도덕적·지적 정당화에 있어 중요한 역할을 해왔다. 실제로

• • •

4) Kerry Brown, "The Communist Party of China and Ideology," *China: An International Journal* 10-2 (August 2012), p.53.
5) Kelvin Chi-Kin Cheung, "Away from socialism, towards Chinese characteristics: Confucianism and the futures of Chinese nationalism," *China Information* 26-2 (2012), p.207.

신자유주의적 개혁의 피로가 사회 곳곳에 만연하면서 중국의 당국가 체제는 개혁개방의 성취라는 '업적에 의한 정당화'만으로는 한계가 있었고 개혁개방 지도부 역시 생래적으로 자본주의보다는 사회주의와의 친화성을 가지고 있었다. 다만 그 근거를 초기 마르크스의 인문주의에 기초한 마르크스학(Marxology)이나 1871년 파리코뮨 실패 이후의 후기 마르크스(late Marx)의 합리적 핵심을 취했다.[6] 그러나 이데올로기 정당화가 과거와는 다른 내용을 가지고 있었던 것은 물론이다.

이러한 현상은 제4세대, 제5세대 지도부가 등장한 이후에도 마찬가지이다. 대외적 개방을 강조하고 상대적으로 신자유주의적 개혁을 선보였던 장쩌민 시기에도 이데올로기의 중요성을 지속적으로 강조했고, 정치의 중요성을 강조하는 삼강(三講)운동 캠페인을 벌이기도 했다. 후진타오도 2012년 "서구세력은 우리(중국)를 분열시키고자 하고… 서방의 국제문화는 우리가 약할 때 가장 강하다… 이데올로기와 문화의 영역은 우리의 가장 중요한 목표이다"[7]라고 강조하기도 했다.

이처럼 중국의 체제 이데올로기는 21세기 이후 변화를 거듭하고 있다. 특히 덩샤오핑 사망 이후 새로운 지도부들로부터 과감한 혁신과 변화를 모색 중이다. 무엇보다 '유토피아와 모더니티' 사이의 간극을 해소해야 했고 레닌주의적 국가, 국가가 실질적으로 관리하는 시장경제, 정교한 사회치안통제 시스템에서 작동하는 중국모델[8]이 한계에 이르러 현재 이데올로기로는 앞으로 지속시켜 나가기 어렵다.

중국의 이데올로기 연구는 국가 밖의 연구영역이 확대되었고 이데올로기의

• • •

6) 이에 대해서는 이희옥, 2004, 『중국의 새로운 사회주의 탐색』, pp.144-156.
7) *Daily Telegraph* (2012.1.2.).
8) 丁學良, 『辯論中國模式』(北京: 社會科學文獻出版社, 2011). pp.44-61.

규정력이 약화되면서 상대적으로 제약되어 있었다. 더구나 일상생활에서 단위(work unit)체제, 호구체제, 그리고 당안(personal file)을 통해 정보를 통제하고 사회적 감시를 유지해 왔던 제도가 해소되면서[9] 지배이데올로기는 점차 은폐되어 그 작동기제를 파악하기도 어려워졌다. 그럼에도 불구하고 "공산주의 지도자들은 자신들이 믿든 그렇지 않든 간에 권력의 독점을 위해 정당화를 시도해왔고"[10]이러한 노력은 지속될 것이다. 물론 정치행위자들의 이해관계나 권력과 같은 요소가 이데올로기적 동기나 관심보다 더욱 중요한 결정요인이라는 주장이 있다.[11] 그러나 사람들의 행동과 행태는 확실히 자신이 생각하는 바에 의해 영향을 받으며 이런 점에서 중국의 사회주의 이데올로기는 사람들의 생각에 지속적으로 영향을 미치고 있다.[12]

특히 중국당정의 위로부터의 인식은 중국공산당이 프롤레타리아의 집체적 이익을 가장 효과적으로 대변할 수 있다고 내면화되어 있고[13] 당국가체제의 통합과 단결을 유지하는 이데올로기 기능은 여전히 남아 있다. 당 선전부와 조직부의 역할이 여전하고 시진핑과 후진타오가 총서기에 오르기 직전 중공중앙당교 교장을 맡아 중국공산당의 이데올로기적 메시지를 만드는 데 깊게 관여했으며 이를 각급 당교(黨校)와 관영매체 등을 통해 관철시켰다. 뿐만 아니라 지식사회에서 다양한 대안 이데올로기가 연구되고 있으나, 개혁개방의 속도와 폭을

· · ·

9) John P. Burns, "Renshi Dang'an: China's Cadre Dossier System," *Chinese Law and Government* 27-2 (1994), pp.32-34.

10) Lucian W. Pye, "An Overview of the People's Republic of China: Some Progress, But Big Problems Remain," *The China Quarterly* 159 (1999), p.569.

11) Francis Fukuyama, *The End of History and the Last Man* (New York: Acon Books, 1972).

12) Lawrence J. R. Herson, *The Politics of Ideas: Political Theory and American Public Policy* (Homewood, Ill.: Dorsey Press, 1984), pp.279-294.

13) Baogang He, "Intra-party democracy: A revisionist perspective from below," Kjeld Erik Brodsgaard and Yongnian Zheng eds., *The Chinese Communist Party in Reform* (London: Routledge, 2006), p.196.

조절하는 주요 정책을 결정하는 최종심급(審級)에서는 여전히 사회주의 이데올로기의 구속성이 있다.

또한 중국적 담론을 제기하면서 중국식 접근을 강조하는 새로운 양상에도 주목할 필요가 있다. 그리고 모든 이데올로기는 언어와 연계되어 있다. 예컨대 중국식 정치용어인 소강(小康), 조화(和諧), 굴기(崛起), 대동(大同), 치리(治理) 등과 같은 용법에 대한 분석도 중요한 연구영역이다. 마지막으로 중국의 이데올로기 역사가 외연을 확장할수록 상대적으로 '내포'는 공허해지는 재이데올로기화 과정이었다. 현재 시장과 생산수단 소유제 등에 의한 자본주의와 사회주의 분류가 어려워진 상황에서 역사적 정통성에 기반한 '당의 지배'만이 사회주의의 핵심을 대체하고 있다. 이것은 필연적으로 중국 이데올로기의 혁신이 불가피하다는 것을 나타내며 이런 점에서 민주주의 이데올로기가 좀더 의미 있게 논의되고 있다. 말하자면 쑨원(孫文)의 삼민주의를 원용하면, 마오쩌둥 시대가 '민족'의 시대였다면, 덩샤오핑 시대는 '민생'의 시대였고, 시진핑 시대는 '민권'의 시대이다. 민권 이데올로기가 민주주의의 문제와 어떻게 연계되는지도 주목의 대상이다. 이런 점에서 다양한 변화와 시각을 흡수하는 한편 이데올로기적 오만(arrogance)과 기피(aphasia)를 동시에 극복하면서 중국의 체제이데올로기 연구를 심화시킬 필요가 있다.

중국의
새로운
민주주의
탐색

붉은 자본가의 공산당 입당:
'3개대표' 중요사상

제2장
붉은 자본가의 공산당 입당: '3개대표' 중요사상

I. 중국형 신자유주의의 대두

중화인민공화국 수립 이후 국가의 목표는 강국화와 근대화였다. 이것은 이데올로기 시대였던 마오쩌둥 시대도 예외는 아니었다. 그 차이가 있었다면, 마오쩌둥이 '반근대적 근대(anti-modernist modernism)'[1]를 추구했다면 덩샤오핑의 이데올로기는 개혁이었고 사실상 '자본주의 근대'를 넓게 수용했다. 1989년 천안문사건을 계기로 일시적으로 사상과 정치의 중요성을 강조했으나, 흐름을 되돌리기는 어려웠다. 오히려 불과 2년 반 만에 덩샤오핑의 남순강화를 통해 사회주의와 자본주의, 그리고 공유제와 사유제 등 핵심적인 요소를 수렴시키는 사회주의적 시장경제라는 대담한 전환을 시도했다. 성사성자(姓社姓資)론이나 성공성사(姓公姓私) 등은 당시 이러한 논쟁의 성격을 반영했다.[2]

이렇게 보면 개혁개방 이후, 중국의 개혁개방 이데올로기는 대체적으로 시

● ● ●

1) Su Xiaobo, "Revolution and Reform: The Role of Ideology and Hegemony in Chinese Politics," *Journal of Contemporary China* 20 (2011), p.316; 왕후이(이희옥 역), "세계화속의 중국, 자기변혁의 추구," 『당대비평』(2000, 봄/여름), p.238.
2) 이에 대해서는 이희옥, 『중국의 새로운 사회주의의 탐색』(서울: 창비, 2004). pp.172-178.

장화의 방향과 일치했다고 볼 수 있다. 특히 21세기는 이미 '붉은 자본가(red capitalist)'들이 시장에서 활동하기 시작하면서 전통적인 사회주의 정치경제학의 '사회주의적' 범주를 무력화시켰고 이것은 불가피하게 새로운 이데올로기를 필요로 했다.

그 계기는 당 16기 3중전회였다. 이 회의에서 공유제의 핵심은 주식회사에 있다는 것을 강조하고 공식문헌에서 '계획(plan)'을 '규획(regulation)'으로 대체했다. 이것은 사회주의 외연을 조정하면서 유지되어왔던 '중국적 특색을 지닌 사회주의'가 체계적 이론틀을 갖춘 '중국특색 사회주의'[3]로 바뀌었다는 것을 의미한다. 당시 중국공산당의 이데올로기의 핵심은 하나의 중심(경제건설)과 두 개의 기본점, 즉 개혁개방의 견지와 4개견지(마르크스-레닌주의 · 마오쩌둥 사상 견지, 사회주의 견지, 공산당지도의 견지, 프롤레타리아 독재의 견지)였다.[4] 16기 3중전회의 회의 정신은 경제건설이라는 '하나의 중심'을 강화하는 한편 개혁개방이라는 '하나의 견지'를 보다 강화하는 것이었다.

특히 중국은 2001년 세계무역기구에 가입하면서 전 지구적 자본주의 경제에 스스로 편입했으며, 장쩌민-주룽지 체제는 대외개방을 적극적으로 추진하는 과정에서 이에 상응하는 개혁프로그램과 재이데올로기화(re-ideologization)를 필요로 했다. 이것이 중국공산당이 선진생산력의 발전요구, 선진문화의 전진방향,

●　●　●

3) 이 이후 '중국특색을 지닌 사회주의(有中國特色的社會主義)' 대신 '중국특색사회주의(中國特色社會主義)'로 고쳐 사용하고 있다. "十六大報告關鍵詞," http://xinhuanet.com/fortune (검색일: 2003.10.14); 중국특수론에 대해서는 康曉光, "中國特殊論:對中國大陸25年改革經驗的反思,"『戰略與管理』4期 (2003), pp.56-62. 한편 11차 5개년 계획부터는 처음으로 '계획'이라는 용어를 폐기하고 정식으로 규획(規劃)이라는 용어를 사용했다. 이것은 기업의 생산활동에서 위로부터의 명령에 복종하는 것이 아니라, 국내외 시장의 요구에 따른다는 것을 의미한다. "十六屆三中全會:新的任務 新的起點," http://xinhuanet.com (검색일: 2003.10.10.). 이후 이 이론은 덩샤오핑이론으로 다시 한 번 정착하게 된다.

4) 실제로 중국은 16차대회 이후 마르크스-레닌주의, 마오쩌둥 사상 보다는 덩샤오핑 이론과 '3개대표' 중요사상을 지도이념으로 강조했다. "中國共産黨第十六屆中央委員會第三次全體會議公報," www.people.com.cn (검색일: 2003.10.15).

광대한 인민의 근본이익을 대표한다는 이른바 '3개대표' 중요사상(이하 3개대표론)으로 나타났다. 말하자면 상부구조 수준에서 전통적인 이데올로기에 포섭되어 새로운 실험을 하지 못한 채, 제한적인 정치적 수사를 통해 당국가체제를 정당화해왔던 기존 이데올로기를 일대 혁신하게 된 것이다.[5] 특히 당을 포함한 정치개혁을 직접 겨냥했다는 점에서 기존의 이데올로기 수정과는 차이가 있다. 여기에 새롭게 형성된 네티즌들이 더 많은 시장과 개혁을 요구하게 되자 국내 정치세력에서 압도적인 우위를 차지하지 못하던 적극개혁파들이 대중을 효과적으로 동원하면서 이러한 이데올로기 수정을 관철시키고자 했다.

II. 3개대표론의 등장배경

1. 새로운 계층분화

1978년 이후 연간 10% 이상의 고도성장과 경제적 다원화가 진행되면서 새로운 생산력을 대표하는 사영기업가를 중심으로 중국형 붉은 자본가그룹이 넓게 포진했다. 그리고 이러한 새로운 변화는 사실상 당과 정부의 묵인과 지원 속에서 이루어졌다. 그동안 중국의 사영경제 정책은 크게 세 차례의 변화가 있었다. 첫 번째는 1983년 초『1호문건』을 통해 '견고하게 소멸시키고 즉각적으로 통제하라' 는 기존방침을 '제창하지 않고 공개적으로 선전하지 않으며 과도하게 억

● ● ●

5) 건국 이후 50년간의 중국 이데올로기의 역할과 기능에 대한 개괄로 다음을 참조할 것. Lucian W. Pye, "An Overview of 50 Years of the People's Republic of China: Some Progress, but Problems Remain," Edmonds Richard Louis eds., *The People's Republic of China after 50 Years* (London: Oxford University Press, 2000), p.7; 이희옥, "중국적 길과 사회주의 담론의 변화,"『중소연구』25권 4호 (2000/2001), pp.15-17.

제하지 않는다'는 것으로 전환한 것이다. 두 번째는 1987년 『5호문건』을 통해 '(사영기업의) 존재를 인정하고 관리를 강화하며, 이점을 살리고 폐단을 억제하며, 점차적으로 이끌어간다'는 방침을 결정하고 이를 법제화하면서 사영기업이 법적 지위를 획득한 것이다. 세 번째는 1997년 15차 전당대회에서 비공유제를 사회주의 시장경제의 '중요한 구성부분'으로 공식화하여 사영기업이 국유부분과 함께 대등하게 경쟁하는 한편 시장에서도 합법적 지위를 얻은 것이다. 그 결과 16전대회를 계기로 사영기업가들의 공산당 입당이 허용됨으로써 이들은 기존의 경제적 지위에 이어 사회적 지위까지 제도적으로 확보하게 되었다.[6]

사영기업에 대한 정책전환의 결과 계급구성에도 변화가 나타났다. 당시 계급계층 연구 결과에 의하면, 중국에서 대체적으로 10대 계층이 기존의 계급을 대체하면서 발전하고 있다고 보았다. 즉 국가와 사회의 관리자 계층(당정의 행정 관리직), 관리직 계층(대·중형기업의 사업주가 아닌 중·고위 수준의 관리간부), 사영기업주 계층, 전문직·기술자계층, 사무원계층, 개체상공업계층, 서비스업 종사자계층, 산업노동자 계층, 농업노동자 계층, 무직·실업·반실업자계층 등이다.[7] 다시 이들 계층을 조직자원과 경제자원의 배분상황에 따라 상층, 중상층, 중중층, 중하층, 저층의 다섯 등급으로 구분하였다. 이에 따르면 농민과 노동자 계층의 대부분은 '중중하(中中下)' 이하에 속하고 이중에서도 50% 이상은 중하·최하층으로 분류되었다. 이것은 중국공산당의 주축이었던 노동자·농민계급의 사회적 지위가 급속히 하락하는 반면, 그 자리에 새롭게 형성된 중간층이 들어섰다는 것을 의미한다.

중국정부도 이러한 계층분화를 발 빠르게 정책에 반영했다. 덩샤오핑 시기

• • •

6) 張厚義, "私營企業主階層發展的現狀和趨勢," 汝信·陸學藝·李培林 編, 『2003年: 中國社會分析與豫測』(北京: 社會科學文獻出版社, 2003), p.279.
7) 陸學藝, 『當代中國社會階層研究報告』(北京: 社會科學文獻出版社, 2002), pp.4-43.

중국의 국가목표는 1인당 국민소득이 800달러에 달하는 샤오캉(小康) 사회를 달성하는 것이었다.[8] 그러나 2000년말 16개 샤오캉 지표를 통해 추산한 보고에 의하면 이미 약 96%가 샤오캉 지표를 실현했기 때문에 국가목표를 '전면적' 샤오캉 사회의 건설로 수정하였다.[9] 심지어 사회에는 안정된 수입이 있고 스스로 차를 살 수 있는 능력을 가진 '유차계급(有車階級)'이 등장했다. 이들은 소득의 일부를 여행과 교육소비에 사용할 수 있는 여유가 있고, 휴대전화·CD플레이어·VCD·게임기·카메라 등을 소유할 수 있는 계층이었다. 이 무렵 도시의 60~70%, 농촌의 40~50%가 스스로를 중류(中流)로 본다는 결과가 나올 정도로 '중산' 계층은 중국사회에서 새롭지만 보편적인 용어로 등장했다.[10]

3개대표론은 이처럼 새롭게 등장한 자본가와 중간계층을 체제 내로 편입시키기 위한 현실적이고 불가피한 이데올로기였다. 특히 사영기업주를 중심으로 관리직계층·전문기술자 계층 등의 중산계층의 주력은 '선진생산력을 대표'하는 계층으로 간주되었다. 이중에서도 전문기술자 계층은 선진생산력과 선진문화를 동시에 '대표'하는 계층으로 등장했다. 공산당에 우호적인 사영기업주를 받아들이는 것은 당내에서 각 계층의 이익을 조정할 수 있고 '안정-성장-발전'이라는 국가목표를 효율적으로 추진할 수 있었기 때문에 가능했다.

● ● ●

8) 鄧小平, "發展中日關係要看得遠些," 『鄧小平文選』3卷 (北京: 人民出版社, 1993), p.54.
9) 李君如, 『新週小康中國』(北京: 社會科學文獻出版社, 2003), p.78.
10) "突然中産," 『新週刊』(2001.11.16.); 朱建榮, 『中國 第三の革命: ポスト江澤民時代の讀み方』(東京: 中央公論新社, 2002), pp.4-6.

2. 딴웨이(單位) 해체와 의식전환

중국의 개혁개방정책은 중국사회를 관통해왔던 딴웨이(單位) 체제를 해체시켰다. 이것은 중앙정부가 효과적인 통제기제를 통해 대중의 의식 전반까지 지배하는 수직적 구조가 수평적인 관계로 바뀐다는 것을 의미한다. 이러한 사회적 변화는 딴웨이에 결박되었던 노동자를 일반 사회인으로 변화시켰고, 자연스럽게 이들의 의식구조에도 큰 영향을 끼쳤다. 예컨대, 공산주의에 대한 체념에 기초하여 급속하게 쾌락(hedonistic)을 추구하는 경향, 베버가 말한 자본주의적 정신으로 무장한 계급으로 볼 수 있는 부르주아적 신민(the bourgeois subject), 개인의 부와 행복을 추구하는 탈공산주의적 개성(post-communist personality) 등 다양한 의식들이 섞여 나타났다.[11]

첫째, 상품이 부족한 사회에서 공급이 과잉되는 사회로 전환하면서 경쟁이 촉발되었고, 그 과정에서 소비주체인 시민의 소비자의식은 적극적 소비자운동으로 발전했으며 소비자 권익을 촉진하는 법률도 제정되었다. 특히 인터넷의 발전은 소비자 네트워크를 보다 견고하게 엮었다.

둘째, 전지구적 자본주의에 따라 서구의 소비문화가 수입되면서 새로운 개방의식을 형성하였다. 이들은 계획경제 시기를 겪었던 기성세대와는 다른 의식구조를 가지고 있다는 점에서 '신인류'로 불렸다. 즉 과거에 검약정신을 강조하던 기성세대와는 달리 유행에 민감하고 자신을 위해 투자하는 경향이 강했다. 2000년 당시 중국의 실제 문화소비규모는 약 8백억 위안, 잠재적 문화소비능력은 약 3천억 위안에 달했다. 이것은 서구적 문화세례 속에서 자란 세대가 소비주체로 등장했다는 것을 의미했다.

● ● ●

11) Wang Xiaoying, "The Post-Communist Personality: The Spectre of China's Capitalist Market Reforms," *The China Journal* 47 (January 2002), pp. 4-11.

셋째, 1990년대 신민족주의 내지 신국가주의의 발흥으로 인해 청년을 중심으로 중화정체성에 대한 자의식이 확산되었고[12] 상대적으로 기존의 사회주의 체제 이데올로기에 대한 신념의 위기는 확산되었다. 예컨대 '사유화는 우리사회의 필연적 선택이다'는 항목에 대한 찬성률은 전년대비 12% 상승하였고, 이를 반대한다는 응답은 전년대비 7% 하락했다. 또한 '사회주의가 자본주의를 이기게 될 것이다'는 설문에 동의하는 비율도 9% 정도 하락했다.[13] 심지어 일반 대중들 사이에서는 '공산주의는 죽었다. 아무도 그것을 믿지 않는다'는 풍조가 만연했다.[14]

넷째, 1990년대 사실상(de facto) 사유제의 등장, 소득격차의 확대, 구조적 부패 등 개혁의 피로와 함께 개혁의 혜택을 받지 못한 집단이 광범위하게 늘어나면서 당시 당국가 체제의 합법성 위기를 가중시켰다. 사회주의의 근간이었던 딴웨이 체제가 해체되면서 불안한 삶에 대한 국민들의 우려가 높아지고 있었다. 그 비판은 정치적으로는 당을 향하고 있었고, 시장에서는 독점과 부패에 대한 문제제기로 나타났다.[15]

● ● ●

12) 1989년 천안문사건 직전 비교적 객관적인 설문조사에서도 공산당에 대한 이미지와 공산당 가입 여부 등에 관한 설문에 대해 각각 62%, 57%로 부정적으로 답했다. 閔琦, 『中國政治文化』(昆明: 雲南出版社, 1989), pp.98-99; 청년층의 개인주의적 경향에 대한 조사보고는 다음을 참고할 것. 千石保 · 丁謙, 『中國人の價値觀』(サイマル出版會, 1992), pp.9-52.
13) 심지어 이러한 현상은 공산당원에게까지 확산되었다. 2000년초 장쩌민 계열로 알려진 쩡칭훙(曾慶紅) 당 조직부장은 수만명의 당원에 대해 무기명 설문조사를 실시하였다. 설문 결과 대부분 개혁개방을 지지한다고 밝히고 있음에도 불구하고, '공산당을 신뢰할 수 있는가'라는 설문에 70% 이상이 '신뢰할 수 없다'고 답했으며 더욱이 25%이상의 당원은 '입당유혹을 받아도 입당하지 않겠다'고 답했다. 2001년 봄 당중앙 조직부는 다시 부부장급 이상의 간부가 이끄는 20여팀을 각지에 파견하여 극비리에 조사를 진행했지만, 공산당에 대한 신뢰와 간부층의 부패 등에 관해 여전히 부정적이라는 결론을 내렸다. 朱建榮, 2002, pp.79-80.
14) Cheng Li, Rediscovering China: Dynamics and Dilemmas of Reform (Maryland: Rowman & Littlefield Publishers, 1997), pp.305-307.
15) Jia Heping, "The Three Represents Campaign: Reform the Party or Indoctrinate the Capitalists?" Cato Journal 24(3) (Fall 2004), pp.264-266.

3. 공산당의 정체성 위기

구소련과 동유럽의 공산당과 위성정당(구색정당)의 붕괴, 국민당의 선거패배와 민주진보당(민진당)을 중심으로 하는 타이완 독립운동세력의 등장, 공산당 간부의 거액의 수뢰 독직사건, 국유기업 부실화에 따른 실업의 확산, 공산당원의 규모를 능가하는 파룬궁(法輪功) 문제 등은 중국공산당의 현실을 되돌아보게 하였다. 그리고 역사적 권력교체의 주기율을 검토하면서 스스로도 정치적 위기의식을 느끼고 있었다. "즉 왕조의 평균수명은 200년이다. 왕조성립 후 5~60년은 안정을 구가하지만, 이후는 정체하면서 쇠퇴한다. 근대 이후에도 하나의 정당이 권력을 장악하는 기간은 5~60년 정도이고 이것은 소련은 물론이고 동아시아 국가에서도 대체적으로 나타난다"[16]고 생각했다. 이처럼 장쩌민 체제는 당시 '3-4세대 현상'으로 기로에 처해 있었다. 이에 따라 장쩌민은 소련과 동유럽 공산당, 일본 자민당, 멕시코와 인도의 정당을 열거하면서 공산당의 분발을 촉구했으며, 소련공산당이 이론과 현실의 유리로 인해 유연성이 떨어져 상부에서 말단까지 관료주의가 만연하여 대중의 지지를 잃었던 역사적 경험을 학습하고 구체적 대안을 마련할 것을 주문했다.[17]

이러한 상황을 근본적으로 극복하기 위해서는 공산당의 기능전환과 지지세력의 재편은 불가피했다. 특히 성장하고 있는 시민사회와 사영계층을 중심으로 하는 중산계급의 이익을 당국가가 수용하는 체제와 이데올로기를 발전시키지 않는 한, 당시 21세기 국가대전략, 중국형 근대화의 혁신, 지속가능한 사회주의 발전이라는 과제를 동시에 추진하기는 어려웠다. 그리고 현실적으로도 자본가

• • •

16) 劉世軍・郝鐵川,『江澤民 "三個代表" 思想研究』(南京: 南京大學出版社, 2002), pp.3-12.
17) NHK 中國プロジクト 編,『21世紀中國はどう變貌するか』(東京: NHK出版社, 2002), pp.51-52; 周勇闆・景蔚,『領航: 三個代表思想形成大回放』(北京: 文匯出版社, 2002), pp.97-120.

의 공산당 입당이라는 민감한 정책을 가능케 했던 것은 이미 1990년대 중반 이후 비공유 부문에 종사하는 사람의 입당문제가 이미 현실적으로 수용되고 있었기 때문이다.[18] 즉 실제로 기존당원 신분으로 비공유 부문에 종사하는 경우가 크게 늘었고, 거래비용을 줄이기 위해 사영기업을 운영하면서도 이를 숨기고 입당하는 현상(變相)도 만연해 있었다. 따라서 사영기업주의 공산당 입당에 대한 엄격한 조건을 유지하는 것은 현실적으로도 어려움이 있었다.

물론 자본가에 대한 공산당 입당허용이 곧바로 공산당의 국민정당화(catch all party)를 지향하는 것은 아니었고 공산당의 정체성을 해치는 수준도 아니었다. 왜냐하면 모든 사영기업가를 받아들이는 것이 아니라, 공산당의 강령과 노선을 받아들일 의지가 있고 공산당의 조건에 부합하는 조건을 갖춘 사람으로 제한했기 때문이다. 그리고 신규 공산당 입당은 절차에 따라 오랜 기간에 걸친 학습과 비준단계를 거치는 것이기 때문에 실제로 입당이 가능한 사영기업주는 2~3%에 불과했다.[19] 이처럼 공산당의 위기를 통제와 억압의 방식에 기초한 경직된 권위주의 해법 대신에 현실을 '있는 그대로' 수용하고 이를 이데올로기에 반영하는 방식으로 정체성의 위기를 극복하고자 했다.

III. 이데올로기화 과정

1. 개념과 캠페인

당 16전대회에서 중국공산당의 존재근거가 되는 당규약(黨章)을 개정했다.

• • •

18) 『中國工商時報』(2002.11.15).
19) 당이론가 스중촨(石仲泉)의 조사결과이다. NHK 中國プロジクト 編, 2002, p.54.

그 핵심은 '3개대표' 중요사상을 마르크스-레닌주의, 마오쩌둥 사상, 덩샤오핑 이론과 동일한 중국공산당의 지도이념으로 확립한 것이다.[20] 3개대표론은 중국 공산당이 선진생산력의 발전요구, 중국의 선진문화의 전진방향, 중국의 광대한 인민의 근본이익을 대표하는 것이다. '선진생산력을 대표한다'는 것은 당의 이론·노선·강령·방침정책과 각종 사업을 생산력 발전에 조응하도록 조정하는 것을 의미한다. 또한 '선진문화를 대표한다'는 것은 당의 이론·노선·강령·방침정책 및 각종 사업을 사회주의 정신문명 건설의 요구에 조응시키는 것을 의미한다. 마지막으로 '수많은 인민의 근본이익을 대표한다'는 것은 기존의 중국공산당의 주력 지지세력인 대다수 인민의 이익을 고려하고 여러 가지 이해관계를 합리적으로 처리하며, 대중이 구체적인 경제·정치·문화이익을 얻도록 한다는 것을 의미한다. 이러한 세 가지 '대표'는 서로 연계되어 있다. 즉 선진생산력 발전은 선진문화를 발전시키고 수많은 인민의 근본적 이익을 실현하는 기초적 조건이고, 선진생산력과 선진문화를 발전시키는 것은 궁극적으로 날로 증가하는 인민대중의 물질문화의 수요를 만족시키는 것이며, 인민의 근본적 이익을 실현하는 것이다.[21]

이러한 3개대표론은 몇 단계의 학습캠페인을 통해 정치 이데올로기로 발전시켜 나갔다. 그 단계는 대체로 전사(前史)와 개념 정립 이후의 세 단계로 구분할 수 있다. 3개대표론이 본격화되기 이전인 1998년 말 당지도부는 3강(三講)운동 캠페인을 결정했다. 이것은 1995년 말 장쩌민 주석이 제시한 것으로 '학습을 말하고 정치를 말하며 정기를 말하자(講學習, 講政治, 講正氣)'는 것으로 그 핵심은 '정치를 말하자'는 것이다. 이것은 이후 3개대표론의 이론체계와 밀접한 연계

• • •

20) "中國共産黨章程," 『中國共産黨第十六次全國代表大會文件彙編』(北京: 人民出版社, 2002), p.57.
21) 劉世軍 · 郝鐵川, 2002, pp.2-3.

를 맺게 되었다.[22]

3개대표론의 개념이 대두한 이후 제1단계는 2000년 2월에서 2001년 6월까지이다. 2000년 2월말 장쩌민 중앙군사위 주석은 광둥성 가오저우시(高州市)를 시찰하면서 처음으로 3개대표론을 제시하였다.[23] 이후 3월부터 중국언론은 이를 제2의 '남순강화'와 비교하면서 3개대표론에 대한 선전활동을 시작하였다. 이후 5월 14일, 3250여 개의 사영·개인기업과 여기에서 일하는 1억 3천만 명을 당의 지지기반에 결집시킬 필요가 있다고 강조했고 이것은 기존의 삼강(三講)교육의 성과를 공고화하고 확대하는 것이라고 밝혔다.[24] 이어 6월 28일 당 중앙위원회에서 '이론·체제와 과학기술의 창신(創新)'을 제안하면서 사회주의 발전의 역사과정에 대한 인식, 자본주의 발전의 역사과정에 대한 인식, 인간의 사상에 대한 사회주의 개혁실천의 영향에 대한 인식, 당면한 국제환경과 국제정치투쟁이 가져온 영향에 대한 인식이라는 '네 가지 문제를 다시 인식(四個再認識)'해야 한다고 제기하였다.[25] 이런 영향을 받아 당 내외에서도 3개대표론 학습열기가 고조되었다. 15기 5중전회 이후 2001년 겨울까지 현 이하 기층에까지 학습과 교육활동을 진행할 것을 지시하는 『통지(通知)』를 보냈으며, 이를 계기로 농촌과 말단 조직에까지 학습열기를 고취시켰다. 특히 장쩌민은 2001년 1월 10일 새로운 이론을 구축하는 데 있어 심지어 마르크스-레닌주의의 고전이론에 전적으로 의존할 필요가 없다고 언급하기도 했다.

● ● ●

22) Jia Heping, 2004, pp.266-269.
23) 까우저우시 시찰에 대한 관찰기로 다음을 참고할 것. 周勇闖·景蔚, 2002, pp.140-141; 江澤民, "在新的歷史條件下, 我們黨如何做到 '三個代表'," 『論 "三個代表"』(北京, 中央文獻出版社, 2001), p.2.
24) 江澤民, "三個代表'是我們黨的立黨之本, 執政之基, 力量之源," (2001), pp.9-24.
25) 이것은 정치, 학습, 기풍의 세 가지를 점검한다는 이전의 삼강론(三講論)의 성과를 공고화하고 확대하는 연장선에 있다. 江澤民, "思想政治工作面臨的新形勢新情況," (2001), pp.52-63.

두 번째 단계는 2001년 7월에서 11월까지이다. 이 시기는 장쩌민이 당 창건 80주년대회에서 행한 중요강화(講話)가 기점이 되었다.[26] 장쩌민은 여러 단계의 준비단계를 거쳐 원고를 수정하고 당 중앙 정치국 상무위원회의 토론과 비준을 거쳐 정식으로 3개대표론을 정식화하였다. 장쩌민은 3개대표론의 과학적 함의와 기본내용을 체계적으로 밝히고 전당과 전국적으로 학습을 심화하면서 개혁개방과 현대화건설을 추진하는 이데올로기적 기반으로 삼고자 했다. 왜냐하면 기존의 삼강(三講)운동을 추진하는 과정에서 동원적 캠페인이 나타났고, 3개대표론을 본격적으로 제기했음에도 불구하고 지식인과 여론의 반향은 예상 밖으로 저조했기 때문에 재점화가 필요한 상황이었다.

세 번째 단계는 2002년 11월의 16전대회 이후 이를 적극적으로 심화시키는 과정이다. 16전대회에서 3개대표론을 마르크스-레닌주의, 마오쩌둥 사상, 덩샤오핑 이론과 같은 당의 중요한 지도사상으로 당규약에 반영했고, 공산당원은 3개대표론을 학습해야 한다는 것을 구체적인 조문으로 명시하였다.[27] 후진타오는 2002년 10월 총서기에 오른 지 5일 만에 시바이포(西伯坡)에서 당 지도부는 반드시 낮은 자세와 열심히 일하는 기풍을 가져야 한다는 이른바 '두 가지 해야할 일(two must)'을 제시했다. 이어 3개대표론의 작풍을 '고기와 물과 같다'고 강조하면서 당 간부와 대중의 연대를 강조했다.[28] 이후 중국의 당정간부의 선발 과정에서도 이러한 학습지침을 내려보냈다.

이처럼 '3개대표론'의 이론화 과정은 장쩌민 이론을 당의 지도사상으로 편입하는 과정의 불가피한 선택이었다. '입언(立言)'이라는 중국의 문화적 전통에 의하면 자신의 학설을 정립하고 떠나는 것은 개인의 불후의 업적으로 인정되었

● ● ●

26) 江澤民, "在慶祝中國共産黨成立八十周年大會上的講話,"『人民日報』(2001.7.2).
27)『中國共産黨第十六次大會文件滙編』, 2002, p.57.
28)『人民日報』(2003.1.2.)

다. 이러한 장쩌민의 노력은 혁명을 지도하는 마오쩌둥 사상과 건설을 지도하는 덩샤오핑 이론에 필적하는 개혁을 지도하는 '사상'으로 3개대표 '중요사상'으로 정리되었다. 그러나 마오쩌둥이나 덩샤오핑과는 달리 장쩌민은 카리스마적 리더십이 부족했고 당내 다양한 토론과정에서 '장쩌민의 3개대표론'은 3개대표론을 따옴표 속에 넣은 '이른바' 3개대표라는 의미로 중립화되었으며 그 이데올로기도 정립된 '사상'이 아니라 일종의 보통명사인 '중요사상'으로 상대화되었다.

2. 후진타오의 이론적 변용

아마코 사토시의 분류기준에 의하면, 후진타오 체제는 장쩌민 시기와 같이 근대화와 내셔널리즘이 결합한 정치노선을 유지하고 있다고 평가할 수 있다.[29] 이것은 불안전한 후진타오의 권력기반과 무관하지 않다. 따라서 그의 이념구축과 개혁의 속도와 폭은 '덩샤오핑의 술병에 장쩌민의 포도주를 담았듯이'[30] '장쩌민의 술병에 후진타오의 포도주를 담는' 점진적 방식을 취했다. 이러한 한계 때문에 후진타오 체제는 3개대표론의 합리적 핵심을 강조하면서도 그 강조의 중점을 옮겼다. 후진타오식 3개대표론 해석은 2003년 6월 중국의 대중매체들이 3개대표 학습열기 캠페인을 시작한 이후 2003년 7월 1일 창당 82주년 기념식에서 3개대표론이 '인민의 이익 그 자체를 위해 헌신해야 하고, 인민의 이익을 위해 통치해야 한다'는 의미로 연설했는데 여기에서 후진타오식 해석의 징후를

• • •

29) 아마코 사토시(임상범 역), 『중화인민공화국』(서울: 일조각). pp.14-15.
30) Zhaohui Hong & Yi Sun, "In Search of Re-ideologization and Social Order," Andrew J. Nathan, Zhaohui Hong, Steven R. Smith eds., Dilemmas of Reform in Jiang Zemin's China (London: Lynne Rienner Publishers, 1999), p.34.

판독할 수 있다.[31]

첫째, 이론적 위치이다. 3개대표론을 마르크스-레닌주의·마오쩌둥 사상·덩샤오핑 이론의 새로운 발전으로 간주하였다. 즉 중국특색의 사회주의의 사상 노선, 발전방향, 발전단계와 발전전략, 근본임무, 발전동력, 의존역량, 국제전략, 지도역량과 근본목적 등 중요한 문제에서 이론적 성과를 거둔 것으로 평가하고 있다.

둘째, 이론적 목표이다. 3개대표론은 '전면적인 소강사회 건설' 이라는 국가의 거시목표를 실현하는 것이었다. 특히 이것은 중화민족의 위대한 부흥을 위한 물질적 기반을 구축하는 것이라고 보았다.

셋째, 이론적 본질이다. 즉, 국리민복을 위한 민생정치가 이론도입의 본질이라는 것이다. 특히 혁명당에서 집권당으로 변신한 공산당은 공공의 정의를 위해 일해야 하며 정치는 인민을 위해 봉사하는 것으로 보았다. 특히 인심의 향배는 정당과 정권의 성쇠를 좌우하는 근본적인 요소라고 보고, 인민을 따르고 인민의 이익을 도모하고 민심을 얻어야만 인민의 지지와 지원을 얻을 수 있다고 보았다.

넷째, 이론적 방향이다. 이것은 마르크스주의를 실천하는 과정에서 이를 발전시키기 위해 노력해야 한다는 것이다. 특히 이론과 지도의 결합, 객관적 세계의 개조와 주관적 세계의 개조 간의 결합, 이론적 응용과 이론적 발전의 결합을 지칭한다.

이처럼 후진타오식 학습지침은 장쩌민식의 해석과 크게 다르지 않다. 그러나 물질문명과 정신문명 그리고 정치문명에 대한 강조, 구체적인 정책을 민생문제와 함께 고려하는 등 미묘하게 강조점을 이동시켰다. 특히 "인심의 향배는

• • • •

31) "胡錦濤在 '三個代表' 硏討會上的重要講話," www.people.com.cn (검색일: 2003.9.10).

정당과 정권의 성쇠를 결정하는 근본요소이며… 권력의 주체는 인민이어야 하고(權爲民所用) 인민 사이에는 인정이 오가야 하며(情爲民所繫) 인민들이 잘사는 나라를 만들자(利爲民所謀)"[32]고 강조했다. 이것은 후진타오식 민생정치의 핵심이다. 또 하나는 민족주의 열기를 동원하는 문제이다. 사회주의를 대체할 수 있는 대안의 이념과 정당이 없는 상태에서 민족주의와 사회주의의 결합, 그리고 민족주의와 근대화를 결합하고자 하는 유혹이 나타났다.[33] 특히 2003년 10월 유인 우주선 선저우(神舟) 5호 발사에 성공한 후, 부국강병의 꿈은 더욱 고양되었다. "조국을 사랑하고 조국을 보위하며 조국을 건설하는 최종적 목표는 조국의 흥성, 경제번영, 인민의 부유한 행복이며 이것은 사회주의 근본목표와 완전히 일치한다"[34]는 민족주의적 열기가 새로운 현상으로 등장했고, 후진타오도 당 정치국 제7차 집체 학습회의에서 "중화문화의 우수한 전통과 중화민족의 우수한 정신을 크게 발양하여 중화민족의 우수한 문화가 새로운 역사적 조건 속에서 각 민족 인민의 정신역량을 크게 고취시킬 수 있어야 한다"[35]고 밝혔다. 이러한 열기는 2008년 베이징 하계올림픽과 2010년 상하이 박람회 등을 앞두고 보다 고양되었다. 일부에서는 5천 년 중국의 봉건왕조를 전복한 삼민주의, 즉 민족주의·민권주의·민생주의를 현대에 맞게 내용적으로 복원한 신(新) 삼민주의라고 평가하기도 했다.[36]

• • •

32) "胡錦濤在'三個代表'硏討會上的重要講話," www.people.com.cn (검색일: 2003.9.10).
33) 일부에서는 발전민족주의(developmental nationalism)가 내용적으로 사회주의의 공백을 메워가고 있다고 보고 있다. Maria Hsia Chang, *Return of the Dragon : China's Wounded Nationalism* (Boulder: Westview, 2001), p.178.
34) 房寧·王炳權·馬利軍 外, 『成長的中國: 當代中國靑年的國家民族意識硏究』(北京, 人民出版社, 2002), p.407. 그러나 자유주의자들은 여전히 이러한 민족주의적 접근이 정서적일 뿐 아니라 민주주의의 희망을 사장시킬 것이라고 보고 있다. Joseph Fewsmith, *China Since Tiananmen: The Politics of Transition* (London, Cambridge University Press, 2001), p.221.
35) "胡錦濤:堅持先進文化前進方向, 發展文化事業和文化産業," 『人民日報』(2003.9.16).
36) 『明報』(2003.7.4); "新三民主義與兩岸關係," 『中國時報』(2003.9.16).

IV. 이데올로기적 위상

3개대표론은 제4세대 지도부의 이데올로기였다. 즉 3개대표론은 어떤 집권당도 주장할 수 있는 추상적 관념이고, 공산주의나 사회주의 이론과는 관련이 없으며, 중국이 당면하고 있는 이데올로기적 위기를 해결하는 데 도움이 되지 않는다. 이러한 점에서 공산주의 이념의 종말이라고 보기도 했다.[37] 그러나 3개대표론의 이론적 지향이 공산당의 개혁을 통해 사회주의를 수정하는 한편, 시민사회의 확대와 시장의 정착을 실현하고 있다는 점에서 자유주의와 사회주의가 양자의 합리적 핵심을 취하면서 상호소통하고 있다는 시각 또한 있다.[38] 이것은 사회민주주의의 가능성을 중국현대화의 출로로 보고자 했던 그 동안의 이론적 경향을 일정하게 반영하고 있다.[39]

실제 후진타오가 총서기 취임 직전까지 맡았던 중공중앙당교에서도 독일, 프랑스, 북유럽 등지에 연구자를 파견하여 독일 사민당 등이 자기개혁을 통해 지지기반을 확대했던 역사적 경험에 관해 연구하게 하였다.[40] 그리고 공산당의 통제 속에 있는 『중공당사연구(中共黨史研究)』의 「서구의 사회민주주의당이 계급구조 변화에 어떻게 적응하여 성장을 계속하는가」라는 논문에서 "우리 당이 지금까지 혁명당의 행동패턴을 지니고는 있지만, 선진성과 왕성한 생명력을 지니기 위해서는 건설적이고 규범적이며 관용적인 집권당으로 성격을 변화시켜야 한다"고 주장했다. 그리고 이러한 보고서가 후진타오를 거쳐 당중앙 정치국

●●●

37) 이홍영, "중국개혁의 정치적 의미," 『사상』(2003, 가을), pp.8-25.
38) 朱高正, "自由主義與社會主義的對立與互動," 『中國社會科學』6期 (1999).
39) 許紀霖, "社會民主主義的歷史遺産," 李世濤 編, 『知識分子立場:自由主義與中國思想界的變化』(北京: 時代文藝出版社, 2000), p.486.
40) http://www.chinesenewsnet.com (검색일: 2001.5.1).

에 회람되었다는 주장도 있다.[41] 또한 관변 학자들도 자본가의 공산당 입당을 궁극적으로 정당의 이데올로기가 점차 사회민주당 노선으로 움직이는 것으로 보기도 했고, 또한 유럽 사민당의 개혁경험을 언급하기 시작하면서 보수주의 와 복지국가 사이의 기로에서 중국의 발전경로를 선택해야 한다고 주장하기도 하였다.[42] 또한 권력핵심층의 싱크탱크들은 동유럽 공산당이 어떻게 사회민주 당으로 전환했는가에 대해 연구한 비공개 보고서를 작성했으며, 공산당을 '총 통당'과 '인민대표대회당'으로 분리할 필요가 있다는 것을 공공연하게 주장하 기도 했다. 심지어 중국공산당을 '중국사회주의당(약칭 중국사회당)'으로 바꾸자 는 견해도 제시되었다.[43] 해외반체제 인사들은 공산당 일부가 탈락하여 사민당 을 창당하고 해외 망명자와 합류하여 중국 민주파와의 동맹을 구축할 수 있다 는 희망 섞인 견해를 제시하기도 했다.

학술이론계에서도 '제3의 길'을 적극적으로 제기하면서 사회민주주의 노선 과의 친연성을 발견하려고 했다. 제3의 길은 좌우대립을 넘어 시대에 뒤떨어진 이데올로기를 탈피하고 개인과 사회를 통일하여 공동체의식을 건립하며, 공정 과 효율을 함께 고려하여 사회적 단결의 응집력을 세우고 권리와 책임의 균형 을 이루어 '이권인(利權人)형'[44]의 복지제도를 만들며, 자유방임과 국가간섭을 조절하여 공공권력의 관여를 통해 시장의 결점을 보완할 수 있다고 주장한 것 이다.[45] 개량주의적 방식으로 비판받았던 '제3의 길'은 사회민주주의와 신자유

• • •

41) 朱建榮, 2002, p.90.
42) 鄭永年, "共産黨的轉型還是終結," 『信報財經新聞』(2001.7.17); "黨校研究所長資本家入黨有激辯 中共黨內分岐外洩," 『太陽報』(2001.8.31).
43) 이것은 장쩌민의 정치고문격인 왕따오한, 장쩌민의 비공식라인의 한 축인 류지 등의 견해이기도 하다. 徐斯儉, "中共16大與政治改革," 『中國大陸研究』46卷 4期 (2003), pp.43-44.
44) 1990년대 회사의 지배구조의 개념을 제시할 때 제출한 것이다. 즉 회사운영에 참여하는 모든 사람 과 조직은 회사의 위험을 부담하는 동시에 권익의 수혜자가 됨으로써 각 측의 이익은 긴밀하게 결 합되어야 한다는 것이다. 周勇闖・景蔚, 2002, p.131.
45) 周勇闖・景蔚, 2002, pp.126-133.

주의를 결합하는 일종의 '중도좌파적' 노선으로 전지구화시대의 발전에 필요한 새로운 정치민주주의형식으로 수용되어야 한다는 방향으로 부활하였다.

이러한 중국정치노선의 사회민주주의적 경향으로의 변화가능성에 대해 좌파는 개량주의 노선, '이론적 일대 쿠데타'로 규정하였다.[46] 이들은 중국사회주의가 사유화 · 서양화 · 분화 · 부패라는 네 가지 위기에 직면하고 있기 때문에 이에 대한 비판은 불가피하다고 보았다.[47] 특히 사영기업주의 공산당 입당에 대해 "중국에 부르주아계급이 전적으로 나타나고 있고… 공산당은 자본가의 입당을 허용해서는 안되며, 당내에 부르주아의 대변자를 두어서는 안된다"[48]고 강력하게 비판하였다. 구좌파의 대표격인 떵리췬(鄧力郡)은 "기업가의 입당은 공산당의 성격을 변화시키기 때문에 이러한 결정은 당규약에 위배된다"고 비판하였다. 이러한 구좌파의 비판이 권력 핵심지도부의 일부와 결합해 공산당의 정체성 논란으로 확대되자, 중국당정은 2001년 8월 이들의 대변지였던『중류(中流)』와『진리의 추구(眞理的追求)』등을 폐간시켰다.

물론 이러한 이론적 흐름이 실제 정책으로 나타나지는 않았다. 우선 당정은 중국사회주의의 노선전환과 공산당의 국민정당화에 대해 강력하게 부인했다. 왜냐하면 이것은 우선 이데올로기적 '낙인찍기'가 가져올 불필요한 갈등을 사전에 봉쇄할 필요가 있었기 때문이었다. 현실적으로도 공산당이 평화적으로 사민당으로 전환한 역사적 경험이 없고 사회민주주의가 자본주의 국가의 노동운

● ● ●

46) 좌파들은 당의 노선변화에 대한 평가를 역으로 활용하였다. '기본적으로 흐루시초프 1950년대 국민정당화의 새로운 버전'(Harry Harding), '중국지도부들이 공산당으로 하여금 자본가에게 문호를 열 것을 촉진했다'(New York Times) '공산당이 탈계급화로 나아가는 중요한 걸음이다'『讀賣新聞』, '이데올로기 영역에서 발생한 하나의 중요한 전환이며… 마르크스-레닌주의 · 마오쩌둥사상의 원칙이라는 기초에서 발생한 가장 극적인 변화'(The Washington Post)로 간주하고 있는데 구좌파들은 이러한 의견을 수집하여 7.1강화를 비판하였다. 凌志軍, 2003, pp.491-492.
47)『中流』5期 (2000).
48)『眞理的追究』5期 (2001).

동의 산물이며 다당제 도입, 선거제도의 혁신, 언론출판과 집회결사의 자유와 같은 일반 민주주의의 과제를 전제하고 있는 바, 이것은 중국의 정치경제적 조건과는 상당한 거리가 있었다. 그럼에도 16대 이후 후진타오 체제에서는 정치개혁을 추진하는 가운데 '중국형 사회민주당의 개량적 사회정책을 발견할 수 있고 과거에 비해 절차적 민주화의 강조, 제한적 정치적 경쟁의 발전, 정치자유화의 진전, 시민사회의 발전이라는 방향으로 전개되었다는 점에서 중국의 변화가 경향적으로 사민주의적 추세와 크게 배치된다고 보기 어렵다. 이런 점에서 적어도 3개대표론으로 무장한 중국정치를 더 이상 후기 전체주의모델로 보는 것은 설득력이 약하다.[49]

V. 평가

3개대표론으로 대표되는 중국의 새로운 이데올로기적 전환은 중국의 사회적 공간을 크게 확대하였다. 중국의 변화는 유럽 시민사회에서 나타났던 경향들, 사적소유권의 보호, 자유롭고 법적으로 평등한 생활, 사회 전체적으로 민주주의적 게임의 규칙을 초보적으로 따라가고 있다. 첫째, 중국식 사적소유를 법제화할 가능성이 있다. 이미 주식회사 사회주의 또는 우리사주 사회주의가 법적인 시민권을 획득했다는 것은 향후 사유권의 확대가 가시화될 것임을 예측할 수 있게 하는 것이다. 둘째, 법에 의한 지배(rule by law)를 강조하고 있다. 이러한 법치는 시민생활을 보장하는 한편 인권문제에 대한 일정한 진전을 보이고 있다. 마지막으로 민주주의 게임의 규칙은 선거제도의 개선으로 나타나고 있다.

● ● ●

49) Sujian Guo, *Post-Mao China: From Totalitarianism to Authoritarianism?* (London: Praeger, 2000).

특히 촌장의 직접선거를 비롯해 기층수준에서의 민주주의 실험이 나타나고 있다. 이처럼 중국은 카리스마적 지배에서 제도화된 권력으로, 계획에서 시장으로, 양적 성장에서 지속가능한 발전으로, 엘리트 정치에서 시민의 참여가 확대되는 방향으로 변화했다.[50]

여기서 후진타오 체제는 추상적 이데올로기를 넘어 경제적 토대에 조응하는 구체적인 정치개혁의 로드맵을 제시해야 하는 과제에 직면해 있다. 그 선택범위는 대체적으로 싱가포르의 '선거권위주의'와 같은 당외 민주주의모델, 당내권력균형과 당내민주주의를 강화하여 점차적으로 당내의 질서 있는 경쟁의 합법화를 가져오는 당내민주주의모델, 촌민선거를 점차 정치민주주의선거로 확대하는 기층 민주주의모델 내에서 절충할 수밖에 없을 것이다.[51] 이것은 신권위주의의 21세기적 형태로 볼 수도 있다. 즉 '강력한 지도자(strong man)'에 의한 강력한 개혁정치를 주장한 신권위주의론[52]이 나타났었고, 장쩌민의 이데올로그들도 신권력론(New power)[53] 등을 통해 신권위주의를 내용적으로 복원하였다. 후진타오 체제도 기존의 권위주의 모델을 보다 연성화하고 권력기반의 공고화에 주력하고 있다.

이때, 기존제도에 대비한 효율성, 위험을 줄일 수 있는 안전성, 현 체제에서 작동할 수 있는 실현가능성, 이데올로기 논쟁을 피할 수 있는 합법성에 기초한 개혁과제를 추진할 것이다. 보다 구체적으로는 다당제를 반대하는 전제하의 당내 민주화와 지도방식 개선, 반부패활동의 강화, 삼권분립 비판을 전제로 한 국

• • •

50) 朱建榮, 『中央公論』, 1999年 11月; 전반적인 중국의 민주개혁의 방향에 시차는 있으나, '작은 정부와 큰 사회(small government and big society)'로 이전하는 것은 불가피해 보인다. Ding Yijing, *Chinese Democracy after Tiananmen* (Vancouver: UBC Press, 2001), p.3.
51) 蕭功秦, "新加坡的 '選擧權威主義' 及其啓示," 『戰略與管理』1期 (2003), p.72.
52) Mark P. Petracca and Mong Xiong, "The concept of Chinese Neo-Authoritarianism: An Exploration and Democratic Critique," *Asian Survey* 30-11 (Nov, 1990), pp.1102-1103.
53) 王滬寧, "社會主義市場經濟的政治要求," 『上海社會科學』2期 (1993).

가체제의 (법치화가 아닌)법제화, 적극적 당내민주화, 국가군대화가 아닌 군현대화 개혁, 촌민자치를 기반으로 하는 선거제도의 개혁 등에 기초한 정치현대화 (정치민주화가 아닌) 등이 그것이다.[54]

실제로 쓰촨성의 뿌윈향에서 시작된 향진정부 책임자 선거는 이미 촌민자치를 통해 정치학습과정을 거친 촌민들의 반발에 직면한 향진정부가 지역 주민의 동의를 이끌어 내기 위한 과정에서 등장하였다. 또한 당정관계에 있어 헌법의 역할을 강조하기 시작했으며 광둥성 등에서는 중국형 의회민주주의의 실험을 시작하였다. 특히 16기 3중전회 의제채택 과정에서도 처음으로 정치국 회의결과를 중앙위원회에 보고하는 '민주' 집중제를 실험하였다.[55] 그리고 사스(SARS) 퇴치과정[56]에서 보여준 것과 같은 '정치적 성과(political performance)'를 지속적으로 축적하면서 새로운 정당성 확보에 주력하고 있다.

그러나 문제는 새로운 이데올로기 학습열기가 또 하나의 거대한 대중 캠페인을 연상시킨다는 것이다. 도시의 번영, 신기술의 확산, 새로운 영화의 상영, 지도자의 빈민촌 방문, 경찰의 희생정신 등을 3개대표론의 실천사례로 설명하는 풍조가 만연하면서 오히려 그 진의를 잃었다.[57] 따라서 중국공산당이 스스로 탈바꿈하여 급속하게 전지구적 일부가 되어가고 있는 경제체제의 감독자가 되는 데 성공할 수 있겠는가 하는 점이다. 이것은 역설적으로 사회주의 역사의 궤

● ● ●

54) 潘岳, "對革命黨向執政黨轉必的思考," 『開放』(2001年 7月), pp.28-38.
55) 土心, "政治局 '報告工作' 的重要含意," http://people.com.cn (검색일: 2003.10.14). 이것은 보고서를 누가 만들고 누가 책임을 지는가 하는 민주원칙, 감독과 피감독의 관계를 명확히 한 측면에서 의의를 지니는 것이었다.
56) 사스 퇴치 과정에서 보여준 위기관리능력은 새로운 지도부의 정치력을 제고하는 데 기여하였다. 물론 여기에는 사안의 성격상 국제적 문제로 대두되어 외부로부터의 압력에 직면했지만, 내부적으로도 보수적인 관료사회나 장쩌민의 계파정치도 겨냥한 여러 가지 정책적 목표를 지니고 있었다. 사스퇴치과정에서 나타난 정치적 함의에 대해서는 김재철, "사스의 정치: 외적압력과 중국의 국내적 변화," 『중국연구』31권 (2003), pp.53-57 참조.
57) 凌志軍, 『變化:1990年-2002年中國實錄』(北京: 中國社會科學出版社, 2003), p.488.

도가 자본주의 생산양식이라는 보다 큰 서사의 내부에 그려진다는 것을 의미하는 것이기도 하다.[58] 따라서 3개대표론으로 야기된 중국의 이념적 지형은 자본주의와의 경쟁과 협력, 수렴과 배척이라는 마지막 과정에 접어들었다는 것을 의미한다.

• • •

58) 아리프 딜릭(설준규 · 정남영 역), 『전지구적 자본주의에 눈뜨기』(서울: 창작과 비평, 1998), p.78.

중국의
새로운
민주주의
탐색

새로운 발전모델의 이데올로기:
과학적 발전관

제3장
새로운 발전모델의 이데올로기: 과학적 발전관

Ⅰ. '발전' 이데올로기

"개혁을 하지 않으면 죽기를 기다리는 것과 같고 개혁을 하게 되면 죽음을 자초하는 것과 같다(不改革 等死; 改革 找死)"[1] 이것은 경제발전을 하지 않으면 사회주의를 지속할 수 없고 사유경제를 발전시키면 결국 사회주의를 죽이게 될 것이라는 오래된 딜레마를 반영하고 있다.

1978년 이후 중국이 개혁개방을 본격적으로 추구하면서 '생산력 발전' 노선에 따라 '먹고사는 문제' 에 주력했다. 더구나 당 14차대회에서 사회주의 시장경제를 도입한 이후 10년 동안의 고도성장기에 있어 성장과 분배 사이에는 전형적인 교환(trade off)관계가 나타날 수밖에 없다는 인식이 팽배했다. 이것은 개혁파들이 자신의 입지를 공고화하기 위해 세계무역기구 가입을 선택한 시기에 정점에 달했다.[2] 이러한 개방노선을 통해 개혁블럭을 확보하면서 대외적으로는

● ● ●

1) 鄒東濤 · 歐陽日輝, 『所有制改革攻堅』(北京: 水利水電出版社, 2005), p.59.
2) 1990년대 후반 미중관계의 영향을 받으면서 성장주도형 개혁파의 입지가 약화되자, WTO 가입을 통해 국면을 전환하고자 하는 의도가 있었다. Zheng Ka, "Domestic Politics and the U.S-China WTO Agreement," *Issue & Studies* 37 (2001), p.107.

'중국의 세기(The Chinese Century)'[3]를 열어갈 수 있었다. 그러나 국내적으로는 개혁으로부터 소외된 광범한 계급계층이 급속하게 주변화되기 시작했고, 노동자들과 토지보상에 불만을 품은 농민들이 조직화하기 시작하였다. 이와 함께 과도한 서구화를 비판하고 민족적 정체성, 이데올로기적 정체성을 문제 삼는 지적 흐름도 광범하게 나타나기 시작했으며, 비판적 지식인들 사이에 나타난 신좌파나 신보수주의도 이러한 맥락에서 등장하여 확대되었다.[4]

2002년 출범한 후진타오를 중심으로 하는 제4대 지도부도 비록 '하나의 중심'인 '경제건설' 자체를 문제 삼지는 않았으나, 개혁개방이 초래한 사회적 양극화와 이에 따른 사회주의 정체성의 위기를 극복해야 하는 과제를 안게 되었다. 이것은 덩샤오핑-장쩌민 시기의 성장(growth)에 기초한 기존의 발전모델과 다른 길을 갈 수밖에 없다는 것을 의미했다. 따라서 후진타오 발전모델은 중국 특색 사회주의와 개혁개방이라는 중국모델에 뿌리를 두고 있으면서도 기존의 발전전략과는 차이를 보였다. 이것은 공평과 발전을 동시에 강조하면서 사회주의의 본래적 속성을 강조하여 정체성의 위기를 타개하기 위해 고도로 기획된 것이었다. 그리고 이러한 새로운 모델을 지지하고 정당화하는 이데올로기적 틀이 필요했고 이것은 과학발전관(Scientific outlook on development)으로 나타났으며 체제 이데올로기의 권위를 확보하기 위해 17차대회에서 당강령에도 반영하였다.[5]

• • •

3) Oded Shenkar eds., *The Chinese The Rising Chinese Economy and its impact on the global economy, the Balancer of Power and Your Job* (N.J: Wharton School Publishing, 2005).

4) Yongnian Zheng, *Discovering Chinese Nationalism in China; Modernization, Identity, and International Relations* (New York: Cambridge University, 1999), pp.52-53. 신좌파들은 주로 정치개혁과 경제개혁에 대한 제도주의 맹신을 비판하고 중국개혁의 토착화, 비교우위에 대한 비판에 기초하여 새로운 집체주의와 신마오쩌둥주의를 강조했다. 전반적으로 민족정체성(national identity)을 강조하고 민족통합과 인민의 민족적 자부심을 강화하는 데 있어 이데올로기의 중요성을 강조했다.

5) 과학발전관과 사회주의 조화사회의 관계에 대해서는 과학발전으로 조화를 촉진하자는 형태로 나타났다. 『中國共産黨第十七次全國代表大會文件彙編』(北京: 人民出版社, 2007), p.59.

기존의 중국모델에 대한 해석은 몇 가지로 대별할 수 있다. 우선 중국이 시장, 자유무역, 해외직접투자 유치를 통해 자본주의 세계체제의 분업구도에 진입했다는 견해이다.[6] 또 하나는 중국이 국유기업의 중심적 역할을 유지하면서도 경제계획의 축소, 지방정부의 권한 강화, 새로운 형태의 기업조직 창출, 이윤과 생산성 향상에 기초한 노동자 보상조치의 도입, 국가부분을 포함한 모든 기업의 효율성을 자극할 수 있는 시장정책을 도입하여 시장사회주의가 정착되었다고 보는 견해이다.[7] 이러한 견해와 유사하게 경제특구 설치, 수출주도형 산업전략, 산업정책을 위한 선도기구(pilot agency)의 운영 등에 기초한 동아시아 모델로 보는 견해도 있었다.[8] 마지막으로 시장자유주의적 개혁이 진보로 이어지지 않는다고 주장하는 근본적 좌파들도 있다. 즉 진보적 맥락의 경쟁주의적 사고형태는 사회주의와 혁명을 인간적 발전과 해방의 도구가 아니라, 자본주의적 발전과 경쟁의 전제조건으로 변용시킨다고 비판했다.[9]

새롭게 논의되는 중국모델은 이러한 논의들의 중간지점에 있다고 볼 수 있다. 우선 비교우위론, 국제순환론, 국제적 노동분업론, 해외투자론에 기초한 중

●●●

6) 이에 대해서는 좌파 신자유주의라고 할 수 있는 스티글리치(Stiglitz)와 라디(Lardy) 등의 견해 참고. Joseph E. Stiglitz, *Globalization and Dimensions* (New York: Norton, 2002), p.184; Nicholas R. Lardy, "The Economic Rise of China: Threat or opportunity?" *Economic Commentary* (August 1, 2003), p.2.

7) M. J. Gordon, "China's Path to Market Socialism," *Challenge* 35-1 (Jan.-Feb, 1992), p.53; Victor D. Lippit, "But What about China," *Rethinking Marxism* 6-1 (Spring 1993), pp.128-129. 이와는 다소 다른 견해이지만, 중국의 개혁개방이 시장만능주의가 아니라 생산의 사회적 통제라는 측면을 유지하고 있으며, 시장이 곧 민주주의라는 견해를 비판하는 시각도 있다. Tian Yu Cao eds., *The Chinese Model of Modern Development* (London: Routledge, 2005), pp.298-318.

8) 조영남, "중국의 소프트파워와 외교적 함의," 손열 편, 『매력으로 엮는 동아시아』(서울: 지식마당, 2007), pp.130-131.

9) Martin Hart-Landsberg and Paul Burkett, *China and Socialism; Market Reform and Class Struggle* (New York: Monthly Review Press, 2005), pp.25-31. 마오주의적 관점에 서있는 아민(Samir Amin)의 경우, 시장사회주의를 받아들일 수는 없지만, 몇 가지 조건이 갖추어지면 제한적으로 이 견해를 수용할 수 있다고 보았다. Samir Amin, "Theory and practice of the Chinese 'market socialism' project," Tian Yu Cao eds., 2005, pp.128-147.

국판 (신)자유주의 발전전략을 무비판적으로 수용하지 않았다.[10] 오히려 시장과 경쟁을 회피하지 않고 발전주의 자체를 유지하면서 '질 좋은 성장', '성장주의의 그늘 해소'에 주력했다. 이런 점에서 과학발전관은 과거 이데올로기로의 복귀가 아니라, 중국특색 사회주의의 계보를 잇고 있으며 '모순돌출기'[11]에 처해 있는 중국특색 사회주의를 '건설'이 아닌 '발전'의 관점에서 재해석하는 것이기도 하다.

II. 소유제의 재구성과 발전의 논리

전통적으로 현실사회주의는 사회주의를 공공 소유제의 비중을 통해 해석해 왔다. 건국 이후 몇 차례의 조정정책에도 불구하고 마오쩌둥 시기는 대체적으로 계획경제가 지배하였고, 덩샤오핑의 개혁개방 초기에도 비록 상품과 시장의 범주를 확대시켰으나 공유제의 지배적 지위를 침해하지는 않았다. 그러나 장쩌민 시기에 이르러 비공유제부분이 크게 활성화되었고 이 과정에서 3개대표론을 제기하여 자본가계급을 당내로 편입시킴으로서 공산당의 성격을 변화시켰다. 전체 국민경제에서 국유경제와 집체소유가 차지하는 비중이 절반 이하로 떨어진 상황에서 더 이상 국민경제에서 차지하는 공유제의 비중만으로 사회주의를 해석하는 것은 한계가 있었다. 이것은 전통적 사회주의 모델에 대한 일대 혁신과 수정을 요구하는 것이었다.[12] 후진타오 시기 사회주의 해석은 기존 논의의 연장

● ● ●

10) Yongnian Zheng, 1999, pp. 57-58.
11) 모순돌출기란 자원과 에너지의 도전, 생태환경의 도전, 경제와 사회가 조화롭게 발전하는 과정에서의 문제를 의미하는 데 이것은 '황금발전기'와 대비하여 사용하는 개념이다. 쩡삐젠(이희옥 역), 『중국평화부상의 새로운 길』(오산: 한신대출판부, 2007), pp. 49-50.
12) Tian Yu Cao eds., 2005, p. 314.

선상에 있으면서도 일정한 차이를 보이고 있다. 즉, 도농 간·지역간·소득 간 격차가 확대되는 과정에서 공유제의 위상을 문제 삼기보다는 '왜 사회주의를 해야 하는가', '사회주의란 무엇인가', '사회주의를 어떻게 건설할 것인가', '어떤 사회주의를 건설할 것인가' 라는 본질적인 질문을 제기하였다.[13]

마오쩌둥 시기 사회주의 본질론은 생산관계 주요모순에 기초했다. 그러나 개혁개방 이후는 인민의 물질적 수요와 낙후된 생산력 사이에 나타나는 생산력 모순이었다. 현재는 계층과 계급구성이 다양해졌기 때문에[14] 전통적인 의미에서 '사회주의 내의 계급모순' 을 적대적 모순으로 간주할 수는 없게 되었다. 다른 한편 생산력 모순론도 상대적으로 계급모순을 과소평가하여 각종 격차가 확대되면서 사회문제(social fabric)가 빈발하게 되어 사회주의 정체성의 위기를 낳았다.

이런 점에서 중국사회주의 본질을 규정해 왔던 소유제에 대한 인식전환은 중요한 의미를 지닌다. 이미 시장의 범주는 이데올로기 논쟁에서 멀어져 중립화되었기 때문에 현재의 쟁점은 '공유제와 사유제를 둘러싼 논쟁(姓公姓私)' 으로 변화하였다. 또한 탈사회주의 전환경제와 관련하여 국가부분의 사유화를 추구하는 '위로부터의 사유화' 와 국가부문 밖의 새로운 사기업의 발전을 추구하는 '밑으로부터의 사유화'[15]가 동시에 나타나고 있다. 이른바 '중국특색 사유

● ● ●

13) 冷溶 編, 『科學發展觀與構建社會主義和諧社會』(北京: 社會科學文獻出版社, 2007), pp.239-243. 물론 사회주의 본질론은 남순강화에 그 뿌리를 두고 있으나 후진타오 시기의 사회주의 본질론은 덩샤오핑 시기의 본질론과 '본질' 을 해석하는 데에서 차이가 있다.

14) 陸學藝, 『當代中國社會階層研究報告』(北京: 社會科學文獻出版社, 2002), p.13. 이러한 분류에 기초하여 계급정치의 가능성을 분석한 것으로는 Yongnian Zheng, "The Party, Class and democracy in China," Kjeld Erik Brodsgaard and Yongnian Zheng, The Chinese Communist Party in Reform (New York: Routledge, 2006), pp.231-260.

15) 이러한 사유화의 개념에 비추어 보면 밑으로부터의 사유화의 측면이 강하고 의도하지 않은 사유화(unintended privatisation)로 볼 수도 있다. K. J. Ners, "Privatisation(from above, below or mass privatisation) Versus Generic: Private Enterprise Buildings," Communist Economics and Economic Transformation 7-1 (1995), pp.105-116.

화(privatisation)' [16]에 대한 논쟁이 나타난 것이다.

새로운 중국사회주의를 해석하는 당정의 논리에 따르면 "공산주의(공산주의
와 사회주의의 엄격한 구분이 없는; 저자 주)의 특징은 모든 일반제의 소유제를 폐지하
는 것이 아니라 부르주아의 소유제를 폐지하는 것" [17]이라거나 "자본주의 사유
제는 개인적인 것이고, 자기노동력을 기초로 한 사유제의 첫 번째 부정이다. 그
러나 자본주의 생산은 자연과정의 필연성 때문에 자신을 부정한다. 이것은 부
정의 부정이다. 이러한 부정은 사유제를 다시 건립해서는 안 된다는 것이 아니
라, 자본주의의 성취라는 기초, 즉 생산수단 공동점유라는 기초에서 개인소유
제를 다시 건립하자는 것" [18]이다.

1990년대 초반까지만 해도 중국은 기업 소유제 개혁보다는 집체기업이나 사
영기업의 성장을 격려하고 유인하는 '계획 외부로부터의 성장(growing out of
plan)'에 의존했다. [19] 그리고 이러한 소유제 개혁 없는 성장은 중국모델의 독특
성을 설명하는 근거가 되었다. 그러나 1990년 중반 이후 중국경제의 대안으로
떠올랐던 향진기업이 경쟁력을 상실하면서 어려움에 직면하기 시작했고, 시장
의 경쟁체제는 구조조정이 취약했던 공유제 기업들의 경영악화를 가중시켰다.
따라서 공유제 기업의 누적된 적자를 근본적으로 해결하기 위해 본격적으로 소
유제개혁을 시도하지 않을 수 없었다. [20] 이 과정에서 공유제는 국유제가 아니라

● ● ●

16) Lan Cao, Chinese Privatization: Between Plan and Market, *Law and Contemporary Problems*, 63-
4 (August 2000), pp.17-18.
17) 『馬克思恩格斯全集』1卷 (北京: 人民出版社, 1995), p.86.
18) 『資本論』1卷 (北京: 人民出版社, 2004), p.874.
19) Barry Naughton, *Glowing Out of the Plan: Chinese Economic Reform* 1978-1993 (New York:
Cambridge University Press, 1996), pp.8-9.
20) 정환우, "소유제 개혁과 새로운 자산관리체제의 모색," 김재철 편, 『새로운 중국의 모색 I』(서울:
폴리테이아, 2005), pp.39-64.; 중국과 일본의 법인자본주의 기업제도의 성공배경을 참고하여 법
인사회주의가 필요하다는 주장도 제기된 바 있다. 宋琦, "法人社會主義:能極大促生産力發展的公
有制形式," 『中國市場經濟報』(1999.1.23).

는 단순한 해석을 넘어서 소유권과 경영권을 분리한 재산권제도, 출자자 소유권과 법인재산권을 분리하는 회사제도를 도입함으로써 공유제의 외연을 넓혔고[21], 이 과정에서 주식제가 하나의 대안으로 떠올랐다. 즉, 사적 자본이라도 법인이 관리하는 주식제 체계 속으로 들어온다면, 자산의 성격에 변화가 발생하고, 사적소유는 많은 출자자들의 공동소유가 된다고 해석했다. 이런 점에서 주식제는 자본주의 경제형식이 아니라, 공유제(公有制)에 속한다고 보았다. 일부에서는 주식제를 사회주의와 자본주의의 성격을 동시에 지니는 공유제(共有制), 또는 간접 공유제(公有制)로 보기도 했다.[22]

이렇게 보면 주식제는 공유제의 '실현형식'일 뿐이며, 사유제는 물론이고 전통적 의미의 공유제도 개조할 수 있는 수단으로 등장했다.[23] 이러한 변화는 높은 수준의 국유화라는 틀에서 이해되어왔던 전통적인 공유제 틀이 더 이상 작동하지 않는다는 것을 의미한다. 당정도 이에 대해 이미 총론적인 지침을 제공했다. 15차대회에서 "공유제는 국유경제와 집체경제만을 포함하는 것이 아니라, 혼합소유제 경제 중에서 국유성분과 집체성분을 구성한다"[24]고 규정했고 주식제에 대해서는 "현대기업의 일종의 자본형식으로 자본주의와 사회주의에 모두 유효한 것"[25]으로 이해하였다.

그리고 공유제 주체의 성격을 해석하는 데에도 몇 가지 변화가 발생했다. 첫째, 양적인 측면에서 공유제가 전체 국민경제에서 차지하는 비중이 50% 이

• • •

21) 사회주의 공유제 논쟁에 대해서는 莫岳云, 『全球化與當代社會主義』(北京: 人民出版社, 2006), pp.209-256. 주로 논쟁은 국유경제, 집체경제의 비중문제, 공유제 실현형식과 발전추세, 공유제경제의 주체적 지위를 구현하는 방법의 문제, 공유제경제의 발전에 따라 공유제의 주체적 지위가 어떻게 대체되는가의 문제, 마르크스의 '개인소유제를 다시 건립하자'는 이론에 대한 해석을 중심으로 전개되었다.

22) 鄒東濤·歐陽日輝, 2005, pp.140-144.

23) 劉福海, "破解所有制問題的認識謎團," 『北京日報』(2003.2.24).

24) 『中國共産黨第十五次全國代表大會文件彙編』(北京: 人民出版社, 1992), pp.21-23.

25) 劉美珣, 『中國特色社會主義』(北京: 淸華大學出版社, 2004), p.237.

상이 되어야 한다는 견해[26]를 수정하여 이를 질적인 개념으로 변화시켰다. 둘째, 공유제를 사회총체적인 개념으로 이해했다. 셋째, 국유경제를 활성화시키는 것은 주로 통제능력에 있다는 관점으로 접근했다. 이러한 논의는 개혁개방 초기에 이미 소유제 삼성론(三性論)의 형태로 제기된 바 있다. 즉 중국의 소유제론이 순공유제론, 단일공유제론, 전민소유제가 국영기업이라는 관점을 비판하고 다양한 사회주의 소유제 형식이 장기간 병존하고 있으며, 그 구체적인 형태는 전민+집체, 전민+집체+개체, 집체+집체와 같은 다양한 연합소유제 형식이 필요하다는 것이었다.[27]

또 하나의 변화는 '공유제'와 '공유제의 실현형식'을 구분한 것이었다. 이것은 공유제를 실현하는 형식을 다양화해야 한다는 논리이다.[28] 즉 소유제란 일종의 생산관계지만, 소유제 실현형식은 모든 소유제 경제의 경영방식과 조직형식을 의미하는 것으로 보았다. 따라서 이 논의의 핵심은 '소유제 형식이 생산력 발전수준에 부합하는가, 생산력 발전을 촉진할 수 있는가'라는 개혁개방 이후 지배담론인 생산력 중심론의 연장에 서 있다고 할 수 있다.

중국이 공유제와 공유제의 실현형식을 분리한 것은 전통적 사회주의 계획경제로부터 벗어나면서 시작되었다. 당시 중국에서는 단일한 농촌의 인민공사와 국영기업만이 존재했고, 공유제와 공유제의 실현형식이 결합되어 있어서 생산력의 발전을 저해했다. 그리고 단일한 공유제 실현형식은 공유재산에 대한 책임의식의 부재로 국유자산을 심각하게 유실하여 사회적 재화의 확대를 어렵게 한다고 보았다.

• • •

26) 2002년 제15차대회에서 "공유자산의 장점을 차지하고 양적 장점을 취해야하며 더욱이 질적 제고에 유의해야한다"고 규정했다. 『中國共産黨第十五次全國代表大會文件彙編』, p.21.
27) 劉詩白, 『不做書齋的學者』http://www.swufe.edu.cn.html (검색일: 2004.11.10).
28) 『中國共産黨第十五次全國代表大會文件彙編』, p.19.

이러한 인식의 결과, 16기 3중전회에서는 "공유제의 다양하고 효과적인 실현형식을 추진하여, 주식제를 공유제의 '주요한' (저자 강조) 실현형식으로 삼는다"[29]는 결론을 도출했다. 특히 '주요한' 형식을 강조한 것은 재산권 다양화가 현대기업제도의 전제조건이고, 혼합소유제의 주식제를 실현하는 것은 국유기업의 중요한 선택이며, 주식제는 공유제와 시장경제를 효과적으로 결합하는 형식이라고 판단했기 때문이었다. 이러한 논리는 마르크스의 소유제 사상이라고 할 수 있는 '생산사회화는 생산수단의 사회적 점유를 요구한다'는 것이다.

공유제에 대한 인식의 변화는 자연스럽게 비공유제경제에 대한 인식변화도 가져왔다. 사회주의 시장경제에서 비공유제에 대한 태도는 '대립'에서 '(존재의) 허용'으로 다시 '유익한 보완(有益補充)'에서 '중요한 구성부분'으로 변화했고, 15차대회를 계기로 제도 내로 편입되었다.[30] 이러한 비공유제 경제에 대한 인식의 변화에는 세 가지 원인이 있었다. 첫째, 비공유제 경제가 중국의 생산력을 해방하고 발전시켰다. 둘째, 시장경제에서 다원화된 주체가 형성되었다. 그 결과 국유기업개혁 과정을 촉진할 뿐 아니라 사회주의 시장경제를 건설하는 데 유익한 기능을 했다. 셋째, 국유기업 시장화개혁에 체제의 모범을 보여주었다. 요컨대 중국은 여전히 사회주의 초급단계에 처해 있기 때문에 공유제가 주체라는 전제에서 다양한 소유제 경제를 발전시키는 것이며, '세 가지 유리점(三個有利點)'에 부합하는 모든 소유제 형식은 사회주의에 복무할 수 있어야 하고, 또한 해야 한다는 것이었다.

이러한 인식은 16차대회에서 '두 가지 흔들림 없이'를 강조하면서 미묘한

• • •

29) 劉美珣, 2004, p.237에서 재인용.
30) 16기 3중전회에서는 "비공유제 경제발전을 제한하는 법률법규와 정책을 바로잡고 수정할 것"을 요구하기도 했다. 그리고 재산권개혁의 핵심도 사유재산의 보호와 함께 "비공유제 경제의 발전을 촉진하는 것"이라는 점을 명확히 했다. "三中全會社會主義理論中的六大根本突破," www.people.com.cn (검색일: 2003.10.22).

변화가 나타났다. 즉, 첫째, 조금도 흔들림 없이 공유제경제를 공고화하고 발전시킨다는 것이다. 둘째, 조금도 흔들림 없이 비공유제경제의 발전을 고취하고 지원하며 이끌어야(引導) 한다는 것이다. 그동안 중국의 정책문건에서는 비공유제에 대해 '조금의 흔들림 없이'라는 표현은 사용했으나 공유제에 대해서는 '조금의 흔들림 없이'라는 표현을 사용하지는 않았다. 그리고 비공유제의 발전을 위해 '고취하고 지원한다'는 용어를 사용했으나, '이끈다'는 표현은 사용하지 않았다.[31] 즉, 그동안 사유재산의 침해에 관심을 기울였지만, 공유제의 약화에 대해서는 상대적으로 소홀히 했다.

그러나 공유제 재해석이 사회주의 존재방식 자체를 변경하거나 중국의 전반적인 정치경제 시스템을 자본주의적 방식으로 전환시키기 위한 것은 아니었다.[32] 오히려 경제발전의 장애가 되는 사회주의 정치경제학의 범주를 확장하거나 중립화하는 한편 정치적 거버넌스를 강화하여 '질 높은' 발전을 추구하기 위한 것이었다. 이런 점에서 경제적 자유주의 수용의 계기로 평가받는 주식제의 경우도 '한 주에 한 표'가 아니라 '한 사람에 한 표'를 통해 지배구조를 안정화하는 데 중점을 두었다.[33]

• • •

31) 王一程, "全面落實科學發展觀努力實現和保證全體人民共享發展成果," 冷溶 編, 2007, pp.51-52.
32) 물론 사회주의 시장경제의 상상력을 발휘하여 국가주, 법인주를 노동주를 통해 노자합자기업을 조직할 수 있다고 보고, 만약 공유자산의 시장수익, 노동자를 고려하는 경제민주주의를 고려할 수 있다면 '사회주의 시장경제'는 중요한 의미를 지닌다고 보기도 한다. 崔之元, "激發對'社會主義市場經濟'的想像力,"『中國經濟時報』(2006.7.31).
33) Sujiao Guo, "The Ownership Reform in China: What direction and how far?" Journal of Contemporary China 12-36 (2003), p.569. 중국의 주식제는 시장경제의 발전을 위한 추진력을 제공할 것이기 때문에 보다 안정적인 법적 보호가 필요하다는 견해에 대해서는 다음을 참조. Qingjiang Kong, "Quest for Constitutional Justification: Privatization with Chinese Characteristics," Journal of Contemporary China 12-36 (2003), pp.537-551.

III. 성장의 비판과 '과학적 발전'

1. 과학발전관의 전개과정

과학발전관은 좁은 의미에서는 발전에 관한 '관(觀)'의 문제로서 사물의 총체적인 관점과 근본적인 인식을 의미한다. 구체적으로는 누구를 위해 발전하는가, 누구에 의해 발전하는가, 그리고 발전의 성과를 누가 향유하는가라는 문제와 관련되어 있다. 이것은 선부론(先富論)과 성장주의 전략이 초래한 개혁개방정책의 혜택이 일부 계층이나 지역에 편중되었고, 그 결과 사회주의 정체성을 약화시켜 왔다는 새로운 지도부의 현실인식을 반영한 것이다. 따라서 과학적 발전관은 제4세대 국가전략의 틀이라고 할 수 있는 새로운 중국모델의 방향에 대한 이데올로기적 정당성을 부여하기 위한 시도였다. 이런 점에서 과학발전관은 발전의 '관점'이라는 것을 넘어 발전이념이 발전전략을 결정하고, 발전전략이 발전체제의 전환을 요구하며, 발전체제(제도)가 발전이념과 발전전략의 결실을 보장하는 관계망을 가지는[34] 것이었다.

발전에 대한 새로운 인식은 2002년 11월에 개최된 16차대회로 거슬러 갈 수 있다. 여기에서 중국은 신형공업화 노선, 도농 간 균형발전, 국유자산관리체제의 개혁, 시장경제체제의 정비, 분배제도와 사회보장체계 개선 등 기존의 성장주의 전략과는 다른 발전의 방향을 제시하였다.[35] 심지어 후진타오는 21세기 상황이 건국 직전의 중국 상황과 유사한 중대한 역사적 분기점(crossroads)에 서 있다고 평가했다.[36] 즉 1949년 초 중국공산당이 항일전쟁과 국민당과의 내전에서

• • •

34) 楊魯慧, "論科學發展觀對當代國外發展理論成果的合理借鑒," 『科學』 11期 (2004).
35) 『中國共産黨第十六次全國代表大會文件彙編』(北京: 人民出版社, 2002), pp. 20-30.

승리한 후 국가를 어떻게 구성하고 운용할 것인가에 대한 근본적 고민을 하던 시기와 시장경제 전환이라는 역사적 전환기를 사실상 마무리하고 새로운 체제를 정착시켜야 하는 현재 상황을 유사하게 보고 동일한 역사적 과제로 받아들인 것이다.

과학발전관이라는 개념은 2003년 8월 28일에서 9월 1일까지 후진타오가 장시성(江西省)을 시찰하면서 처음으로 언급하였다.[37] 그러나 공식적으로는 2003년 10월 14일 중국공산당 제16기 3중전회에서 통과된 『사회주의 시장경제체제를 완성시키기 위한 약간의 문제에 대한 중국공산당의 결정』에서이다. 여기에서 "인본주의(以人爲本)를 견지하고 전면적, 협조적, 지속가능한 발전관을 수립하여 경제사회와 인간의 전면적 발전을 촉진하자"[38]고 주장하였다.

그리고 중국 공산당 핵심지도부가 과학적 발전관을 중국의 사회경제정책의 핵심적 기조로 삼기로 완전하게 합의한 것은 2003년 11월 24일 개최된 당정치국 상무위원회에서였다.[39]

이 시점부터 중앙 지도자들은 각종 회의와 지방순시에서 경제발전에 대한 새로운 인식의 필요성과 과학적 발전관의 역사적 의미를 강조하기 시작했다. 이러한 과정을 거치면서 권력 핵심에서 성급 주요 간부들과 중앙부처 및 군부대의 상층간부들에 이르기까지 새로운 발전관에 대한 공동인식에 도달한 것은

• • •

36) Peter Nolan, *Transforming China: Globalization, Transition and Development* (London: Anthem Press, 2004), pp.3-4; 중국의 고민은 초기 원시자본주의 축적의 길, 자유시장 근본주의, 마오 시기로의 복귀라는 딜레마에 빠져있고 이를 넘어서 경험적이고 비이데올로기적인 제3의 길을 추구할 것인가의 기로에 놓여있다는 것이다. Peter Nolan, *China at the Crossroads* (Cambridge: Polity Press, 2004), p.100.

37) 冷溶, "科學發展觀的創立及其重大意義," 冷溶 編, 2007, p.7.

38) 『人民日報』(2003.10.15).

39) 이 회의는 이후 개최되었던 〈중앙경제공작 회의〉(11월27~29일)와 〈인적자원에 관한 회의〉(12월 19~20일)의 의제에 관한 사전 검토 회의였다. 그리고 또한 제11차 5개년 경제발전 규획의 기조를 '과학적 발전관'에 둔다는 것을 채택하기로 합의했다. Joseph Fewsmith, "Promoting the Scientific Development Concept," *China Leadership Monitor* 11 (Summer 2004), p.3.

2003년 12월에 개최된 〈중앙경제공작회의〉와 2004년 2월 16일부터 21일까지 중앙당교에서 개최한 〈과학적 발전관의 수립과 실천을 위한 성·부급(省·部級) 영도간부 연구반〉 회의를 통해서였다.[40] 이후 2004년 3월 10일 〈중앙인구자원 환경공작 좌담회〉에서도 중요강화를 발표했고[41] 2004년 9월 19일에 열린 16기 4중전회에서는 '실질적인 사회경제발전의 중대한 전략사상과 지도방침'으로 확고하게 자리매김 되었다.[42] 그 결과 2005년 10월, 16기 5중전회에서 『11차 5 개년 규획(2006-2010)』을 제정하면서 과학발전관을 정책이데올로기로 반영했다. 이어 16기 6중전회에서는 『중공중앙의 사회주의조화사회 구축을 위한 몇 가지 중대 문제에 관한 결정』이라는 강령적 문건을 통해 사회주의 조화사회 건설의 핵심도 과학발전관에 있다는 것을 명확히했다.

이러한 과학발전관에 대한 이데올로기적 필요에 따라 2004년 당중앙은 마르 크스주의 이론연구와 프로젝트를 적극적으로 추진했다. 이것은 개혁개방 이후 '논쟁하지 말자(不爭論)'는 것이 결과적으로 사상이론 연구를 상대적으로 정체 시켰다는 성찰에서 비롯되었다. 이에 따라 고전마르크스주의 저작에 대한 체계 적이고 깊이 있는 연구가 중시되었고, 이 중에서도 〈마르크스주의 경전 기본저 작 기본관점 연구〉 프로젝트는 핵심적인 주제였다. 이 프로젝트의 세부연구 주

● ● ●

40) 연구반 입학식과 수료식에는 쩡칭홍(曾慶紅), 황쥐(黃菊), 우이(吳儀) 등이 참석했고, 수료식에는 원자바오(溫家寶) 총리 등이 참석했다. 특히 수료식에서 행한 원자바오의 연설은 과학적 발전관 에 대한 체계적이고 구체적인 설명이었다. 이것은 이후 2006년 제10기 4차 전국인민대표대회에서 통과된 『제11차 5개년 경제사회발전 규획』(이하 "十一五")을 포함한 향후 정책방향으로 정착했 다. 원자바오 총리는 "과학적 발전관은 향후 당의 통치능력(執政能力) 향상과 정부직능 전환을 위 한 철학적 기초로 통치문제 전반에 대한 문제의식에서 출발한 것"임을 강조했고, 각급 정부에서 정책수립의 기조로 확산되는 전기를 마련했다. "曾慶紅在樹立和落實科學發展觀專題研究班開班 式上強調: 領導幹部要帶頭樹立和落實科學發展更好地推進改革開放和現代化建設,"『人民日報』 (2004.2.17); 溫家寶: 牟固樹立和認眞落實科學發展觀," http://news.sina.com.cn/c/2004-02-29/11221926301s.html (검색일: 2006.1.16).

41) 『人民日報』(2004.4.5).

42) 『中國共産黨第16屆中央委員會第4次全體會議公報』(北京: 人民出版社, 2004), pp.1-7.

제는 '유물사관과 변증법', '민주주의와 정치문명', '전지구화와 시대', '사회발전의 길' 등 18개였는데, 여기에 약 200여 명의 전문가들이 참가하였다. 그리고 이 연구프로젝트 팀은 2004년 〈분석틀과 연구방법〉, 2005년에는 〈마르크스주의와 과학발전관〉 등을 주제로 마르크스주의에 대한 대규모 토론회를 정례화하였다.[43]

이러한 고전 마르크스주의 재해석 열기와 함께 과학발전관은 발전이론을 넘어 중국형 발전모델의 이론적 지침이 되고 있을 뿐 아니라, 중국사회주의 존재방식을 둘러싼 '중국모델'의 새로운 이론적 지침도 제공하였다. 2004년 라모(Ramo) 등에 의해 제기된 베이징 컨센서스[44]도 중국형 발전모델에 대한 새로운 발견이라기보다는 과학발전관의 이론적 세례 속에서 형성된 것이었다.

2. 과학발전관의 이론구조

과학발전관의 이론적 뿌리는 사회주의 초급단계론과 사회주의 시장경제론을 양대 지주로 하는 중국특색 사회주의론에 있다. 사회주의 초급단계론이 중국이 개혁개방을 추진하고 시장경제 메커니즘을 도입하는 이론적 근거를 제공했다면 사회주의 시장경제론은 경제체제개혁을 이론적으로 결산하고 방향을 정립하는 이론적 지침이었다.[45]

• • •

43) 이 회의는 제2회 마르크스주의논단의 성과였다. 이에 대한 연구결과는 兪可平 外, 『馬克思主義與科學發展觀』(重慶: 重慶出版社, 2006) 참조.
44) Joshua Cooper Ramo, *The Beijing Consensus* (London: The Foreign Policy Center, 2004). 실제로 라모는 2005년 8월 톈진에서 열린 〈중국 발전의 길〉 국제학술회의에서 베이징 컨센서스를 제기한 배경을 밝히기도 했다. 兪可平 外, 『中國模式與北京共識』(北京: 社會科學文獻出版社, 2006), pp.5-10.
45) 江金權, 『中國模式研究: 中國經濟發展道路解析』(北京: 人民出版社, 2007), p.311.

과학발전관의 이데올로기적 위상은 개혁개방 이후의 생산력 표준론에 대한 재해석임과 동시에 기존 이론과의 일정한 차이를 시도하고 있다. 즉 덩샤오핑 이론과 마오쩌둥사상 사이에는 지속보다는 변화가 강했고, 제3세대 지도부의 '3개 대표 중요사상'과 덩샤오핑이론 사이에는 변화보다는 지속의 측면이 강했다. 그러나 과학발전관은 대중일반의 사회주의에 대한 신념의 위기를 반영하여 마오쩌둥사상과 덩샤오핑이론을 변증법적으로 통일했다. 예컨대, "당신은 마르크스주의가 과학이라고 생각하는가", "당신은 여전히 마르크스주의를 믿는가"라는 질문에 대해 상당수의 사람들은 전자에 대해서는 "모르겠다"고 답했고 후자에 대해서는 "말하기 쉽지 않다"고 답했다. 이것은 과거 "반동적 언술"이라고 대답했던 것에 비하면 큰 변화였다.[46]

또한 과학발전관의 철학적 출발은 '모든 사물에 있어 운동은 절대적인 것이며 정지는 상대적인 것'이라는 마르크스철학의 기본원리에 두고 있다. 즉 유물변증법적 세계관과 방법론의 차원에서 보면 발전은 사물의 변증법적 운동과정이며, 이때 사물은 자연사물과 사회적 사물을 모두 포괄하는 것이다.[47] 중공중앙도 과학발전관이 사회주의 발전에 관한 마르크스주의 이론체계를 구축한 것이라고 밝혔다. 그 핵심적인 내용은 "인본주의(以人爲本)에 기초한 전면적, 협조적, 지속가능한 발전전략을 추구하는 것"[48]으로 요약할 수 있다. 이들 사이의 관계는 인본주의가 과학적 발전관의 본질, 핵심, 목적이라면, 주요한 내용은 전면적이고 협력적이며 지속가능한 발전을 촉진하기 위한 것이다.

인본주의를 강조한 것은 '누구를 위하여 발전하는가'라는 문제와 관련되어

● ● ●

46) 馬建中, 『政治穩定論』(北京: 中國社會科學文獻出版社, 2003), p.350.
47) 王偉光, "深刻理解科學發展觀的理論內涵," 『理論視野』3期 (2004), p.4.
48) 과학적 발전관의 주요내용과 의의에 대해서는 다음을 참조할 것. 王夢奎 主編, 『中國的全面協調可持續發展』(北京: 人民出版社, 2004); 李恒瑞 等, 『當代中國科學發展觀論綱』(廣州: 廣東人民出版社, 2006).

있다. 즉, 발전을 사람과의 관계 속에서 찾으면서, 발전의 성과를 전인민이 향유하게 하는 것을 목적으로 보았다. 이것은 성장과 발전의 중점을 물질중심에서 인간중심으로 옮기는 것이었고, 실제로는 발전과 분배, 사회적 공평을 동시에 고려한 것이었다.[49] 그리고 그 전거를 마르크스주의에서 찾았다. 즉 공산당선언에서 "(미래의 공산주의 사회는) 하나의 연합체가 될 것이고 그곳에서 개인의 자유로운 발전은 모든 사람의 전면적 발전의 조건이다"[50]라고 언급한 것, 자본론에서 "(공산주의 사회를) 모든 사람의 전면적이고 자유로운 발전을 기본원칙으로 하는 사회형식"[51]으로 간주한 것 등에서 찾고 있다.

결국 인본주의의 핵심은 '인간이란 무엇인가'로 귀결된다.[52] 중국에서 말하는 사람(人)은 여러 가지 의미를 지닌다. 사상사적으로는 인본은 '군본(君本)', '신본(臣本)'에 대한 상대적 개념이다. 이것은 전통문화에서 말하는 민본이라는 개념과는 다르다. 오히려 인본주의(Humanism)에서 말하는 영어의 'Human(being)'에 해당하는 것으로 개인, 군체와 유(類)를 통일한 개념에 가깝다.

'전면적 발전'이란 경제발전과 사회발전, 그리고 인간의 발전을 통일적으로 추구하는 발전관을 의미한다. 이것은 과거 GDP 중심의 발전관을 극복하고 경제성장이 사회발전을 촉진하고, 경제-사회발전이 다시 개인의 삶의 질을 제고시키는 총제적인 발전전략을 추구하는 것이다. 덩샤오핑, 장쩌민 시기의 발전관이 '선부론', '불균형발전'으로 요약되는 인간의 물질적 풍요를 중시하는 성장주의를 추구했다면, 제4세대 지도부는 인간의 삶의 질을 중시하며 물질적, 정

● ● ●

49) 上海社會科學院理論時評小組, 『2006年: 重大理論問題研究年度綜述』(上海: 學林出版社, 2007), p.50.
50) 馬克思, "共産黨宣言," 『馬克思恩格斯選集』 1卷 (北京: 人民出版社, 1995), p.294.
51) 馬克思, "所謂原始蓄積," 『馬克思恩格斯選集』 2卷 (北京: 人民出版社, 1995), p.239; 楊金海, "以人 爲本思想的提出是馬克思主義關於人的全面發展理論在當代中國的新飛躍," 兪可平 外, 2006, p.18.
52) 陳志尙, "以人爲本的科學發展觀與人權建設," 兪可平 外, 2006, p.24.

신적, 문화적 풍요를 통일적으로 추구한다는 점에서 일정한 차이가 있다. 즉 과거의 경제사회발전 정책의 패러다임이 양적 개념으로서의 성장(growth)을 중시했다면, 과학발전관은 질적 개념으로서의 발전(development)을 강조했다.

'협력적 발전' 이란 사회주의 물질문명과 정신문명, 그리고 정치문명 간의 상호보완적이고 협력적인 균형발전을 의미한다. 이를 위해 과거 성장일변도 정책이 초래한 사회경제적 불균형을 해소하기 위해 '5가지 조화로운 발전계획(五個統籌)' 을 제시하고, 『11차 5개년 규획』에서도 이것을 중요한 전략과제로 강조했다.[53] 즉, 도시와 농촌 간의 조화로운 발전, 발전지역과 낙후지역 간의 조화로운 발전, 계층 간의 균형과 조화를 강조하는 통일적 경제사회발전, 친환경 정책으로서 사람과 자연의 조화로운 발전, 그리고 국내발전과 대외개방을 조화시키는 것이 그것이다. 이렇게 보면, 과학발전관은 불균형 발전에서 균형 발전으로의 패러다임 전환을 위한 이데올로기적 전환으로 이해할 수 있다.

'지속가능한 발전' [54]이란 사람과 자연 간의 친화성을 중시하는 발전전략을 추구하는 것이다.[55] 제4세대 지도부는 20여 년간의 고도성장 과정, 특히 에너지 소비의 급증과 사스(SARS) 사태를 통해 자연친화적이지 못한 발전모델은 언제든

• • •

53) 『中共中央關於制定國民經濟和社會發展第十五年計劃的建議輔導讀本』(北京: 人民出版社, 2005).
54) '지속가능한 발전(sustainable development)' 개념은 유엔이 최초로 제기한 것으로 1970년대 세계적인 석유파동 위기를 겪으면서 자원고갈에 대한 위기의식으로부터 출발하여 세계 각국이 경제개발과 환경보존이라는 상충되는 가치를 어떻게 통일적으로 추구할 것인가에 대한 고민을 해결하기 위해 고안된 개념이다. 1987년 발간된 유엔주도 연구프로젝트의 결과물인 〈우리공동의 미래〉라는 보고서에서 최초로 제기된 '지속가능한 발전' 의 정의는 "미래 세대의 욕구를 충족시킬 수 있는 능력을 위태롭게 하지 않으면서, 현 세대의 욕구를 충족시키는 발전" 이다. 세계환경발전위원회(조형준 · 홍성태 역), 『우리공동의 미래』(서울: 새물결, 1994).
55) 후안강은 중국부상의 차원에서 이 문제를 제기하면서 녹색부상(Green Rise)이라는 개념, 녹색 GDP 개념을 제기하면서 발전모델 자체를 수정할 것을 요구하였다. 胡鞍鋼, 『中國崛起之路』(北京: 北京大學出版社, 2007), pp.57-63. 실제로 중국의 연구보고에 의하면 GDP 대비 생태비용은 3-5%, 자연자원 손실은 5-7%의 손실을 낳는 것으로 보고 있다. 胡鞍鋼 · 王亞華, 『國情與發展』(北京: 清華大學出版社, 2005), pp.7-11.

지 자연의 역습을 받을 수밖에 없다는 것을 경험했다.[56] 따라서 환경파괴와 자원남용으로 말미암아 향후 중국경제가 큰 위기에 직면할 수 있다는 위기의식을 가지게 되었다.[57]

이러한 과학발전관의 주요 내용 사이의 관계를 검토해 보면, 전면적 발전은 핵심내용이고 협력적 발전을 유지하는 것은 기본원칙이며, 지속가능한 발전을 실현하는 것은 종합적인 내용이다. 그리고 과학적 발전관의 내재적 실질은 보다 양호하고 보다 빠르게(又好又快) 경제사회를 발전시키는 것이며[58], 이때 지도방침은 모든 것을 통일적으로 함께 고려하는 것(統籌兼顧)이다.

제4세대 지도부는 이러한 과학발전관을 통해 중국모델을 이데올로기적으로 지원하는 한편 중국특색 사회주의를 혁신하고자 했다.[59] 즉 과학발전관은 "무엇이 사회주의인가, 사회주의를 어떻게 건설할 것인가"라는 중국특색 사회주의론과 3개대표론의 연장에 있으나 내용적으로는 성장주도 전략과 공산당의 개방과 외연확대를 통해 '사회주의의 개방'을 시도했던 방식과는 차이가 있

●●●

56) 실제로 사스, 전염병, 조류 인플레인저 등 전염병 요인이 향후 중국경제발전의 병목이 될 것이라는 보고가 있다. Michael D. Swain & Ashley J. Tellis, *Interpreting China's Strategy: Past, Present, and Future* (Santa Monica, CA: Rand Corporation. 2003). 중국내에서도 미국 내 이러한 연구결과를 소개하고 대응책을 제기하기도 했다. 胡鞍鋼, 『中國: 新發展觀』(杭州: 浙江人民出版社, 2004).

57) 중국의 에너지 소비율, 환경손실도, 자주적 지적재산권, 국가안보문제라는 경제성장의 질적 지표로 중국경제를 분석할 때, 고투입, 고소비, 고오염, 저효율이라는 특징을 가지고 있고, 과도한 자원소비에 의존하여 환경을 파괴한다는 점이다. 2003년 GDP 대비 자원소비는 일본에 비해 2배(석유제외)나 높고 경제성장 비용이 세계평균 보다 25% 높다. 중국이 1달러를 생산하는 데 드는 에너지소비가 미국의 4.3배, 독일과 프랑스의 7.7배, 일본의 11.5배에 달한다. 『經濟參考報』(2005.3.7).

58) 실제로 17차 전당대회를 통해 경제성장방식을 경제발전방식으로 대체했다. 비록 성장을 발전이라는 단어로 변경한 것에 불과하지만 이것은 중대한 변화를 반영하고 있다. 즉 경제발전은 경제성장과는 다른 것이며, 경제발전의 목표도 빠르고도 좋게(又快又好)에서 양호하고도 빠르게(又好又快)로 설정하는 것이다. 『新京報』(2007.10.29).

59) 姜輝, "全面理解和準確把握科學發展觀的精神實質與基本內涵," 『求是』9期 (2006); 冷溶, "科學發展觀的創立及其重大意義," 冷溶 編, 2007, p.10; 黃中平, 『學習與運用黨的最新理論成果』(北京: 紅旗出版社, 2007), pp.23-30; 韓慶祥·張洪春, "究竟怎么理解以人爲本," 『社會科學輯刊』5期 (2005).

다.[60] 오히려 과학적 발전관은 발전을 지속하면서도 발전의 열매를 대중들이 향유하게 함으로써 계급정치와 대국형 개방경제를 부분적으로 복원시키고 사회주의 체제에 대한 충성도를 높여 이데올로기의 역할과 기능에 대한 일정한 복원을 시도하고자 했다.

이를 위한 과학적 발전관에 입각한 구체적 정책조치도 나타나고 있다. 예컨대 산업정책의 조정을 통한 중국의 전략산업의 육성, 외자기업의 독과점 방지를 위한 법적 제한, 국유기업의 경쟁력 강화, 노동권의 보호와 노동자의 임금 상승을 통한 내수시장의 확대, 농민과 사회적 약자에 대한 보호, 외자에 대한 과도한 우대조치의 철폐와 순환경제법 제정을 통한 환경정책의 강화 등이 그것이다.

IV. 발전과 조화(和諧)의 관계

1. 사회주의 조화사회론의 제기

제4대 지도부는 이미 2020년까지 국내총생산을 2000년의 네 배 수준으로 끌어 올려 이른바 '전면적 소강(小康)사회'를 건설하겠다는 구체적이고 새로운 장기발전 목표를 제시했다.[61] 이 과정에서 기층민중의 어려움을 이해하고 그들과

• • •

60) 3개대표론에 대해서는 많은 논란이 있으나, 좌파적 비판의 논리는 원래의 마르크스주의로부터 멀어지게 하고 공산주의 정당으로서의 공산당을 설명하는 것이 어려워졌다는 점에서 공산주의 정당 보다는 사회민주당의 슬로건에 더욱 가깝다고 비판했다. 이에 대해서는 Robert Weatherley, *Politics in China Since 1949: Legitimizing authoritarian rule* (London: Routledge, 2006), p.153; Wo-Lap Lam W., "Deng Liqun attacks the theory of the three representatives," *South China Morning Post* (2000.7.19).

61) 중국의 국가대전략의 체계와 시간표에 대한 종합적인 정리는 이희옥, 『중국의 국가대전략 연구』 (서울: 폴리테이아, 2007), p.29.

의 유대를 강조하는 친민적(親民的) 이미지를 보여주기 위해, 후진타오 주석이 설날에 광산을 방문하거나 영하의 날씨에 내몽골 벽지의 유목민을 찾고, 각종 당대회에서 각급 대표들을 향해 정중하게 머리 숙여 인사하는 등 이전 지도부와의 차별화를 시도하였다. 또한 원자바오 총리가 스스로 빈농 출신임을 강조하면서 빈번하게 농촌 현지시찰을 하는 모습도 이러한 변화를 보여주는 사례이다.[62]

이와 같은 제4세대 지도부의 변화는 제3세대와의 단절을 위해 출범초기부터 기획된 것은 아니었다. 오히려 정책적 차이가 본격적으로 나타난 것은 집권 3년 차인 2004년부터였고, 이 무렵 새로운 체제 이데올로기라고 할 수 있는 '사회주의 조화사회(社會主義和諧社會: Socialist Harmonious Society)론' 도 제기되었다.

왜 중국사회주의 조화사회를 제기했는가에 대해서는 관건적 단계설, 사회전환론, 문제근거론, 내외근거론, 단계적 특징 등이 있다. 전반적으로 국제적 경험에 비추어 1천 달러와 3천 달러 사이에는 황금발전기와 모순돌출기가 공존한다는 특징을 지니고 있고, 국제적으로도 중국이 세계무역기구에 가입한 이후 전지구화의 압력이 강화되는 역사적 상황을 반영하였다.[63] 그러나 무엇보다 성장주의 전략을 추진하는 과정에서 나타났던 사회적 공평과 정의를 회복하는 문

● ● ●

62) 후진타오 중심의 제4세대 지도부와 장쩌민 중심의 제3세대 지도부의 리더십 스타일과 정책 방향의 차별성에 대한 분석은 다음을 참조. Cheng Li, "The 'New Deal' : Politics and Policies of the Hu Administration," T. Y. Wang eds., *China After The Sixteenth Party Congress: Prospect and Challenges* (Toronto: de Sitter Publications, 2005), pp.7-24. 실제로 후진타오는 2003년 2월 중앙당교에서 신삼민주의를 제기하여 당정이 일반백성들의 요구와 관심에 응해야 한다고 주장했다. John Wang & Lai Hongyi, *China into the Hu-Wen Era: Policy Initiatives and Challenges* (New Jersey: World Scientific, 2006), pp.133-134.

63) 靑連斌, "學術界關於構建和諧社會的理論思考," 『構建社會主義和諧社會學習參考』(北京: 中共黨史出版社, 2007), pp.110-111.

제와 관련되어 있다. 물론 지역 간, 계층 간, 도농 간의 사회적 격차[64]는 시장경제의 발전과정에서 불가피한 측면이 있고 실제로 삶의 질이 개선된 측면도 있었지만, 사회적 양극화와 이에 대한 불만과 집단(群體) 시위는 사회주의 체제정체성의 위기를 가중시켰다.[65]

사실 이런 이유 때문에 중국당정은 2002년 16차대회부터 전면적 소강사회를 건설하기 위해 '사회는 보다 조화로워야 한다(社會更加和諧)'는 개념을 제기했다. 특히 16기 3중전회를 계기로 '사회조화'의 문제를 본격적으로 강조했으며, 그 취지는 '인간과 자연의 조화로운 발전'에 있었다.[66] 그러나 이 당시 '조화'라는 개념은 "경제는 더욱 발전하고, 민주주의는 보다 건전화되며, 과학기술은 더욱 진보하고 문화는 더욱 번영하며, 사회는 보다 조화롭고 인민생활은 더욱 튼실하게 해야 한다"[67]는 넓은 개념으로 사용되었고, 조화의 목표도 '안정되고 조화로운 정치국면'[68]을 구축하는 데에 있었다.

그리고 16기 4중전회에서 "사회주의 조화사회 구축 능력을 제고하는 것"[69]

●　●　●

64) 불평등 상황을 나타내는 중국의 지니계수는 2000년 0.417으로 국제적으로 공인된 경계선을 넘어선 이후 지속적으로 악화되고 있다. 2005년에는 이미 0.45를 넘었고 일부 정치협상회의 대표는 0.5를 넘어섰다고 주장했다. 『中國經濟時報』(2005.3.11). 2013년 처음으로 중국정부는 공식적으로 지니계수가 0.487이라고 발표했다. 그리고 최상위층 20%가 총수입의 50% 이상을 차지하고 있고 최하층 20%는 4.7%를 차지하고 있으며, 도시와 농촌의 차이도 확대되고 있다. 2004년 약 60%의 도시주민 1인당 도시주민 가처분 소득은 평균수준을 하회하고 있다. 최상층 10%의 재산총액 비중은 전체의 50%에 육박하고 있으며 최하층 10% 가정의 재산총액은 1%전후에 불과하다. 농촌의 경우 865위안을 저수입 인구로 추산할 경우, 약 9천만 명의 농촌빈곤인구가 존재하며 이는 전체 농촌 총인구의 10%에 해당한다. 지역간 격차는 2003년에는 3.23:1로 확대되어 세계에서 지역차이가 가장 큰 국가의 하나가 되었다. 汝信 外, 『2005年: 中國社會形勢分析與豫測』(北京: 社會科學文獻出版社, 2005), pp.6-7.

65) John Wang & Lai Hongyi, *China into the Hu-Wen Era: Policy Initiatives and Challenges* (New Jersey: World Scientific, 2006), pp.112-114.

66) 『中共中央關於完善社會主義市場經濟體制若干問題的決定』(北京: 人民出版社, 2003), p.12.

67) 江澤民, 『全面建設小康社會開創中國特色社會主義事業新局面』(北京: 人民出版社, 2002), p.19; 중국의 사회적 불평등이 체제정체성에 위협을 주고 있으며, 실제로 2005년 기준 50명이상의 집단시위가 8만5천 건 이상 보고되었다. 이희옥, 2007, pp.65-71.

68) 이희옥, 2007, p.31.

69) 『中共中央關於加强黨的執政能力建設的決定』(北京: 人民出版社, 2004), pp.8-9.

을 당의 집권능력을 강화하는 중요한 임무의 하나로 설정했다. 이 회의에서 처음으로 '조화사회 건설을 중요한 위치에 둔다'고 밝히면서[70] 이것이 당정의 주요한 이데올로기 문제라는 것을 확인하였다. 이어 2005년 2월 19일~25일에 중앙당교에서 성급, 부장급 간부회의를 소집하여 사회주의 조화사회 문제를 토론했고, 후진타오 총서기도 "새로운 집체영도지도체제는 사회주의 조화사회가 하나의 이론적 돌파구이고 중국특색 사회주의 사업의 새로운 발전"이라고 강조했다. 2006년 9월에는 중앙정치국 회의에서 '6가지를 반드시(必須)' 해야 한다는 지침을 내렸다. 즉 인본주의를 견지하는 것, 당의 집정흥국(執政興國)의 목표를 절실하게 관철하는 것, 사회주의 시장경제의 개혁방향을 견지하는 것, 사회주의 민주정치건설을 강화하는 것, 개혁의 힘과 발전의 속도를 사회가 수용할 수 있는 수준으로 통일하는 것, 과학집권·민주집권·법에 따른 집권을 견지하는 것을 '반드시' 해야 한다는 것이었다.[71] 이러한 논의를 거친 후, 사회주의 조화사회는 16기 6중전회에서 강령적 문건으로 체계화되었다.[72] 중국에서 조화사회는 전통적으로 추구해왔던 이상사회의 개념으로 오래전부터 사용되어왔고, 서구의 공상적 사회주의자들 사이에서도 이러한 개념이 등장하였다. 그러나 '사회주의' 조화사회론의 관점에서는 계급대립이라는 적대적 모순이 존재하는 한, '태평성세'는 구현될 수 없는 것이라고 보았다.[73] 따라서 비록 사회주의 내에서 비적대적 모순이 존재하지만, 낙후된 생산력의 발전을 통해 현재의 사회주의 단계를 보다 높은 단계의 '조화사회'로 진입할 수 있는 개념으로 위상을 정립했다. 후진타오는 이러한 사회주의 조화사회의 개념을 여섯 가지의 특징으

● ● ●

70) 『中共中央關於加强黨的執政能力建設的決定』, 2004, pp.23-24.
71) 『光明日報』(2006.10.8).
72) 『構建社會主義和諧社會學習參考』(北京: 中共黨史出版社, 2007), pp.1-28.
73) 중국의 대표적인 이데올로그의 한 사람인 중앙당교 상무부교장 리쥔루의 견해 참조. 李君如, "構建和諧社會的四個理論問題,"『解放日報』(2005.3.14).

로 설명했다. 즉 민주정치, 공평정의, 성신우애(誠信友愛), 충만한 활력, 안정적인 질서, 인간과 자연의 조화가 그것이다.[74] 사실 사회주의 조화사회론은 전통유교의 대동사상을 현대적으로 부활시킨 것이다. 다만 그 맥락은 소비주의, 물질적 부, 이익의 극대화와 같은 신자유주의적 시장사회에 반대하는 사회적 평등과의 정치적 조화를 위한 것이었고,[75] 계급적 목표는 저소득 빈곤층을 감소시켜 중간층으로 만들고 권력형 부패와 싸우기 위한 것이었다. 이런 점에서 낡고 추상적일 뿐 아니라, 국민의 인식 바깥에 존재하는 공산주의(communism)를 조화사회로 대체한 것이었다.

2. 조화사회와 과학발전관의 관계

사회주의 조화사회의 '조화'라는 개념은 사회문명의 요구이고 모순을 처리하는 방법이며, 모순운동의 과정에서 동태적으로 실현할 수 있는 것이다. 이런 점에서 고대 전제국가와 권력집중의 방식으로 이루어진 조화사회 또는 태평천국 시기의 평균주의적 조화사회와는 이론적으로 차이가 있다. 또한 그동안 사회주의를 판별하는 기준이었던 '3가지 유리점'이나 '성사성자(姓社姓資)론'과는 달리 명확하게 사회주의 '성(姓)'을 강조했다.[76]

이 과정에서 사회주의의 '본질'과 '본질적 속성'을 구분하였다. 즉 '본질'은 사물의 근본적인 성질이고, '본질적 속성'은 일정한 관계 속에서 나타나는 사물의 본질의 표현으로서 사물의 근본적 성격과 기본특징을 반영하는 것이다.

● ● ●

74) 賈華强 · 馬志剛 · 方栓喜,『構建社會主義和諧社會』(北京: 中國發展出版社, 2005), p.28.
75) Thomas Heberer and Gunter Schubest, "Political Reform and Regime Legitimacy in Contemporary China," *Asien* 99 (April, 2006), p.20.
76) 『解放日報』(2005.3.14).

따라서 중국특색 사회주의는 초급단계에 놓여 있고 시장경제를 취하는 사회주의이다. 이러한 조건에서 사회주의에서 조화를 실현하는 전제는 중국공산당의 지도와 사회주의 제도를 필요로 한다는 점, 충분한 물질적 기초를 가지고 있고 다양한 계급계층이 정치적으로 평등한 지위를 공유하고 근본이익이 일치한다는 점, 중국의 사상교육이 공고하다는 점에서 조화사회는 사회주의의 본질적 속성이라고 규정했다.[77]

그리고 사회주의 사회와 사회주의 조화사회의 관계 설정에 대해서는, 사회주의 조화사회의 구축은 단기적 임무가 아니며, 조화사회를 지속적으로 추진해야만이 사회주의를 완전화하고 공고화하며 발전시킬 수 있는 것으로 보았다. 사회주의 조화사회의 이론적 위치는 기존의 마르크스-레닌주의, 마오쩌둥사상, 덩샤오핑이론, 3개 대표 중요사상을 '지도'로 하고 과학발전관의 '요구'에 따라 사회주의 조화사회 구축이라는 전략적 임무를 제기하고 아울러 사회조화를 중국특색 사회주의의 본질적 속성으로 규정했다.

또 하나는 사회주의 조화사회와 과학적 발전관의 관계이다. 사회주의 조화사회론과 과학발전론 관계의 핵심은 '발전'에 있고 그 목표는 집정흥국(執政興國)에 있었다.[78] 이렇게 보면, 사회주의 조화사회론과 과학발전관 사이에는 무엇보다 추구하는 목표가 동일하다. 즉 인간의 필요와 발전에서 출발해 수많은 대중의 근본이익을 실현하고 유지하며 발전시키는 목표를 공유하고 있다. 여기

• • •

77) 冷溶, "社會和諧是中國特色社會主義的本質屬性," 冷溶 編, 2007, pp.71-77; 사회주의 본질적 속성에 대한 국방대학 연구프로젝트팀의 이론동향의 요약에 대해서는 中共中央宣傳理論局 外編, 『2006年馬克思主義理論硏究和建設工程硏究選編』(北京: 學習出版社, 2007), pp.115-117. 중국학술계에서 조화사회를 둘러싼 논의는 조화사회론의 배경, 조화사회와 사회주의 조화사회의 개념, 사회주의 조화사회의 특징, 사회주의 조화사회의 측정기준, 사회주의 조화사회의 의의, '부조화' 현상, 사회주의 조화사회의 건설방향, 사회주의 조화사회 구축의 전환점, 사회주의 조화사회와 전면적 소강사회건설과의 관계 등을 중심으로 전개되었다.
78) 陳志尙, "和諧: 社會主義的重要目標, 特徵和方法," 兪可平外, 2006, p.156.

에는 인간과 자연 사이의 고도의 조화, 경제와 사회의 전면적 발전, 사회주의 물질문명 · 정신문명 · 정치문명의 공동발전, 자연과 경제 그리고 사회의 객관적 법칙을 존중하는 것을 포괄하고 있다. 또 하나는 내용이 동일하다는 점이다. 이것은 인간자신의 조화, 인간과 자연의 조화, 인간과 인간 그리고 사회와의 조화, 사회내부체계의 모든 요소와의 조화를 추구하는 것이다.[79] 특히 과학발전관의 핵심 중의 하나는 제도혁신의 내용을 담고 있는데 이것은 사회주의 조화사회론, 3개대표론, 과학발전관의 공통된 내용이다. 따라서 사회주의 조화사회를 건설하는 것은 인본주의에 기초한 전면적이고 협력적이며 지속가능한 발전을 수립하고 결실을 거두는 과학발전관의 과정이라는 것이다.

그러나 양자 사이에는 명확한 차이도 있다. 우선 이론적 시각에서 볼 때, 과학적 발전관은 발전이념, 발전경로 등의 측면에서 출발하여 사회발전과 사회적 거버넌스를 촉진하는 것이었다. 따라서 발전전략과 경제사회정책 수립의 이론적 근거와 방법론을 제시하는 정책이념(policy ideas)으로서의 성격이 강하다. 또한 단순한 양적 성장으로서의 경제발전이 아닌 경제, 사회, 의식(문명)을 동시에 발전시켜 정치사회적 안정성을 유지하겠다는 '질적 성장론' 또는 '총체적 발전론'이다. 반면 사회주의 조화사회는 사회관계, 사회적 조건에서 출발하여 과학발전관의 성과를 반영하고 결실을 거두게 하는 것으로 조화의 각도에서 발전을 촉진하는 것이다. 이렇게 보면 사회주의 조화사회는 과학발전관의 지도 속에서 새로운 사회주의 건설을 목표로 하는 개념이며, 전면적인 소강사회 건설이라는 거시적인 목표를 추구하는 보다 상위의 개념이었다.[80]

이런 점에서 과학발전론과 사회주의 조화사회의 관계에 대한 논란이 나타났

• • •

79) 李建平, 『社會和諧發展論』(北京: 社會科學文獻出版社, 2006), pp. 212-216.
80) 賈華强 · 馬志剛 · 方栓喜, 2005, pp. 53-54; John Wang & Lai Hongyi, 2006, p. 136.

다. 그러나 발전을 강조하는 장쩌민 세력과 조화를 강조하는 후진타오 세력 사이의 권력투쟁으로 보고, 조화사회론 대신 과학발전관을 당강령에 명시한 것을 장쩌민의 승리라는 보는 견해는 지나치게 도식적이다. 오히려 조화사회론이 사회주의의 이상적 상태 또는 목표라는 특징이 강하기 때문에 이를 수행할 수 있는 방법론적 체계를 강조하고 있는 과학발전론을 단순한 발전이데올로기를 넘어선 통치이데올로기로서의 내용을 보완, 수정하여 당강령에 반영했다고 볼 수 있다.

V. 과학발전관의 이데올로기적 성격

미래 중국에 관하여 중국위협론과 중국기회론, 문명충돌론과 문명조화론, 자유시장, 법적 민주주의, 법의 지배, 좋은 거버넌스(good governance), 인권에 대한 자유주의적 해석 등을 둘러싼 논의가 있었다.[81] 이에 대한 찬반논란은 아직도 팽팽하다. 그러나 분명한 것은 중국사회주의에서 '사회주의'가 흔들리면서 정체성 위기가 제기되고 있다는 점이다. 중국의 발전경로에 대해서도 사회주의 이데올로기의 공백을 민족주의와 발전주의가 메우면서 '사실상(de facto)' 자본주의로 복귀하고 있다는 견해, 당정이 사회주의의 가치를 강조하는 것은 정치적 수사(rhetoric)에 불과하다는 주장, 사회주의의 혁신을 통해 새로운 중국모델을 구축한다는 견해가 각각의 논거를 가지고 대립하고 있다.

전반적으로 다양한 평가에도 불구하고 중국은 민주주의의 '과소'에도 불구

• • •

81) 이에 대한 간략한 평가는 Randall Peerenboom, *China Modernizes: Threat to the West or Model for the Rest?* (Oxford: Oxford University Press, 2007), pp.1-22.

하고 이러한 혼합(hybrid) 정치체제는 수축과 적응을 통해 시간을 정하지 않은 채 이럭저럭(muddling through) 유지할 것이다. 실제로 중국당정의 위기관리 능력이 우수하고 구소련과 동유럽의 몰락과 경로의존의 대상이 없이도 독자적인 발전경로를 걸어왔으며, 체제에 대한 장악력이 현저히 떨어진 것도 아니다. 심지어 중국에서 새로운 체제의 변화가 나타난다 하더라도 그것이 반드시 자유민주주의 체제라고 할 수도 없다.[82] 이런 점에서 경제발전의 결과가 정치발전을 추동하여 궁극적으로 '성공의 역설(Irony of sucess)'[83]이 나타날 것이라는 것은 희망적 예단에 기깝다.

또한 새로운 이데올로기 인식의 컨센서스도 존재하고 있다. 이것은 개혁개방 이후 형성된 전통, 마오쩌둥 시기 평등과 정의를 강조한 전통, 수천 년 동안 형성된 문명적 전통이 결합되어 있는 것이다.[84] 특히 제4세대 지도부는 성장동력을 유지하면서 상대적으로 옌안(延安)정신을 복원하여 '사회적 최저소요(social minimum)'를 강조했다. 즉 3개대표론을 제기한 이후 '중국공산당이 누구를 대표하는가' 라는 기존의 문제의식을 확장해 '어떻게 대표할 것인가', '누구를 위해 발전시키는가' 라는 계급적 성격을 부활시킴으로서 기존 사회주의론이 지닌 내포의 공허를 보완하는 효과도 거두고자 했다. 그리고 새로운 중국모델도 중국적인 것(Chineseness)을 지닌 발전모델[85] 이라고 볼 때, 과학발전관은 새

• • •

82) Jae Ho Chung eds., *Charting China's Future: Political, Social, and International Dimentions* (Lanham: Rowman & Littlefield Publisbhers, 2006), p.46.
83) Michael D. Swain, Ashley J. Tellis, 2003, pp.183-187.
84) 간양(甘陽)은 이러한 세 가지 종류를 합쳐 중국사회주의의 성격을 유가사회주의 공화국으로 설명하기도 했다. 甘陽, "中國道路: 三十年與六十年," 『중국의 개혁개방: 그 안과 밖』(성균관대 동아시아학술원 주최 국제학술대회, 2007. 3.17-18).
85) 베이징 컨센서스를 제기한 라모(Ramo)의 정리(定理)에 따르면 그 핵심은 혁신(innovation), 지속가능한 발전과 평등성, 대외적 자결(self-determination)을 강조하고 있으나, 주로 사회경제전략이 핵심이다. Josua Cooper Ramo, 2004, pp.11-12.

로운 중국모델에 대한 이데올로기적 정당성을 부여할 뿐 아니라 새로운 중국모델을 통해 과학발전관의 근거를 공고히 하는 상호작용을 하고 있다. 이를 다음과 같이 요약할 수 있다.

첫째, 새로운 중국모델을 구성하는 과학발전관은 사회주의 국가의 정당성의 위기를 극복하기 위해 고안된 것이다. 중국정치의 독특한 정당화 논리를 원천적 정당화(original justification)와 실천적 정당화(utilitarian justification)로 구분[86]한 것에 따르면, 마오쩌둥은 혁명과 반자본주의적 근대화를 통해, 덩샤오핑은 개혁과 근대화를 통해, 장쩌민은 당의 개혁과 근대화를 통해 정당성을 확보했다. 그러나 제4세대는 기존의 성장주의 전략을 지양하고 이민(利民), 균부(均富)에 기초한 새로운 발전노선으로 정당성을 추구했다. 이것이 '친민정치(以人爲民)'를 핵심으로 하는 과학발전관으로 나타났다.

둘째, 중국모델이 보편적인 것이 아니라 중국에만 고유한 것처럼 과학발전관도 '홀로 설 수 없으면서도 홀로 해결해야 하는' 대국발전의 이데올로기이다.[87] 또한 과학발전관이 "경제, 정치, 국가안보, 외교 등의 방면에서 독립자주

• • •

86) Baogang Guo, "Political Legitimacy in China's Transition: Toward a Market Economy," Lowell Dittmer and Guoli Liu eds., China's Deep Reform (Lanham: Rowan&Littlefield publishers, 2006), pp.147-170; Baogang Guo, "China's Peaceful Development, Regime Stability and Political Legitimacy," Sujian Guo, China's peaceful rise in the 21st century: domestic and international conditions (Burlington: Ashgate, 2006), p.43

87) 중국의 대국부상에 대한 종합적인 정리로 Robert G. Shutter, China's Rise in Asia : Promises, Prospects, and Implications for the United States (Honolulu: Asia-Pacific Center for Security Studies, 2005) 참조. 중국국무원이 펴낸 『평화발전백서』에서도 자신의 발전으로 세계평화와 발전을 촉진하고, 자신의 힘으로 개혁과 혁신을 이끌어야 한다는 점을 강조하고 있다. 쩡삐젠(이희옥 역), 2007, pp. 203-243. 또한 쩡비젠은 중국이 대국경제의 특성을 지닌다는 것을 '더하기, 빼기, 곱하기, 나누기'라는 비유로 설명했다. 즉 다시 말해 세계시장에 중국을 더하면 거대한 시장이 되지만, 중국시장을 빼면 상당히 좁아지는 것이며, 아무리 큰 문제라고 해도 중국인구로 나누면 작은 문제이지만, 아무리 작은 문제라도 13억을 곱하기만 하면 거대한 문제가 된다고 했다. 쩡삐젠(이희옥 역), 2007, pp.27-30.

적인 발전의 길, 점진적이고 누적적인 변혁의 길 그리고 평화발전의 길"[88]을 포괄하고 있으나, 이것은 대외팽창이나 세계중심 국가를 향한 원대한 프로젝트가 아니라, 국내모순을 해결하고 강국의 기반을 구축하기 위한 것이다. 따라서 권위주의 체제를 유지하면서 경제발전을 추구하는 제3세계 민주주의 통치 엘리트들에게는 매력적일 수 있으나, 덩샤오핑이 '사회주의를 조급하게 하지 말고 자국의 특색에 맞게 하라'고 한 것처럼 새로운 중국모델이나 이데올로기를 수출할 수 있는 것은 아니다.[89]

셋째, 과학발전관은 새로운 중국모델의 변화에 따라 가변적이다. 새로운 중국모델은 기존의 성장전략과 개혁개방의 노선에 대한 성찰적 평가에 근거했다. 따라서 새로운 중국모델의 목표의 변경, 국제사회에서의 지위 변화, 정체성 위기의 수준, 국내모순의 심화에 따라 변화하는 것이다. 이런 점에서 과학발전관은 일단 자유주의와 신좌파의 중간에서 유연하게 작동하고 있다. 즉 집체주의, 대민주주의(grand democracy)를 현대적으로 복원하고자 하는 신좌파와 오늘날 개혁개방의 한계를 격차(catch up) 해소와 추월(surpassing)전략의 잔재가 남아 있다고 보고 비교우위전략을 보다 심화시켜야 한다고 주장하는 자유주의자들[90]의 중간에서 상황에 따라 이데올로기적 스펙트럼을 조정할 가능성이 크다.

넷째, 과학발전관의 내포와 외연을 확장할 가능성이 있다는 점에서 잠정적이다. 현재의 '발전의 관'에 관한 것을 넘어 '정치'와 '민주주의'의 영역을 포괄하면서 이데올로기의 포괄성을 시도할 가능성이 있다. 예컨대 (신)자유주의자들이 주로 시장경제를 위해 민주주의를 도입하고 정치개혁을 요구한 반면, 신

● ● ●

88) 中共中央宣傳理論局 外編, 『2006年馬克思主義理論硏究和建設工程硏究選編』(北京: 學習出版社, 2007), p.141.
89) 쩡비젠(이희옥 역), 2007, p.154, pp.201-202.
90) 린이푸 외(한동훈 역), 『중국의 기적: 발전전략과 경제개혁』(백산서당, 1996) 참조.

좌파들은 보이는 손(visible hand)인 국가가 '보이지 않는 손' 또는 시장체제를 형성하는 데 더 많은 역할을 요구했다. 이런 점을 고려하여 과학발전관은 시장의 활성화를 추구하면서도 사회적 격차의 해소, 복지의 강화, 민주주의의 발전에 필요한 국가의 역할을 동시에 강조하는 등 새로운 사회주의론의 '정치'의 영역을 확대할 가능성이 크다.

다섯째, 과학발전관은 초국적 문제에 대응하는 국제적 지평을 가지고 있다. 중국은 2001년 세계무역기구에 가입한 이후, 전지구적 자본주의라는 단일한 국제경제 질서에 편입되었다. 이것은 후진타오 시기의 사회주의 이데올로기를 보다 복잡하게 만드는 외부요인이다. 마오쩌둥이 주도한 건국과 '제2차 혁명'으로 일컫는 덩샤오핑의 개혁개방정책은 생산력과 생산관계 모순에 대한 인식차이, 자본주의적 근대와 반자본주의적 근대에 대한 인식차이가 있었으나, 기본적으로 민족국가의 틀 내에서 이데올로기를 유연화한 것이었다. 그러나 과학발전관이 환경친화적인 의미를 지닌다는 점에서 세계기후변화에 대한 협력, 비전통적 안보문제, 환경협력에 대한 이데올로기적 근거를 마련하면서 이데올로기적 지평도 국제적으로 확장했다.

여섯째, 사회주의성의 복원을 추구하고 있다. 중국모델은 사회주의와 발전의 문제를 시장사회주의를 통해 설명하는 것이 아니라, '생산의 사회적 통제가 작동하고 있다'는 점을 전제한 사회주의적 시장경제(socialist market economy)의 틀을 통해 설명하고 있다. 집체학습을 강조하거나 사회주의 영욕관(榮辱觀)을 강조하는 등 사회주의 정치의 복원을 시도하는 것도 이러한 맥락이었다.[91] 또한 사회주의 이데올로기의 기능이 퇴화된 상태에서 '개혁의 개혁'이라고 할 수 있는 체제개혁과 정부혁신도 중국 사회주의를 이념적, 정치적으로 진화시키는 중

● ● ●

91) 조영남, 2007, p.136.

요한 요소가 되었다.[92]

VI. 평가

개혁개방 이후 중국지도부는 개혁개방의 성취에도 불구하고 사회주의의 언어를 행동으로 옮기는 데에는 지속적으로 실패했다. 그 결과 사회주의 체제를 유지해왔던 이데올로기의 정치적 기능도 약화되었다. 이것은 더 이상 사회주의 이데올로기를 부분적(ad hoc)으로 수정함으로써 이론적 위기를 타개하는 것이 어렵다는 것을 반증한다. 제4세대 지도부가 '인본주의'를 발양하고 사회적 격차를 해소하며 인간과 자연의 조화를 중시하는 과학발전관을 제기한 것은 위기를 유예하기 위한 정치적 수사(rhetoric)가 아니라 이론과 현실의 모순을 극복하기 위한 절박한 현실에 대한 대응이었다.

이런 점에서 과학발전관은 마오쩌둥, 덩샤오핑, 장쩌민 시기의 '중국특색의 발전모델'을 계승하면서 독자적인 모델과 새로운 이데올로기 구성을 시도하였다. 특히 모든 공식문건에서 장쩌민의 '3개 대표론'과의 연속성을 강조하고 있으나, 중국모델의 지향점, 사회경제적 조건, 국제적 지위의 차이, 리더십의 성격 등에서 뚜렷한 차이가 있기 때문에 질적인 변화가 있다. 이런 점에서 과학발전관에 기초한 새로운 중국모델은 성장주의에 기초한 21세기 판 주자파(走資派)의 길을 걷는 것이 아니라, 자본주의 세계경제에 편입되어 있으면서도 중국적 발전(Development with Chinese characteristic)을 찾아가는 새로운 탐색이다.[93] 그러나

● ● ●

92) Czeslaw Tubilewicz eds., *Critical Issues in Contemporary China* (New York: Routledge, 2006), p.25.

이러한 과학발전관은 이데올로기적으로 자기모순을 가지고 있다.

우선 발전을 통한 체제정당화의 문제이다. 중국공산당의 합법성의 원천이 이데올로기적, 역사적 정당성에서 업적에 의한 정당화(performance based legitimacy)로 변화했다.[94] 그러나 중국의 사회적 격차는 '업적에 의한 정당화'의 한계를 드러냈다. 이로 인하여 경제발전과 정치개혁 사이의 현저한 비대칭성[95]을 조절하는 이데올로기적 장치를 마련할 필요가 있다. 그럼에도 과학발전관이 '발전'의 영역을 넘어 '정치'의 영역에 대한 이데올로기적 기반은 모호하고 불확실하다.

물론 제4세대 지도부가 당내민주화와 부분적 자유화, 선거제도의 개선, 촌민자치의 확대와 같은 정치발전을 시도해왔다.[96] 그리고 무엇보다 '민주주의'는 더 이상 금기시된 주제가 아니며, 보편적 가치로서의 '민주주의는 좋은 것'[97]이라는 담론이 자리 잡았고 당정도 지속적으로 새로운 '사상해방'을 강조해왔다.[98] 이 모든 것은 정치안정(維穩) 속에서 출발하고 있을 뿐, 어떤 안정이고 어떤 민주주의인가에 대한 이데올로기 구상이 없다. 실제로 중국에서 국가 밖의

●●●

93) 그러나 후진타오 체제는 성장주의 전략을 비판했으나, 반근대적 근대화(anti-modernist modernity)라고 보기는 어렵다. 왕후이(이희옥 역), "세계화속의 자기변혁 추구," 『당대비평』 (2000 봄호).

94) Robert Weatherley, 2006, p.12; Merle Goldman and Roderock Macfarquhar, "Dynamic Economy, Declining Party-state," *The Paradox of China's Post-Mao Reforms* (Harvard University Press, 1999), p.5.

95) 중국의 정치발전에 대해서는 세 가지 견해가 있다. 제한적 정치개혁의 한계를 지적하는 비관론, 중국의 정치발전이 순조롭게 진행되고 있다는 적극론, 그리고 비록 한계는 있으나 방향은 잡아서 추진하고 있다는 절충론이 있다. Dingping Guo, "Chinse Model of Political Development: Comparative Perspectives," Toward Political and Social Research with Asian Identity, *ACPR-SKKU-SNU Joint Workshop* (August 3-4, 2007, Seoul), pp.170-175.

96) 당내민주주의의 성과에 대해서는 다양한 평가가 있으나 중국형 민주주의의 일정한 진전으로 보는 견해에 대해서는 Kjeld Erik Brodsgaard and Yongnian Zheng eds., 2006, pp. 206-207.

97) 閆健, 『民主是個好東西: 兪可平放談錄』(北京: 社會科學文獻出版社, 2006), 그리고 17차대회 보고서에도 '민주'라는 용어가 61회나 사용되었다. 『中國共産黨第十七次全國代表大會文件彙編』참조; 房寧, 『民主政治十論』(北京: 中國社會科學文獻出版社, 2007).

98) 『人民日報』(2007.6.26).

사회영역이나 비공식부문의 성장에도 불구하고 중국공산당의 정치적 기능과 역할도 높아지고 강화되었다.[99] 이것은 공산당의 권력에 대한 견제와 균형이 효과적으로 작동하기 어렵다는 것을 의미한다. 따라서 과학발전관이 의회의 활성화와 정치협상회의의 재조직, 재정치화, 시민사회와 다양한 사회집단의 기능조정, 법에 의한 지배(rule by law)를 넘어 법의 지배(rule of law)를 위한 과제에도 대답해야 할 것이다.[100]

또 하나는 과학발전관에 나타난 사회주의상을 명료하게 하는 것이다. 현재 중국형 발전경로를 고전적 사회주의의 공공적 소유, 계획경제, 당의 지배라는 틀에서 해석하는 것은 어려워졌다.[101] 왜냐하면 중국은 지속적인 이데올로기 수정을 통해 시장을 단순한 기제(mechanism)로 중립화했고, 소유제 문제도 독점의 성격을 갖지 않는 한 사회주의 이데올로기 범주에서 해방시켰다.[102] 이렇게 보면 제4세대 지도부에 놓인 중국사회주의를 이데올로기적으로 정당화하는 근거는 당의 지배만이 남아 있다.[103] 그러나 3개대표론을 통해 자본가계급의 공산당 입당을 허용한 것은 공산당이 집정당으로 변화한다는 것을 의미하며, 공산당은 자본가, 노동자·농민, 지식인계층을 모두 포괄한다는 점에서 당 강령에 명시되어 있는 '인민민주독재'라는 개념은 형용모순이다. 따라서 과학발전론이 하나의 넓은 개념의 통치이데올로기로서의 성격을 공고화하고 이를 통해 새로

• • •

99) 정용녠은 현대중국에서 시민사회의 성장보다 더욱더 인상적인 것은 중국공산당의 발전에서 찾을 필요가 있다고 보았다. 쩡용녠, "중국공산당의 경쟁력," 『중국공산당의 경쟁력과 지속 가능성』(중앙일보 주최 국제학술대회: 2007.10.9).

100) Yongnian Zheng, "The Party, Class and democracy in China," Kjeld Erik Brodsgaard and Yongnian Zheng, 2006, pp.255-256; Zhang Baohui, "Toward the rule of law: Why China's Path will be different from the west," Suisheng Zhao, *Debating Political Reform in China: Rule of Law vs. Democratization* (New York: Routledge, 2006), pp.122-137.

101) Czeslaw Tubilewicz eds., *Critical Issues in Contemporary China* (New York: Routledge, 2006), p.74.

102) 鄔東濤·歐陽日輝, 2005, p.63.

103) Robert Weatherley, 2006, p.10.

운 중국모델을 효과적으로 설명하기 위해서는 사상해방의 차원에서 이데올로 기적 외연을 넓힐 필요가 있다.[104]

요컨대 과학발전관이 정치개혁이나 사회주의 조화사회론의 개념을 포괄하는 새로운 이데올로기적 담론을 구축하지 못할 경우 새로운 이데올로기 위기에 봉착할 가능성은 항상 존재한다. 특히 시민사회의 성장과 경제활동 공간의 확대에 따라 정치개혁을 요구하는 목소리가 강해지고, 공산당개혁에 따른 구체적인 후속조치를 지속적으로 요구하며, 개혁개방의 그늘에 따른 사회적 문제가 폭발할 가능성이 있기 때문에 사회주의 이데올로기의 한계는 보다 빨리 나타나고, 대안 이데올로기를 요구하는 사회적 압력은 빨라질 수 있다. 비록 출판과 미디어가 현재 당의 지배에 절대적으로 종속되어 있지만, 인터넷의 대중화와 사이버 사회주의의 발달은 새로운 반대 이데올로기를 생산할 수 있는 거점이 되고 있으며, 시민사회도 기존의 조합주의적 통제에서 벗어나 일정한 자율성을 담보하면서 지배담론에 대항하는 역할을 할 수도 있다.[105]

• • •

104) 馬建中, 2003, p.367; 이데올로기 스펙트럼을 사민주의까지 넓힐 필요가 있다. 이에 대해서는 이희옥, "체제전환과 중국의 새로운 이데올로기 모색,"『국제정치논총』제45집 1호 (2005), pp.209-220.
105) 이에 대해 (주로 환경을 중심으로 한) 중국시민사회는 조합주의 모델로는 설명할 수 없으며 시민사회 모델에 일부 다가서고 있다는 점에서 '최소주의 시민사회'의 관점에서 이 문제를 보기도 한다. 이남주,『중국 NGO의 발전』(서울: 폴리테이아, 2007).

중국의
새로운
민주주의
탐색

사회주의의 공백과
민족주의의 확산

제4장
사회주의의 공백과 민족주의의 확산

Ⅰ. 사회주의에서 민족주의의 문제

개혁개방 이후 사회주의의 진화과정은 전통적 마르크스주의 맥락에서 보면 사회주의의 합리적 핵심을 약화시키고 경제적 업적을 통해 체제정당화를 시도해 온 과정이었다. 더구나 중국이 자본주의 세계경제에 자발적으로 참여하면서 사회주의의 호소력은 약화된 반면, 시민사회의 성장과 함께 일반 민주주의에 대한 요구는 보다 많아졌다.

이러한 변화를 반영하여 중국은 인권과 민주주의를 보편적인 규범으로 받아들이면서 이를 헌법과 당강령에 반영하였다. 또한 절차적 민주주의도 확대하고 있으며 공산당의 포섭(co-optation)과 적응을 통해 당국가체제의 안정을 위한 다양한 정치개혁을 시도해왔다.[1] 그럼에도 불구하고 사회주의 정체성의 위기는 심화되었고, 사회주의를 혁신하거나 근본적인 전환을 모색해야 하는 상황에 직면해 있다. 특히 지배 이데올로기의 공백이 얼마나 위험한 것인가를 알고 있었

●　●　●

[1] David Shambaugh, *The Communist Party: Atrophy and Adaptation* (Berkeley: University of California Press, 2008).

던 중국지도부는 이를 메우기 위한 다양한 시도를 계속해 왔다.[2]

문제는 사회주의 내지 공산당 일당지배의 근간이 되었던 성장주의(GNPism)나 업적에 의한 정당화[3]가 더 이상 효과적으로 기능하지 않는 상태에서 새로운 이데올로기적 장치를 마련하는 것이었다. 이 과정에서 민족주의가 새롭게 포착되었다. 중국인들에게 국가와 민족의 개념은 역사적으로 중요한 가치였고 중국 당정도 개혁개방정책의 피로를 사회주의로 복귀시키는 방식으로 되돌릴 수는 없었다. 이러한 이데올로기 틈새를 대중적 수준에서 민족주의 담론과 실천이 모색되기 시작했다. 그 분수령은 1989년 천안문사건이었다. 일반적으로 천안문사건이 자유주의 운동의 가능성을 열었다는 적극적 평가가 있었으나, 이데올로기적 지형에서 보면 역설적으로 반(反)자유주의와 사회주의를 강화시킨 계기가 되었다. 즉 천안문사건이 중국 내 기존의 사회주의 이데올로기와 공산당의 정당성 자체를 묻는 수준으로 발전하자 '위기의 사회주의'에 주목한 신보수주의, 포스트 식민주의, 신좌파, 신민족주의자 그룹들이 새로운 이데올로기를 제기하기 시작했다. 이들 사이에는 물론 인식의 편차가 있었지만, 넓은 의미에서는 민족주의의 목표를 공유하면서 체제 정당성을 확보하고자 했다.[4]

특히 후진타오 체제가 등장하면서 '공산당의 기능과 역할'에 대한 개혁으로는 더 이상 사회주의를 효과적으로 설명할 수 없었고, 도농 간·지역 간·소득 간 격차를 그대로 방치하기에는 체제의 위험도가 높았다. 실제로 당시 50명 이상의 집단시위가 17만 여건에 달하는 등 중국은 심각한 사회적 병목에 직면

●　●　●

2) Lucian W. Pye, "An Overview of the People's Republic of China: Some Progress, But Big Problems Remain," The China Quarterly 159 (1999), p.569.
3) Alvin Y. So, "Rethinking the Chinese Developmental Miracle," Alvin Y. So, China's Developmental Miracle (New York: M.E. Sharpe, 2003), p.18.
4) Christopher R. Hughe, Chinese Nationalism in the Global Era (New York: Routledge, 2006), p.92.

하였다. 이러한 신념의 위기를 메우기 위해 중국당정은 '중화민족의 위대한 부흥'을 강조하기 시작했다. 이것은 사회주의의 중심성(centrality)을 확보하면서도 좁은 의미의 민족주의를 넘어서야 한다는 이중적 목표를 달성하기 위한 것이었다. 이런 점에서 1990년대 중국민족주의는 전통적 중화주의의 부활이 아니라 그에 대한 지양(止揚)도 동시에 시도했다는 점에서 새로운 민족주의[5]의 출현으로 볼 수도 있다.

중국에서 1990년대 이후 민족주의의 발전은 사회주의의 수축(atrophy)을 보완하는 이데올로기적 도구였지만, 민족주의가 사회주의를 보완하거나 대체하면서 발전했던 것은 아니다. 오히려 민족주의가 국가주의(statism)의 속성을 띠고 있고 중앙권력의 역할을 강조하는 등 이른바 '강한 국가'를 추구하면서 사회주의를 '보완'해 왔다. 그리고 단순하게 국가주도 민족주의(state led nationalism)나 동원민족주의로 보기 어려운 측면도 있었다. 왜냐하면 민족주의의 새로운 변형이라고 볼 수 있는 '중화의 가치'도 과거 자민족 중심주의를 넘어 '중화 국제화(Sinic globalization)'를 적극적으로 모색하는 형태로 전개되었기 때문이다.

이러한 흐름은 "중국민족주의는 공산(사회)주의 이데올로기 붕괴 이후 중국이 지배의 정당성을 유지하기 위해 의도적으로 민족주의를 조작했다"[6], "구소련의 몰락 이후 의사(quasi) 공산주의를 버리고 원래의 정체성인 순수 민족주의

• • •

5) 새로운 민족주의자들은 민족주의에 기초한 현대화, 전통적인 배외주의와 구별하여 개혁의 중국적 경험을 강조하고 중국문명과 서양문명을 구별하는 개념으로서의 새로운 민족정체성 건설을 목표로 삼아야 한다고 강조했다. Yongnian Zheng, *Discovering Chinese Nationalism in China, New Identity, National Interest, and International Behavior* (New York: Cambridge University Press, 1999), p.47.

6) 이러한 연구에 대해서는 다음을 참조. Etrica S. Downs and Philip C. Saunders, "Legitimacy and the Limits of Nationalism: China and the Diaoyu Islands," *International Security* 23-3 (1998/1999), pp.114-146; Suisheng Zhao, "A State-led Nationalism: The Patriotic Education Campaign in Post Tiananmen China," *Communist and Post-Communist Studies* 31-3 (1998), pp.287-302; Suisheng Zhao, "China's Intellectuals' Quest for National Greatness and Nationalistic Writings in the 1990s," *The China Quarterly* 152 (December 1997), pp.725-745.

정당으로 개조하기 시작했다"[7], "만병통치약(panacea)의 민족주의로 전환하면서 공산주의나 자본주의도 아닌 제3의 길을 모색하고 있다"[8], "민족주의가 중국사회의 지배담론이 되었다"[9]는 것과는 다르다. 왜냐하면 사회주의 공백을 일시적으로 메워야 하는 상황적 요구가 있었고 중국사회주의를 풍부하게 발전시키기 위해서는 민족주의에 내재된 국가주의와 애국주의의 요소를 동시에 고려해야 했기 때문이다. 중국에서 사회애국주의는 바로 이러한 맥락에서 나타난 것이다.

II. 중국민족주의의 새로운 구성

민족주의 개념에 대한 권위 있는 합의와 명확한 정의는 없다.[10] 민족주의를 설명하기 위해서는 새로운 범주화와 조작적 정의(operational definition)가 불가피하다. 일반적으로 민족의 기원을 결정하는 요소는 종족성(ethnicity), 종교, 문화, 전통, 언어, 영토, 민중의 상상력 등이 있다.

이를 민족주의 발생의 차원으로 확대하면 역사적 · 경제적 결과, 문화적 · 인

• • •

7) Xu Wu, *Chinese Cyber Nationalism: Evolution, Characteristics, and Implications* (New York: Lexington, 2007), p.123.

8) Maria Hsia Chang, *Return of the Dragon: China's Wounded Nationalism* (Boulder: Westview Press, 2001), p.6.

9) 조영남, 『후진타오시대의 중국정치』(서울: 나남, 2006), p.33; Jung Nam Lee, "The revival of Chinese Nationalism: Perspectives of Chinese Intellectuals," *Asian Perspective* 30-4 (2006), pp.141-165.

10) Anthony Smith, *The Antique of Nations* (Cambridge: Polity, 2004), p.108; 왕이저우는 중국어에 나타난 민(民)과 족(族)에 대한 개념 그리고 근대 nation이 민족(民族)이라는 개념으로 발전하는 과정, 그리고 민족주의라는 하나의 이데올로기로 변용되는 개념을 추적하면서 중국에서의 민족과 민족주의가 항구적이 개념이 아니라 역사적 맥락 속에서 파악할 필요가 있다고 주장했다. 王逸舟, "民族主義槪念的現代思考," 李世濤, 『知識分子立場: 民族主義與轉型期中國的命運』(長春: 時代文藝出版社, 2002), pp.1-11.

종적 결과, 군사적·정치적 결과, 이데올로기적 결과로 구분할 수 있다.[11] 역사적·경제적 기원은 교육, 경제적 상호의존, 정치경제적 제도의 결과이고 문화적·인종적 기원은 공동의 유산, 공동의 조상, 종교 등에서 기인하는 것이며 군사적·정치적 기원은 '전쟁이 민족주의를 낳고 민족주의가 전쟁을 일으킨다'[12]는 명제가 이를 대변한다.

한편 민족주의의 발전이 이데올로기적 결과라는 견해가 있다. 이것은 다시 몇 가지 인식틀로 세분할 수 있다. 첫째, 근대주의(modernism)로 민족주의를 산업사회의 제도화와 근대화의 산물로 보는 것이다. 이른바 민족주의를 '상상의 공동체', 세속적 사회가 근대적 발전에 적응하기 위해 인간들이 제조한 산물로 보는 견해가 여기에 해당한다.[13] 둘째, 탈근대주의(post modernism)적 접근이다. 즉 보편주의(cosmopolitanism)가 전통적 민족주의 패러다임을 대체하고 있다고 보는 것이다. 셋째는 마르크스주의적 접근으로 '노동자는 국가가 없다'는 마르크스의 언명에도 불구하고 레닌을 비롯한 마르크스주의자들은 민족자결을 주장하는 등 민족주의를 수용했다고 보고 있다.

그리고 민족주의의 발현 양태에 따라서는 애국주의(patriotism), 자민족중심주의(ethnocentrism), 인종주의(racism)로 구분할 수 있다. 이를 이데올로기의 층위(layer)에서 보면 시민적(civic), 태생적(primordial), 국가주의적(statist) 민족주의로 구분되고, 구체적인 표출형태로 보면 외교적, 영토적, 경제적, 문화적 민족주의로 구분할 수 있다.[14] 이와는 달리 민족주의 운동을 이끄는 주체의 관점에서 보

● ● ●

11) 이에 대한 정리는 Xu Wu, 2007, pp.109-119.
12) Charles Tilly, "States and Nationalism in Europe, 1492-1992," J. L. Comaoff and F. C. Stern eds., *Perspectives on Nationalism and War* (Armsterdam: Gordonand Breach Publishers, 1995).
13) 베네딕트 앤더슨(윤현숙 역), 『상상의 공동체: 민족주의의 기원과 전파에 대한 성찰』(서울: 나남, 2002).
14) Simon Shen, *Redefining Nationalism in Modern China* (New York: Palgrave macmillan, 2007), pp.14-21.

면 관방(official) 민족주의 또는 국가주도 민족주의와 대중민족주의로 구별할 수 있다.[15] 그리고 민족주의의 특징과 강도에 따라서는 공격적(aggressive) 민족주의와 성찰적(narcissistic) 민족주의, 반응적(reactive) 민족주의, 방어적 민족주의로 구분할 수 있다.[16] 지역적 발전의 차이에 따라서는 유럽, 아시아, 미국 등의 형태로 구분할 수 있다.[17]

1990년대 이후 중국민족주의에 대해서도 다양한 견해들이 제기되었다. 우선 민족주의를 활용하는 주체의 맥락에서는 국가주도 민족주의, 사이버 민족주의, 대중민족주의로 구분할 수 있다. 민족주의의 성격과 특징에 따라서는 실용적 민족주의, 발전 민족주의, 애국민족주의 등이 있다. 또한 정치문화의 맥락에서 분류하면 무형(formless) 민족주의, 체면(face) 민족주의, 무모한(reckless) 민족주의 등이 있다. 민족주의의 대외적 성격에 따라서는 방어적·수동적 민족주의와 호전적·급진적 민족주의, 실지회복(revanchist) 민족주의로 나타나기도 한다.[18]

이러한 민족주의의 범주에서 보면 중국민족주의는 국가주도의 성격이고 경제발전의 동력으로 삼고자 한다는 차원에서 실용적 성격이 강하다. 또한 여전히 강대국의 조건을 만족시키지 못한다는 점에서 방어적 특징이 있고 새로운 제국의 꿈을 포기하지 않고 있다는 점에서 중화의 가치와 사회주의를 결합하는 애국주의와 문화민족주의의 특징도 지니고 있다.[19] 이를 좀더 크게 보면 공동체주의(communitarianism), 평등주의(egalitarianism), 조합주의(corporatism)의 특징을 지닌다고 할 수 있다.

• • •

15) Youngnian Zheng, 1999, pp.87-88.
16) Maria Hsia Chang, 2001, pp.23-29.
17) Xu Wu, 2007, p.110.
18) 이러한 논의와 용례와 연구경향에 대해서는 다음을 참조. Xu Wu, 2007, p.122; Suisheng Zhao, *A Nation-state by Construction* (California: Stanford University Press, 2004), pp.12-15; Maria Hsia Chang, 2001, pp.179-182; 조영남, 2006, pp.314-319.
19) Alvin Y. So, "Rethinking the Chinese Developmental Miracle," Alvin Y. So, 2003, pp.14-15.

이런 점에서 중국민족주의는 국가주권과 인민주권의 상호작용에 의해 탄생한 서구의 근대국가와는 차이가 있었다. 즉 정치적 현상으로서 민족주의 개념은 공동체와 개인의 자유에 대한 열망에서 발생했기 때문에 서구의 인민주권을 발전시키는 데 중요한 역할을 했다. 그러나 중국의 경우 서구 열강에 의해 강요된 근대화를 겪었고 중일전쟁에서 패하면서 민족해방의 목표가 중시되었기 때문에, 국가주권에 비해 인민주권은 상대적으로 강조되지 않았고 오히려 자유주의적 가치들을 민족주의적 가치에 종속시켰다.[20]

그리고 1990년대 민족주의 인식에 새로운 변화가 나타난 것은 역설적이게도 개혁개방을 확대하면서부터이다. 계획경제에서 시장경제로 전환시키는 과정에서 지방의 역할이 중시되었고 국가와 시민사회 사이의 긴장도 완화시킬 필요가 있었다. 이 과정에서 당정분리와 지방의 자율성이 증대했지만 경제발전을 위해 부분적으로 정치개혁을 추진하기도 했다. 그러나 이러한 정치발전은 공산당의 합법성을 강화시키고 '강한 국가'를 형성하기보다는 국가 통제력을 약화시켰다.[21]

이에 따라 중국당정도 사회주의 정체성의 약화를 보완하면서도 위험을 줄일 수 있는 이데올로기의 보완이 절실해졌다. 이를 위해 우선 사회주의와 민주주의의 결합을 시도했다. '민주주의는 좋은 것'으로 수용되었고 부분적이기는 했지만 기층에서의 선거제도의 도입과 전국인대를 중심으로 하는 대의제도의 개선이 빠르게 이루어졌다.[22] 다른 한편으로는 '중화'와 '중국적인 것(Chineseness)'[23]에 주목했다. 이것은 중국이 넓은 의미의 민족주의를 중국당정이 폭넓게 활용하기 시작했다는 것을 의미했다. 이처럼 1990년대 초부터 민족주의는 체제정당

• • •

20) Suzanne Ogden, "Chinese Nationalism," Alvin Y. So, 2003, p.227.
21) Youngnian Zheng, 1999, p.32.

성을 효과적으로(전면적이 아닌) 뒷받침하는 도구로 사용되었고 이후 이러한 경향은 정도의 차이는 있으나 대체적으로 관철되었다.[24]

사실 건국 이후 중국 당정은 민족주의를 의도적으로 강조하지 않았고 상대적으로 사회주의의 핵심적 가치와 프롤레타리아 국제주의적 관점을 지니고 있었다.[25] 구체제를 타파한다는 명분으로 시작한 문화대혁명 당시 지방민족주의를 청산하고자 했던 이론적 출발도 이러한 정치적 배경을 지니고 있었다. 이러한 민족주의에 대한 일정한 거리두기는 또 다른 이유 때문에 1990년대 이전까지도 대체적으로 유지되었다. 왜냐하면 외자와 기술을 도입하기 위해서는 안정적인 대외환경이 필요했고 당시 사상이론계에서도 민족주의를 비판하면서 등장한 계몽주의가 시대정신을 지배하고 있었기 때문이다. 이러한 영향 아래에서 강력한 민족의식으로 무장하여 서구에 대항해야 한다는 국가주도형 민족주의나 서구와 일본 제국주의에 유린당한 역사적 수치와 분노를 근간으로 하는 대

● ● ●

22) 이에 대해서는 이희옥, "체제전환과 중국의 새로운 이데올로기 모색," 『국제정치논총』45집 1호 (2005), pp.209-213. 당내민주주의의 발전에 대해서는 Yongnian Zheng, "The Party, class, and democracy in China," Kjeld Erik Brodsgaard and Yongnian Zheng, *The Chinese Communist Party in Reform*, (London and New York: Routledge, 2006), pp.231-257; He Baogang, "Intra-party democracy: A Revisionist perspective from below," Kjeld Erik Brodsgaard and Yongnian Zheng, 2006, pp.192-207. 중국의 정치발전의 전개양상에 대해서는 이정남, 『중국의 기층선거와 정치개혁 그리고 정치변동』(서울: 폴리테이아, 2007).

23) 중국적인 것에 대한 설명은 학문영역별로 매우 다양하게 나타난다. 페어뱅크(Fairbank)는 다른 문화와 구별되는 문화주의(culturalism)로 설명했고 헌팅턴(Huntington)은 서구의 보편주의와 상대적인 개념으로 보았으며 파이(Pye)는 문명이 민족국가를 이끌었다는 개념으로 설명했다. John K. Fairbank, *China: A New History* (M.A: The Belknap Press of Harvard University Press, 1992), p.53; Samuel Huntington, *The Clash of Civilizations and the Remaking of World Order* (New York: Simon & Schuster, 1996), p.13; Lucian W. Pye, "China: Erratic State, Frustrated Society," *Foreign Affairs* 69 (1990 Fall), p.58.

24) 실제로 중국의 정치체제(regime)에 대한 지지도는 민족감정이 포함되었을 때만 의미 있게 나타난다는 경험적 연구도 있다. Huishong Shoo, "Nationalism, Market Reforms, and Political Support in Contemporary China, Suijian Guo and Baogang Guo eds., *Challenges Facing Chinese Political Development* (Plymouth: Lexington Books, 2007), p.24.

25) 아리프 딜릭(설준규 · 정남영 역), 『전지구적자본주의에 눈뜨기』(서울: 창작과 비평, 1998); 이희옥, 『중국의 새로운 사회주의 탐색』(서울: 창비,2004), p.214.

중민족주의가 들어설 정치적 공간은 매우 좁았다.[26]

이렇게 보면 1990년대 중국에서 민족주의가 새롭게 등장한 배경은 몇 가지로 요약할 수 있다. 무엇보다 구소련과 동유럽의 몰락으로 인해 냉전적 양극체제가 해체되고, 그 과정에서 그동안 영향력을 발휘하지 못했던 민족국가가 세계화라는 현상 속에서 새롭게 포착되었다.[27] 새롭게 등장한 민족국가들은 서방을 보다 객관적으로 인식하고자 했고, 국내적으로도 민족 고유의 독특성을 주목하기 시작하면서 민족국가의 이익을 세계화 속에서 보호하고자 했다. 중국도 국력의 한계로 인해 전지구적 수준에서 미국과 경쟁하는 것은 어려웠지만[28] 개혁개방을 통해 민족적 자부심이 고조되었고 이에 따라 적어도 아시아에서는 미국의 국가이익과 중첩되는 영역에서 필요하다면 경쟁할 수밖에 없다는 의식도 고양되기 시작했다. 이러한 생각은 제국에 대한 중국의 오랜 열망과 연결되어 있다. 한(漢)왕조가 중화민족의 황금시대였다는 인식[29]이나 다양한 역사 재해석 작업은 이러한 맥락에서 이해할 수 있다.

또 다른 측면은 중국의 안정적인 경제발전과 인터넷의 보급을 통한 민족의식이 확산된 점이다. 중국은 개혁개방 과정에서 나타난 사회적 모순을 완화하고 사회역량을 통합하기 위해 민족주의를 호명했다.[30] 특히 중국 당정은 천안문 사건을 겪으면서 '상처 입은' 사회주의에 대한 대중일반의 신념의 위기를 중화

●●●

26) 이희옥, 2004, p.241; 王小東, "民族主義和中國的未來,"『天涯』2期 (2000), pp.38-40.

27) 王逸舟,『當代國際政治析論』(上海: 人民出版社, 1995), p.87.

28) 중국의 강대국화의 조건과 한계에 대해서는 다음을 참조. 정재호 편,『중국의 강대국화』(서울: 사회평론 길, 2006), pp.49-52.

29) Mile Edwards, "Han Dynasty," National Geographic 205-2 (2004), pp.2-29.

30) 謝慶奎, "當代中國民族主義思潮興起的表現,特徵及原因分析,"『동양정치사상사』제5권 1호 (2006), pp.247-252. 한 사례로 중국의 『人民日報』의 민족주의 유관단어를 분석한 것에 의하면 1998년에는 '애국주의', '중화민족' 이라는 단어를 각각 113회, 237회 사용했으나, 1990년에는 517회, 637회로 증가했다. http://www.people.com.cn/GB/guandian/1035/2284917.html (검색일: 2014년 3월7일)

의 가치를 통해 극복하고자 했다. 이 과정에서 신보수주의자, 신민족주의, 신좌파 들이 부분적으로 중앙권력과 결합하면서 이론적 기반을 강화해 나갔다.[31]

요컨대 1990년대 중국민족주의의 발전은 중국공산당의 애국주의 교육운동의 전개, 지식인의 서방세계에 대한 재검토와 전통 및 민족문화에 대한 재발견, 경제성장과 국력증강에 따른 일반 국민들의 자신감 회복, 외부세력의 실제적·가상적 위협에 대한 위기감, 이론진영과 정치권력의 결합 등이 복합적으로 작용한 결과였다.

III. 전개양상

1990년대 중국민족주의는 국가기구의 수준, 지식담론의 수준, 대중(기층)사회에서 동시에 나타났다. 국가수준에서는 사회주의에 대한 신념의 위기에 따라 국가에 대한 충성을 동원하고자 했고, 지식담론의 수준에서는 천안문사건을 계기로 서구맹신의 풍조에서 벗어나 보다 중국적 시야로 국제관계를 보는 흐름이 나타났으며, 대중사회의 수준에서는 국가주도 민족주의와 지적 담론의 영향을 받으면서 대중민족주의로 나타났다.[32] 그러나 엘리트 민족주의와 대중민족주의 담론이 엄밀하게 구분되지 않았고 대중담론이 정책담론과 섞여 있었으며, 대중담론이 엘리트 담론을 촉발하는 등 상호작용도 나타났다.[33] 이런 점을 고려

● ● ●

31) 예컨대 후안깡은 국무원 등에 초청되어 강의하기도 했고, 청화대학 국정관리센터가 중심이 된 '국가전략' 프로젝트는 대체적으로 후진타오 체제의 정치강령과 맥락을 같이하고 있다. 실제로 이러한 강연의 성격에 대해서는 후안깡 자신이 밝힌 바도 있다. 胡鞍鋼, 『中國:新發展觀』(杭州: 浙江人民出版社, 2004), p.80.
32) Suisheng Zhao, 2004, p.8.
33) Suisheng Zhao, "Chinese Nationalism and Its International Orientations," *Political Science Quarterly* 115-1 (2000), pp.1-33.

할 때, 민족주의의 전개를 담론과 정책의 측면으로 구분하여 설명할 수 있다.

1. 담론의 차원

1990년대 중국에서 국가주의를 포함한 넓은 의미의 민족주의 논쟁을 촉발한 것은 미국유학생이었던 원띠(聞迪)가 『인민일보』에 '사회주의는 중국을 구할 수 있다'[34]는 글이었다. 그는 천안문사건 이후 해외로 도피한 운동지도부를 비판하는 한편 현재의 정치엘리트들이 서구화된 지식인들이기 때문에 '중국적 상황(國情)'을 이해하지 못하고 실천적 사회생활에 대한 지식이 결여되어 있다고 비판했다. 따라서 이를 극복하기 위해서는 마르크스주의 관점에 선 국가의 독립과 부강 그리고 사회의 자유와 해방이 필요하다고 주장했다. 이것은 천안문 직전 친서구적 지식인들 사이에 유행했던 반전통주의와 리쩌호우(李澤厚) 등의 '전반(全般)서화론'에 대한 비판을 담고 있었다. 또한 이들은 1988년 『허상(河殤)』이라는 텔레비전 다큐멘트리가 학술계에 던진 '허상열(熱)'[35]에 대해서도 '민족허무주의'를 취하고 있다고 비판했다.

원띠가 해외유학생의 요구를 담고 있다면 중국 내에서는 보다 강경한 주장이 등장했다. 대표적인 사례로 지식인들에게 중국문제에 대한 시각교정을 요구

● ● ●

34) 聞迪, "社會主義能够救中國,"『人民日報』(1990.1.15).
35) 당시『河殤(River Elegy)』은 지적흐름에서 이항대립(binarism)의 한축으로 이후 민족주의 담론의 형성과 비판의 근거를 제공했다. Toming Jun Liu, "Restless Chinese Nationalist Currents in the 1980s and the 1990s: A Comparative Reading of River Elegy and China Can Say No," C. X. George Wei and Xiaoyuan Liu, Chinese Nationalism in Perspective: Historical and Recent Cases (Westport: Greewood, 2001), pp.205-218;『허상(河殤)』은 전통문화와 기존체제를 비판하고 서방문명을 흡수하여 중국을 개조하고 세계와 융합해야 한다는 주장을 반영했다. 方寧 · 王炳權 · 馬利軍,『成長中的中國:當代中國靑年的國家民族意識硏究』(北京: 人民出版社, 2002), pp.54-67; 崔文華,『河殤論』(北京: 文化藝術出版社, 1998), pp.87-88.

했던 '허신(何新)선풍'을 들 수 있다. 허신은 1990년 6월 이후 당시 팡리즈(方勵之) 등 자유주의자들이 '애국주의는 협애하고 시효를 다한 것'이라고 주장한 것을 비판하면서 "중국인들이 스스로 죽지 않으려면 그리고 엄준한 국제환경에서 도태되지 않으려면 사회주의와 애국주의의 기치 아래 단결하고 힘을 뭉쳐야 한다"[36]고 강조했다. 특히 허신이 일본경제학자와 나눈 대화록인 〈세계경제정세와 중국경제문제〉[37]가 『인민일보』에 실리면서 지식계와 대중의 뜨거운 반응을 불러일으켰다.[38] 그는 사회주의와 중국의 관계를 제3세계의 관점과 지속가능한 발전의 관점에서 파악해야 한다는 이른바 '녹색의 시각'을 요구했다.

허신현상은 천안문사건 이후 여론과 청년지식인을 중심으로 국가의식과 민족의식을 고양시킨 하나의 지적 분수령이었다. 이러한 상황 속에서 타이완의 유명 작가 천잉전(陳映眞)도 허신의 글에 대한 독후감이라 할 수 있는 『잃어버린 시야를 찾아서』[39]를 통해 중국지식계가 80년대 이후 역사적 방향감각을 잃고 제3세계의 입장을 잃어버렸다고 비판했다. 그는 허신의 입장을 옹호하면서 전지구적이고 구조적인 관점 그리고 제3세계적 관점에서 중국문제에 접근할 것을 제시했다.

이후 1990년대 초 『전략과 관리(戰略與管理)』라는 잡지를 중심으로 이러한 논의가 더욱 확산되었다. 이 잡지가 기획한 〈중국현대화의 재평가〉라는 토론회도 중국사회의 구조적 모순과 세계화 과정 속에서 중국현대화의 길을 탐색하고자 했다. 여기서 일부 학자들은 현대화 과정에서의 정치적 권위의 중요성을 강조

● ● ●

36) 何新, "我向你們的良知呼喚," 『東方的復興: 中國現代化的命題與前途 1卷』(哈爾濱: 黑龍江人民出版社, 1991). 허신은 사회적 다원주의에 기초한 자유주의자들의 엘리트 이론에 대해 '살인의 이론'이라고 폄훼하기도 했다.
37) 何新, "世界經濟形勢與中國經濟問題," 『人民日報』(1990.12.11).
38) 孫永仁, "社會主義紅旗必將在中國一代人手中傳下去: 何新現象的啓示," 『中共中央黨校報告選』3期 (1991).
39) 陳映眞, "尋找一個失去的視野," 『海峽評論(臺北)』2期 (1991).

하기도 했고, 개혁개방의 피로와 문제점을 지적하는 한편 국가, 민간 지배엘리트, 민중의 출현을 새롭게 주목했다. 나아가 사회적 전환의식이 전통적인 '도통(道統)정신'을 통해 복원되어야 한다는 주장도 제기되었다. 즉 서방이 만든 게임의 규칙을 그대로 답습하지 말고, 시장화 과정에서 다양한 계급계층의 이익을 폭넓게 반영해야 한다는 것이었다.[40] 근본적 민족주의자로 불리는 왕샤오동(王小東)도 이 잡지에 주도적으로 참여했다. 그는 제3세계가 민족주의를 중시하지 않고 문화주의, 인종주의, 지역주의를 강조하기 때문에 경제발전의 어려움을 겪는다고 주장했다.[41]

그리고 1994년 중반에는 1990년대 이후 민족주의 토론이 강력한 반서구화 사조로 확대되었다. 이 과정에서 『제3의 눈으로 본 중국(第三只眼睛看中國)』[42]이 출간되었다. 200만 부 이상이 팔린 이 책은 엘리트주의적 권위주의에 대한 우호적 시각을 드러내었고 덩샤오핑과 장쩌민의 개혁개방정책에 대해서는 비판적 입장을 취하는 한편 마오쩌둥이 농민을 이해할 수 있는 유일한 지도자라고 평가했다. 구체적인 대안으로 사회적 다윈주의(Darwinism)와 민족주의 그리고 마르크스주의를 결합해 한국과 일본의 발전모델을 수용하고 이를 통해 인도, 경쟁해야 한다고 주장했다. 이 서적은 사실상 민족주의를 새로운 체제 이데올로기의 핵심요소로 삼아야 한다고 보았다.[43] 한편 이 책의 출간을 전후하여 덩리췬(鄧力群)을 비롯한 구좌파들도 『만언서(萬言書)』를 통해 문화대혁명 시기의 급진주의와는 다른 내향적 민족주의의 관점을 제기하였다.[44]

• • •

40) 이에 대한 논자들의 견해는 蕭功秦, "軟政權與分利集團化:中國現代化的兩重陷穽,"; 孫立平, "現代化進程中中國各種社會關係的新變化,"; 趙軍, "現代化史與政治史,"; 石中, "中國現代化面臨的挑戰," 등으로 모두 『戰略與管理』1994年 1期에 실려 있다.

41) 이들은 박정희시기의 경제발전에 있어 민족주의의 긍정적인 역할을 강조하기도 했다. Joseph Fewsmith, *China Since Tiananmen* (Cambridge: Cambridge University Press, 2001), pp.146-151.

42) 王山, 『第三只眼睛看中國』(太原: 山西人民出版社, 1994).

43) Christopher R. Hughe, 2006, p.103.

이와 함께 학술계에서는 문화민족주의가 부상하면서 서학 대신 국학(國學)을 숭배하는 지적흐름과 포스트 식민주의의 비평도 영향력을 확대하였다.[45] 특히 엄격한 방법론적 훈련을 받은 일련의 학자들은 서방의 학문적 전통과 중국의 담론 사이에는 상당한 격차가 있기 때문에 전통적인 국학부흥보다는 주변담론을 통해 중국의 현실에 부합하는 새로운 현대화 모델을 찾아야 한다고 주장했다.[46] 이들은 현대화와 근대열망은 반전통주의와 전반서화론의 동의어라고 간주하면서 '현대성(modernity)' 비판과 '중화성' 논쟁[47]을 촉발시켰다.

1995-1996년 타이완 해협위기 발생은 민족주의 담론을 대중적 수준까지 확장시켰다. 더욱이 상업화된 출판산업이 발전하고 대중의 관심이 고조되면서 반미감정이 크게 자극되었다. 약 300만 부가 팔린『중국은 '아니오(No)'라고 말할 수 있다』[48]를 비롯한 이른바 '아니오(No)시리즈' 출판물들과『중국 악마화(妖魔化)의 배후』[49]등이 그것이다. 이를 계기로 1990년대 인민민족주의가 등장하였다. 이것은 민족주의가 대중문학, 텔레비전, 오락 등 대중문화가 정치적 동원에

● ● ●

44) 『만언서(萬言書)』를 계기로 좌우파간 담론투쟁이 나타나기도 했다. 이것은 좌편향과 우편향이 중국사회를 위협하고 있다는 상반된 주장으로 나타났다. 이 논쟁의 핵심적인 주장에 대해서는 Christopher R. Hughe, 2006, pp.94-95 참조. 이러한 논쟁은 이후 덩샤오핑의 남순강화에서 '우편향도 위험하지만 더욱더 위험한 것은 좌편향'이라는 주장과 관련되어 있다.

45) Toming Jun Liu, 2001, pp.210-211. 그러나 이러한 포스트 식민주의의의 이론적 정향을 고려하여 신좌파로 묶기도 한다. 퓨스미스(Fewsmith)에 의하면 신민족주의자(王小東, 方寧 등), 포스트모더니스트(崔之元, 汪暉, 甘陽 등), 신국가주의자(王紹光, 胡鞍綱 등)를 모두 신좌파로 분류하고 있다. Joseph Fewsmith, 2001, p.xvi. 그러나 이들 모두를 신좌파로 부르기도 하고 중국내에서는 이를 묶어 '급진파'로 규정하기도 한다. 方寧 · 王炳權 · 馬利軍, 2002, pp.88-104.

46) 許紀霖,『尋求意義: 現代化變遷與文化批評』(上海: 三聯書店, 1997), pp.284-285.

47) 이른바 중화성의 3대요지는 첫째, 세계에는 다양한 차이가 존재하고 세계를 다양하게 구획할 수 있으며 다종다양한 대립물의 통일의 공시(共時)현상이다. 둘째, 중국은 미래발전과정에서 여러 차례 중화성을 돌파하는 방식으로 인류성을 위해 복무했다. 셋째, 중화성은 개방성을 가지고 있다는 것이다. 이런 점에서 중화성은 '중화문자권'으로 표현되며 이것은 동아시아를 보다 빠르게 근대화하고 동방이 세계의 다양성에 공헌했다는 것이다. 이를 촉발시킨 논의는 張法 · 張頤武 · 王一川, "從現代性到中華性:新知識型的探尋,"『文藝爭鳴』2期 (1994).

48) 宋強 外,『中國可以設不』(北京: 中華工商聯合出版社, 1996. 이른바 'No시리즈'의 정치적 현상에 대한 분석으로 다음을 참조. Toming Jun Liu, 2001, pp.221-226.

49) 李希光 · 劉康,『妖魔化中國的背後』(北京: 中國社會科學出版社, 1996).

이용될 수 있다는 것을 함축했다.[50] 이러한 민족주의 계열의 서적들은 미국의 베이징 하계올림픽 유치에 대한 반대, GATT와 세계무역기구 가입에 대한 반대, 미국의 타이완과 티베트 문제에 대한 간섭 등 미국의 반중정책을 비판하였다. 뿐만 아니라 그 비판의 화살은 대미관계에 있어서 지나치게 낡고 유약한 입장을 보이고 있는 중국정부를 향했다. 이들은 중국정부가 보다 적극적으로 미국의 대중국개입에 대해 '아니오(No)'라고 말해야 한다고 주문했다.

이처럼 중국이 식민주의의 문화에 예속되었다는 견해를 비판하고 이용가능한 모든 문화를 결합해야 하며 자신을 성찰하면서 미국을 반대하고 일본을 비판하는 문제의식[51]을 지니고 있었으나 이는 정치적 수사로만 남았고 실제적으로는 배외주의와 극단적 민족주의 경향을 띠고 있었다.

그리고 1996년 일단의 민족주의 그룹은 『세계화 그림자 속의 중국의 길』을 통해 중국민족주의를 보다 극단적으로 전개했다. 이들은 당시 논의되고 있던 민주주의 문제도 민족주의의 틀 내에서 이해하고자 했다. 즉 근대중국이 서구에 유린된 원인이 생활권(lebensraum)과 자연자원의 결여, 적대적 환경, 과학기술의 후진성, 정치적 근대화 달성의 어려움, 민족정신의 붕괴에 있다고 보았다.[52] 또한 리선즈(李愼之) 등 자유주의자들은 미국에 편향된 국제체제에 대한 이해가 부족하다고 비판하고 중국의 민족주의적 발전이 제3세계에 유익할 것이라고 주장했다.[53] 그러나 이들은 히틀러의 생활권이론, 국제문제에서의 사회

● ● ●

50) 왕샤오둥 등이 『北京靑年報』등과 함께 조사한 여론조사에서도 당시 87.1%가 중국에 가장 비우호적인 국가를 미국이라고 보았고, 57.2%는 미국에 대해 가장 부정적인 인식을 지니고 있다는 것을 보여주었다. 그리고 85.4%는 걸프전쟁 당시 미국의 개입은 미국의 국익을 위한 것이라고 보았다. 『北京靑年報』(1995.7.14).
51) 方寧·王炳權·馬利軍, 2002, pp.141-150; Christopher R. Hughe, 2006, pp.104-106.
52) 方寧·宋强·王小東, 『全球化陰影下的中國之路』(北京: 中國社會科學出版社, 1999), p.3.
53) Wang Xiaodong, "Chinese Nationalism under the Shadow of Globalization," http://www.lse.ac.uk/collections/asiaResearchCentre/pdf/WANGXiaodong (검색일: 2008.11.20).

적 진화론, 사무라이 정신들을 무차별적으로 차용함으로서 공격적 민족주의라는 비판을 받았다.[54]

2. 실천의 차원

1900년대 운동과 정책의 수준에서 민족주의가 고양된 것은 탈냉전기 동북아 국제관계의 변화였다. 미중관계, 중일관계의 우호적인 관계에 균열이 나타나면 협력과 갈등이 주기적으로 반복되었다. 그 핵심은 미국의 대중국 견제라고 볼 수 있다. 이 과정에서 1993년 8월 이른바 '인허(銀河)호' 사건이 발생했다. 즉 미국은 페르시아 만에서 정상운항 중이던 중국의 무역선 인허호를 무단으로 검색하여 33일 동안 운항을 정지시켰다. 특히 인허호를 검색하는 과정에서 중국에 어떠한 설명도 하지 않았음은 물론 이후 사과와 배상조차 하지 않았다. 이에 대해 중국정부는 주권을 침해하고 국제법을 무시한 대표적인 사례로 간주했고, 중국인들도 미국이 새로운 냉전을 획책하려 한다는 극단적인 평가와 함께 반미의식으로 발전했다.[55]

인허호 사건은 중국정부가 민족주의적 대응을 강화하는 계기로 작용했다. 1993년 국가교육위원회는 〈중국의 교육개혁과 발전을 위한 프로그램〉을 통해 대중의 집단정신(group spirit)을 애국주의로 수렴하기 시작했다.[56] 애국주의 교육

● ● ●

54) Simon Shen, 2007, pp.20-21.
55) 宋强 外, 『中國還是能說不』(北京: 中國文聯出版社, 1996), p.384.
56) 애국주의는 해당국가의 현실상황을 사랑하는 것으로 주로 외래침략에 저항하면서 현재의 조국을 보위하는 의미를 지닌다. 이와는 달리 민족주의는 조국이 아직 도달하지 못한 이상적인 목표를 향해 힘을 기울이는 것이다. 王小東, "當代民族主義論," 『戰略與管理』 2000年 5期, p.68; 민족주의와 애국주의의 관계를 보면 민족주의가 주로 '있었던(as it was)' 또는 '있어야만 했던(as it should be)' 것을 사랑하는 것과는 달리 애국주의는 조국을 '있는 그대로(as it is)' 사랑하는 것이며, 태도의 차원에서 보면 애국주의가 승리지향적인 반면에 민족주의는 보다 상처받고 굴욕이 가져온 유산과 관련되어 있다. Xu Wu, 2007, p.118. 이런 점을 고려하여 애국민족주의로 규정하기도 한다. Maria Hsia Chang, 2001, pp.182-183.

은 청소년이 중심 대상이 되었고 그 기조는 애국정서, 애국인식, 애국행위였다. 즉 민족자존심을 상실하면 응집력이 떨어져 민족의 패망을 가져오기 때문에 애국주의 운동이 필요하다는 것이었다.[57] 애국주의 운동의 구체적인 내용을 프롤레타리아 세계관과 인생관 교육, 민족문화 역사교육, 국정(國情) 교육, 도덕교육, 집체주의 교육에 두었고 대학에서도 역사과목을 선택과목으로 장려하는 한편 중국현대사와 언어, 역사, 지리교육을 강화하였다.[58] 이러한 애국주의 교육은 사회주의의 도덕적 가치를 주장하는 마르크스주의보다 청소년들에게 호소력이 있었기 때문에 다양한 방식으로 자기복제를 거듭하면서 발전했다.

애국주의 교육캠페인이 정치적 신뢰와 충성, 대중 사이의 도덕의 결핍을 직접 겨냥하고 사회주의의 상징들이 애국주의로 그려지기 시작하면서 국가(國歌)를 부르거나 국기 계양의식 등이 의도적으로 강조되었다.[59] 청소년들도 이러한 사회화과정을 거쳐 공산당을 비판하는 것은 애국심이 없는 것으로 간주하는 등 애국주의 교육은 보다 보수적인 경향을 띠게 되었다.[60] 이처럼 당시 중국의 체제이데올로기는 사회주의와 애국주의가 결합하고 이것이 다시 민족주의와 결합하는 삼중의 결합양상을 띠고 있었다. 그러나 시간이 갈수록 이러한 애국주의운동은 정치권력을 지지할 수도 있고 비판할 수도 있다는 우려 속에서 중국 지도부는 수위조절을 시도하고자 했다.[61]

이러한 잠복해 있던 애국주의 운동은 중일 간 영토분쟁이 나타나자 다시 점화되었다. 1996년 중일 간 영토분쟁의 대상이 되고 있던 댜오위다오(일본명 센카

• • •

57) 方寧·王炳權·馬利軍, 2002, pp.386-418.
58) Suisheng Zhao, 2004, pp.218-223; 方寧·王炳權·馬利軍, 2002, pp.393-395.
59) 중국의 애국주의는 정치적 국가주의, 한족의 인종적 정체성, 문화적 자부심으로 구성되었다. Jonathan Unger ed., Chinese Nationalism (New York: M. E. Sharpe, 1996), p.235.
60) Suisheng Zhao, 2004, pp.238-247; 애국주의 교육운동의 주요한 내용과 목표에 대해서는 이동률, "90년대 중국애국주의 운동의 정치적 함의," 『중국학연구』21집 (2005).
61) Maria Hsia Chang, 2001, p.243.

쿠 섬)에 일본의 민족주의자 그룹이 상륙해 일본주권을 상징하는 등대를 세우면서 중일 간 외교마찰로 비화되었다. 중국 민중들은 이에 항의하여 반일 거리시위를 벌였다. 그러나 이러한 사태는 일정한 시간이 지난 후 당국의 정치적 판단에 의해 신속하게 해산되었다. 그럼에도 불구하고 인터넷과 출판물을 통해 반일정서가 확산되었고 일부 민중들은 중국정부의 태도가 지나치게 소극적이라고 비판하기도 했다.

1996년에는 '인권 없이 올림픽 없다' 는 미국의 반대 속에서 하계올림픽 유치에 실패했다. 이 사건은 대중들의 민족주의를 강화하는 기폭제가 되었고, 며칠 후 핵실험으로 미국에 대한 정치적 시위를 감행했다. 여기에 타이완의 리덩후이 총통이 미국을 방문한 사건은 중국의 반미주의로 발전하였다. 이러한 밑으로부터의 요구와 군부의 호응에 따라 중국은 타이완 해협에서 군사연습을 실시하면서 미중관계를 긴장시켰고 당시 애국주의 운동이 하나의 정치적 흐름으로 정착했다.[62]

1990년대 후반의 중국민족주의는 1999년의 '베오그라드 사건' 으로 다시 한 번 강화되었다. 1999년 5월 미국 비행기가 중국의 유고슬라비아 대사관을 폭격하여 세 명의 언론인이 죽고 20여 명이 부상한 사건이 발생했다. 중국이 이를 주권침해행위로 비난하고 이에 대한 시위를 '5.8애국운동' 으로 규정하자 대중의 민족주의 열기도 최고조에 달했다.[63] 미국에 대한 중국인들의 호감도도 크게 떨어졌고 학술계에서는 서방문명에 대한 비판이 하나의 유행으로 발전했다. 이런 상태에서 '우발적인 오폭' 이라는 미국의 주장이 들어설 여지는 거의 없었고

● ● ●

62) 陸建華, "1996: 中國靑年的成長環境," 『中國靑年』6期 (1996).
63) Peter Hays Gries, China's New Nationalism: Pride, Politics, and Diplomacy (Berkeley: Univ. of California Press,2004), pp. 4-8, pp. 17-18.

'의도적'이라는 대중인식이 전체 국면을 끌고갔다.[64]

유고의 베오그라드 공습 당시 미국정부의 사과에도 불구하고 100여 개 도시에서 세대와 계층을 넘어 시위가 발생했다. 그런데 중국대중들의 직접적 목표는 미국의 오만함에 있었지만, 중국정부가 대중의 강력한 저항에 편승하는 정책을 쓰고 있다는 비판도 함께 제기했다. 281명의 다양한 사람들이 참여하여 『광명일보(光明日報)』에 보낸 추도사는 미국과 중국공산당 모두가 비판의 대상이 되었다.[65] 중국정부는 당시 이 시위를 효과적으로 통제할 수 없었을 뿐 아니라, 대중민족주의 운동의 슬로건이 반미에서 천안문사건 발생 10주년이 다가오는 있는 와중에 반공산당으로 발전될 것을 우려하면서 시위대들에 버스를 제공하면서 분산시키는 조치를 취했다.[66] 당시 시위대들은 경찰의 밀착감시를 받고 있음에도 불구하고 미국대사관과 영사관 주변을 행진하면서 벽돌과 잉크를 던졌다. 당정은 이에 대해 적극적으로 대응하지 않았다. 이것은 중국공산당의 관점에서 보면 지도부들이 살고 있는 '중남해(中南海)'에 돌을 던지는 것보다는 덜 위험한 상황이었기 때문이었다.[67]

그리고 2001년 4월 남중국 해상 상공에서 발생한 미국정찰기와 중국비행기 충돌사건이 외교문제로 비화되었고 여기에 미국은 타이완에 대한 무기판매를 결정하면서, 중국민족주의가 또 다시 점화되고 반미정서도 격화되었다. 일부 지역에서는 시위대들이 미국계 패스트푸드점을 공격하는 무정형적이고 과격한 양상이 나타나기도 했다.

• • •

64) 田科武, "無法打贏的戰爭," 『中國青年研究』4期 (1999); Robert Weatherley, *Politics in China Since 1949: Legitimizing Authoritarian Rule* (New York: Routledge, 2006), pp.157-159.

65) Hays P. Gries, 2004, pp.129-131.

66) 당시 국가부주석이었던 후진타오는 텔레비전에 출연해 법에 따른 질서 있는 항의는 보장하지만 사회 안정과 질서를 해치는 행동을 자제할 것을 요청했다. 관영 언론매체들도 이를 즉각적으로 보도하면서 그 열기를 식히고자 하였다. 『人民日報』(1999.5.10)

67) Joseph Fewsmith, 2001, p.213.

그러나 이후 중국 내 민족주의 운동의 양상은 미중관계가 상대적으로 안정되면서 중일 간 역사와 영토문제로 옮겨갔다. 2003년 6월 일본의 민간단체가 댜오위다오(釣魚島)에 상륙한 사건을 계기로 중국의 네티즌을 중심으로 '빠오따오행동(保釣行動)'이 나타났다. 일부 중국인들은 자원봉사자들의 지원을 받으면서 댜오위다오 인근에서 직접행동을 시도했다. 중국정부는 이러한 행동을 기획하거나 승인하지 않았지만 온라인 네티즌의 강력한 압력에 따라 '직접행동 시위대'들의 안전을 요구하는 공식성명을 발표하였다. 그리고 댜오위다오가 중국의 영토라는 것을 선언한 중국의 네티즌들은 온라인에서 영웅시되었다.[68]

7월에는 베이징-상하이 고속철이 일본기업에 낙찰되었다는 소식이 전해지면서 온라인을 중심으로 이에 대한 반대서명운동이 나타났다.[69] 이들은 당시 120억 달러의 계약주체가 된 일본기업이 제2차 세계대전 당시 침략용 군수물자를 생산했던 기업이고 건설구간이 지질학적으로 중국의 전략적 비밀을 노출할 수 있으며, 중국기업도 충분히 이러한 규모의 자원을 조달할 수 있다는 논리를 펼쳤다.[70] 또한 9월에는 주하이(珠海)에서 일본 여행객들의 집단 성매수 행위에 대한 시위가 있었고 10월 29일에는 시베이(西北)대학 문화축제에서 일본유학생들이 공연한 짧은 촌극에서 중국문화를 모욕했다는 오해가 거리시위로 발전하는 등 반일운동이 발전하였다.[71] 이어 2004년 1월, 고이즈미 수상의 야스쿠니신사참배와 2005년 4월 후쇼샤판 새로운 역사교과서를 승인하면서 반일민족주

• • •

68) http://www.china918.net/cn/bd622.thm (검색일: 2007.12.18).
69) 당시 사이버운동을 전개했던 대표적인 사이트는 www.1931-9-18.org와 www.china918.com이다. 열흘 동안 약 9만명 서명했고 이를 철도부에 제출했다. 이후 한 달 동안 다시 전개된 서명운동에는 100만명 이상이 참여했다.
70) Feng Jinhua, "Public Notice on the Railway Construction Project Petition," *Patriot Alliance Net* (2003.8.4).
71) http://www.phoenixtv.com/8086/fhkp/singlepage.jsp?itemId=141811&currchid=489 (검색일: 2008.10.5).

의운동이 반미민족주의운동을 대체했다.

이러한 일련의 사태에 대해 중국정부는 일본을 비판하면서도 그 수위를 조절하고자 했다. 그러나 양상은 1999년 시위보다 훨씬 심각한 수준으로 발전하였다. 더구나 5.4운동 기념일이 다가오자 당국은 시위대들에게 버스와 운송수단을 시내까지 제공했고 시위대들이 일본상점과 음식점과 자동차를 공격하는 것을 보고만 있었을 뿐, 반일 민족주의운동에 대한 헤게모니를 가지고 있지 못했다.[72] 그러나 시위가 3주를 넘기면서 지속되자 시위자제를 호소하기 시작했고 이에 사회안정과 지속가능한 발전이 우선이라는 논리를 전파하고자 했다.[73]

이처럼 중국정부는 안정적인 경제발전을 위해서는 안정적인 외부환경이 무엇보다 중요하다고 보았기 때문에 대중수준의 민족주의 운동이 과도하게 발전해 외교적 갈등을 지나치게 고조시킬 것을 우려했다. 다른 한편 민족주의를 통해 체제에 대한 충성도를 높여 사회주의 이데올로기의 공백을 보완하고자 했기 때문에 대중민족주의를 부분적으로 용인하면서 이를 기존의 체제 이데올로기와 결합하고자 했다. 따라서 민족주의에 대한 지원과 철회를 반복했고 일부 문제에 대해서는 소극적 태도를 취한 경우도 많았다.[74]

• • •

72) Gries P. Hays, 2004, p.121.
73) 『人民日報』(2005.4.18); 『人民日報』(2005.4.18)
74) Suzanne Ogden, 2007, p.232.

Ⅳ. 중국민족주의의 또 다른 전환

1. 사회주의와 '강한 국가'

20세기 초반 중국의 민족주의자들은 '중국이라는 국가(Chinese State)'를 전통적 왕조체제에서 근대체제로 전환시키는 데 주력했다. 당시 강한 중국을 만들기 위한 우선적인 과제는 민족국가의 건설이었고, 이것은 국가생존이 독재를 비롯한 다른 어떤 것에 우선하는 것을 의미했다. 실제로 '강한 국가'는 1930년대 국민당의 강령이기도 했고 중국혁명과 건국과정의 국가구상에도 대체적으로 반영되었다.

그러나 건국 이후 사회주의적 가치와 효율성의 확대라는 서로 다른 이유 때문에 탈중앙화가 진행되었고, 특히 개혁개방 이후 이러한 경향은 세계적으로도 가장 심화된 국가 중의 하나가 되었다.[75] 이러한 탈중앙화는 두 가지 정치적 의미를 띠고 있다. 하나는 정치적 반대세력을 형성시켜 권위주의를 침식할 것이라는 직접적인 이유이고 또 하나는 탈중앙화가 경제발전을 자극하지만 발전이 권위주의를 침식할 것이라는 간접적인 이유이다.

1990년대 들어 중국민족주의는 넓은 의미에서 국가주의, 애국주의 경향이 강화되었다.[76] 중국 당정은 정치전략적 층위에서 '강한 국가'를 향한 열망이 있었고 이를 중화의 복원으로 포장하면서 사회주의의 부족을 메우고자 했다. 그

● ● ●

75) Pierre F. Landry, *Decentralized Authoritarianism in China: The Communist Party's Control of Local Elites in the Post-Mao Era* (New York: Cambridge University Press, 2008), pp.3-9.

76) 서방에서는 민족주의가 국민들의 문화와 민족성을 인식하고 애착을 갖게 되는 것을 의미하는 반면에 중국의 경우는 강한 국가정체성을 가지고 있다고 보았다. 예컨대 서방의 민족주의는 중국의 애국주의로 사용될 때 보다 적절하다. Michael H. Hunt, "Chinese national identity and the strong state: The late Qing-Republican Crisis," Lowell Dittmer and Samuel S. Kim eds., *China's Quest for National Identity* (Ithaca: Cornell University Press, 1993), p.63.

결과 좁은 의미의 민족주의나 애국주의가 국가주의와 결합하였고 근대 민족주의는 국가주의로의 변화를 겪게 되었다.[77] 특히 신국가주의자들은 개혁개방 이후 지속적으로 전개되어온 탈중앙화 현상에 대응하기 위해 밑으로부터 출현한 애국주의 열기를 수렴할 수 있는 이데올로기적 장치를 마련하고자 했다. 다만 국가를 강화시키는 방법을 놓고 개혁주의자들은 경제발전, 자유주의자들은 민주주의의 강화를 요구한 것에 비해 신국가주의자들은 강력한 국가는 가장 절박한 과제이고 경제발전과 민주주의가 국가권력에 도전한다면 그 가치는 국가에 종속되어야 한다는 점에서 차이가 있었다.[78] 이들은 정치민주화와 경제자유화는 국가의 기획에 의해 진행되어야 한다고 주장하고 지방분권화가 진행된 상태에서 민주화를 도입하는 것은 지방정부의 정치적 · 경제적 독립을 가속시키면서 중국의 분열을 가져올 수 있다고 주장했다. 그러나 마오쩌둥 시기는 물론이고 개혁개방 이후의 탈중앙화 과정에도 불구하고 지방정부에 대환 효과적인 통제와 규칙을 제정하는 능력을 가지고 있었기 때문에 정치적으로 민감하게 대응하지는 않았다.[79]

그러나 1990년대 이후 중국사회는 탈중앙화가 심화되면서 공산당의 지배력이 약화되었고 그 결과 사회적 조건과 이데올로기적 조건의 부조화를 드러냈다. 이러한 상황에서 신국가주의자들은 미국 외교정책, 미국식 자유민주주의, 신고전경제학을 반대하고 사회적 공평과 정의에 대해 관심을 가졌으며 대중의 민족주의적 경향과 이데올로기적 기반을 공유했다. 이런 점에서 신국가주의는 대중민족주의와 친화성을 지니고 있다고 볼 수 있다. 다만 당시 정치적 리더십

● ● ●

77) Yongnian Zheng, 1999, p.21.
78) 이러한 신국가주의자(neostatism)의 대표인물로 왕샤오광, 후안깡을 들 수 있다. 이들의 연구배경, 협력과제, 그리고 의제에 대해서는 Joseph Fewsmith, 2001, pp.131-141.
79) Dorothy J. Solinger, "Despite Decentralizaton: Disadvantages, Dependence and Ongoing Central Power in the Inland: The Case of Wuhan," *The China Quarterly* 145 (1996), pp.1-34.

이 중국의 국가이익을 발현하고 사회적 정의를 가져올 수 있는가에 대해서는 상반된 태도를 보였다. 또한 신국가주의자들은 중앙정부의 권력강화와 시장경제의 확대를 주장했지만, 사적 이윤추구를 막고 투입과 산출문제에만 몰두한 나머지 비용절감과 기술진보 등은 간과하여 자본과 노동의 성장을 저해시켰던 스탈린주의나 구좌파와의 차이가 있었다.[80]

신국가주의자들은 구소련과 유고연방의 붕괴는 민족감정이 아니라 약한 국가에서 비롯되었다고 보았고, 그 대안을 강한 국가, 재중앙화(recentralization)에서 찾고자 했다. 즉 강한 국가 없이는 사회적 격차를 해소할 수 없고 중앙재정의 약화는 지방에 주둔하는 군대와 지방정부의 상호의존이 강화되어 분권화를 가속시킨다고 우려했다. 실제로 왕샤오광(王紹光)과 후안강(胡鞍鋼) 등은 중국의 국가능력이 덩샤오핑 시기 탈중앙화가 진행되면서 심각하게 약화되었다는 것을 경험적으로 입증하고자 했다. 특히 왕샤오광은 국가권력의 약화는 최악의 경우 국가해체나 정치적 '레바논화'를 가져올 수 있다고 주장했다.[81] 이러한 인식은 세계무역기구 가입과 베이징 올림픽 이후 새로운 중화건설에 관심을 투사하고 있었던 권력지도부의 이해와 일치했고, 중앙의 재정권력의 약화가 국방위기를 초래할 수 있다는 중국 군부의 동의도 얻을 수 있었다. 요컨대 중앙권력의 약화는 중국의 지속가능한 발전의 병목이 되고 있는 생태환경, 인구의 질, 황사 문제 등 초국적 문제에 대처할 수 있는 기반을 약화시킬 뿐 아니라, 사회적 격차를 줄이는 것을 어렵게 하여 현재의 중국의 위기를 보다 증폭할 수 있다는 논리가 확산되었다.

• • •

80) Joseph Fewsmith, 2001, p.136; Peter Nolan, *Transforming China* (London: Anthem Press, 2005), pp.45-76.
81) 王紹光 "建立一個强有力的民主國家," (1991), 王紹光, "分權的底限," (1995)를 Yongnian Zheng, 1999, p.41에서 재인용; 胡鞍鋼, "分稅制:評價與建議,"『戰略與管理』2期 (1996).

이에 따라 신국가주의자들은 대중수준의 애국주의 운동과 결합했고 신보수주의자들의 국학운동과도 연계하면서 이론적 기반을 정치현실에 적용시켜 나갔다. 실제로 이러한 논의를 주도했던 후안강 등 신국가주의자들은 당정의 주요한 정책자문 역할을 했다. 이들은 완전한 민족국가를 건설하기까지 '정치적 논쟁을 하지 말자(不爭論)'는 덩샤오핑의 호소나 정치안정이 모든 것을 압도한다는 논리도 '강한 국가'의 맥락에서 재해석했다. 또한 사회주의 공공성의 확대를 주장한다는 점에서 사회주의적 민주주의를 강조했고 애국주의와 민족주의는 강한 국가를 위해 동원될 수 있다고 보았다. 나아가 강한 국가를 통해 중국의 주권과 양안 통일문제에 접근했다. 즉 중국이 여전히 분단되어 있는 정상국가가 아니라는 점에서 애국주의, 민족주의 운동을 적절하게 고양시켜 중국식 통일을 이룩해야 한다고 주장했다.

2. '중화'와 사회주의

개혁개방 정책은 물질적 풍요를 가져왔지만 다른 한편으로는 사회주의에 대한 신념의 위기를 심화시켰다. 이런 점에서 천안문사건은 하나의 분수령이었다. 즉 천안문사건을 계기로 개혁개방의 이론적 세례 속에서 성장한 청년들은 '더 많은' 민주주의를 요구했지만, 중국지도부는 서구 물질문명이 중국으로 그대로 전파될 수 있다는 우려를 확산시키면서 보수적 정치지형을 확대하고자 했다. 이것은 부르주아 자유화운동과 투쟁하면서도 신마오주의의 강화(ossification)[82]를 동시에 반대해야 하는 지도부의 딜레마였다.

• • •

82) John Barme, *In the Red: On Contemporary Chinese Culture* (New York: Columbia University Press, 1999), p.29.

장쩌민은 신자유주의 정책을 과감하게 도입하면서도, 대중들의 생활수준이 향상되면 정치개혁을 진전시킬 수 있다는 정치적 인식은 부족했다. 특히 천안문사건 이후 중미관계가 악화되면서 민족주의 경향이 강했던 군부를 의식하게 되었고 정치와 경제는 분리되기 시작했다. 장쩌민 시기 애국주의운동을 적극적으로 전개한 것도 이러한 정치적 맥락을 가지고 있었다.[83] 장쩌민 스스로 난징 (南京)대학살을 언급하면서 대중민족주의에 호소하기도 했고, 외국의 것을 숭배하고 민족주의적 성격을 결여한 사람들을 부정적으로 평가하기도 했으며 사회주의와 애국주의가 성격상 동일하다고 주장했다.[84] 그리고 2003년 장쩌민이 3개대표론을 공식 이데올로기에 포함시킨 것도 중국공산당의 외연을 넓혀 집권능력을 강화했지만, 이데올로기적 맥락에서 보면 공산당이 '중화민족'의 선봉대라는 점을 강조하는 등 민족통합을 위한 완곡한 어법이기도 했다.

후진타오 체제는 장쩌민 체제를 계승했으나 신자유주의적 성장정책이 가져온 새로운 딜레마를 동시에 물려받았다. 따라서 이를 극복하기 위해 민본과 이민(利民)사상, 법치의 강조, 대중정치, 공공정책의 인간화라는 새로운 통치방향을 수립하고자 했다.[85] 이것은 중국의 부상에 따른 미국의 체질적 중국경계론, 새로운 민족의식으로 무장한 지식계와 통치엘리트의 등장, 사회적 격차 해소를 위한 공공성의 확대요구, 증대하는 집단시위, 밑으로부터의 대중민족주의 정서를 복합적으로 반영해야 했기 때문이었다. 특히 중국이 세계무역기구에 가입한 이후 세계적 분업구조에 중국이 구조적으로 결합하면서 사회주의 정치경제학의 경제적 범주를 모두 해체한 상태에서 오직 '공산당의 지배'만으로 사회주의를 설명할 수 없다는 딜레마가 있었다.

● ● ●

83) Yongnian Zheng, 1999, pp.102-104; Christopher R. Hughe, 2006, p.57.
84) 江澤民, "愛國主義與我國知識分子的使命," pp.360-361.
85) Lowell Dittmer and Guo Liu, eds., China's Deep Reform: Domestic Politics in Transition (New York: Rowman & Littlefield Publishers, 2006), pp.166-167.

이에 따라 중국공산당 17차대회에서는 '위대한 중화의 복원'이라는 새로운 이데올로기 장치를 고안했다.[86] 이것은 "중국의 현대화 과정에서 중화문명의 새로운 광채를 널리 떨치고 중화민족의 새로운 모습을 창조하며, 평화를 애호하고 신뢰와 친목을 도모하며 모든 나라와 화합할 수 있는 중화문명의 부흥을 함께 만들어야 한다"[87]는 이른바 '문명복원론'의 관점을 수용한 것이다. 이것은 이미 쑨원에 의해 제기된 바 있는 '진흥중화(Chinese rejuvenation)', 민족문화, 민족번영 등을 변용한 것으로, 중화의 가치는 점차 현실문제를 해결하는 도구적이고 실용적 의미로 정착하였다.[88]

이러한 변화는 무엇보다 자신의 권력기반을 사회주의와 동일시하고 서구 자유주의를 비판하는 한편 민족주의를 반영하면서 새로운 이데올로기를 재구성하고자 했던 새로운 통치엘리트의 세계관과 무관하지 않다. 건국 이후 출생한 지배 엘리트들은 강제로 열린 근대에 대한 치욕을 강하게 느껴왔고 개혁개방의 성과에 따라 식민지의 기억, 즉 상처받은 민족주의(wounded nationalism)를 극복하고자 했다. 이것은 중국이 강대국과의 경쟁에 적극적으로 나선 배경이 되었고 베이징 올림픽과 상하이 엑스포 유치, 우주공간을 둘러싼 경쟁 등도 이러한 인식의 결과였다.

문명중국을 제기한 또 다른 배경은 55개의 소수민족과 한족이 공존하는 대민족주의의 특징을 고려했기 때문이다.[89] 특히 외부세력에 대한 저항과 투쟁의 과정에서 공동의 가치와 이익을 크게 고취한 결과 민족적 자부심이 크게 고조

● ● ●

86) 胡錦濤, "高擧中國特色社會主義偉大旗幟, 爲奪取全面建設小康社會新勝利而奮鬪:第17次全國代表大會上的報告," 『人民日報』(2007.10.26).
87) 쩡삐젠(이희옥 옮김), 『중국 평화부상의 새로운 길』(오산: 한신대학교 출판부, 2007), pp.140-144.
88) Suisheng Zhao, "'We are Patriots First and Democrats Second: The Rise of Chinese Nationalism in the 1990s," Edward Friedman and Barrett L. McCormick eds., *What if China Doesn't Democratize: Implication for War and Peace* (Armonk: M. E. Sharpe 2000), p.38.
89) 梁啓超, 『梁啓超文集: 飮冰室合集十三』(北京: 中華書局, 1989), pp.75-76.

되었다. 소수민족 지역에 대한 잡거(雜居)나 세속화전략, 정치사회화 교육은 이러한 동화정책의 일환이었다.[90] 1997년 홍콩, 1999년 마카오가 중국에 반환된 이후 타이완 문제 해결에 적극적으로 나서면서 통일문제에 대해 보다 적극적인 행보를 보인 배경도 여기에 있다.

V. 평가

1990년대 이후 중국민족주의는 천안문사건 이후 공식이데올로기가 현저하게 약화된 상황에서 사회주의를 '보완'하기 위한 이데올로기로 활용되었다는 점에서 하나의 출구전략(exit strategy)이었다.[91] 이것은 경향적으로 다음과 같은 특징을 지니고 있다.

첫째, 강한 국가에 대한 열망이 민족주의를 통해 표출되었다. 개혁개방 과정에서 국가권력이 약화된 것에 대한 반작용으로 사회적 공공성을 확대하고 재(再)중앙화를 통해 '강한 국가'를 건설하자는 논의가 확대되었다.[92] 이것은 발전민족주의[93]에 기초한 자본주의 근대화를 성찰하고 새로운 근대를 새롭게 주목했다는 점이다. 물론 이것이 전통적 사회주의로 복귀하는 것은 아니지만, 미국 패권의 상대적 쇠락과 세계금융위기의 국면을 맞아 이데올로기적 공간이 확대되었다. 신고전주의와 자유주의를 비판하고 사회주의의 보편성에 주목했던

• • •

90) 베이징 올림픽을 앞두고 벌어진 2008년 3월의 티베트사태는 바로 중국의 동화정책이 사실 내부 식민지를 추구하고 있고 식민주의의 경제가 뿌리내리고 있는 데에 대한 불만이라는 견해도 있다. 이희옥, "티베트자치문제의 지속과 변화: 3.14사건 분석을 위한 시론,"『중국학연구』45집 (2008), pp.284-287.
91) Suisheng Zhao, 1998, p.289.
92) Yongnian Zheng, 1999, p.21.
93) Quansheng Zhao, *Interpreting Chinese Foreign Policy* (Oxford: Oxford Press, 1996), p.185.

신좌파들도 보호주의(nativist) 모델로 돌아가거나 국제문제에서 민족국가의 중요성을 강조했다.[94]

둘째, 대중민족주의의 수용과 배제를 동시에 고려했다. 중국당정의 민족주의의 활용은 '양날의 칼'과 같다.[95] 왜냐하면 민족주의는 사회주의 체제의 정당성 위기를 보완하거나 유예할 수도 있으나, 그것을 약화시키거나 위협할 수도 있기 때문이다. 특히 1990년대 이후 인터넷 공간에서 발전하고 있는 대중민족주의의 급진화는 위로부터의 기획의 결과라기보다는 무정형적이고 때때로 공격적인 특징을 띠고 있으며 더 나아가 소극적이고 미온적인 국가의 모순적인 태도에 있다. 따라서 중국은 민족주의의 위험성을 주목하면서 그것이 외부세계에 대한 적대성에 기초하기보다는 문화적 가치, 사회주의적 도덕성, 경제발전을 위한 민족응집력을 강화하도록 유도하면서[96] 민족주의의 담론과 운동 모두의 급진화를 우려하여 이 과정에 정교하게 개입하였다.

셋째, 중화의 가치를 메타이론으로 발전시켜 사회주의가 민족주의와 결합하고 있다는 모순적 문제설정을 피하고자 했다.[97] 이런 점에서 1990년대 민족주의의 발전은 과거 중화제국의 부활이라기보다는 민족과 국가를 하나의 문화적 유기체로 간주하고 민족과 문화가 하나의 차원 높은 중화의 가치를 위해 존재한

● ● ●

94) Joseph Fewsmith, "The political and Social Implication of China's Accession to WTO," *The China Quarterly* (Spring 2001), p.584.
95) 중국이 프롤레타리아 국제주의를 표방하는 원칙과 국가주의나 애국주의 사이의 이론적 모순은 일단 해소되었다. 그것은 헌법과 당강령에 나타난 마르크스-레닌주의와 중국적 사회주의의 주요한 구성내용인 마오쩌둥사상, 덩샤오핑 이론, 삼개대표 중요사상, 과학적 발전관 사이의 불일치를 해소했다는 것을 의미한다. 이미 마오쩌둥은 "국제주의자들의 내용을 민족적인 형식과 분리시키는 것은 국제주의의 첫 번째 임무를 제대로 이해하지 못한 것"이라고 밝힌바 있으며 덩샤오핑도 "어떤 사람들은 사회주의를 사랑하지 않는 것과 조국을 사랑하지 않는 것은 다르다고 한다. 도대체 어떻게 조국이 추상적인 것인가, 공산당이 지도하는 사회주의 신중국을 사랑하지 않고 무엇을 사랑한다는 말인가"라고 주장했다. 鄧小平, 『鄧小平文選 2卷』(北京: 人民出版社, 1983), p.299.
96) Suzanne Ogden, 2007, pp.229-230.
97) 신좌파들의 민족주의 비판은 바로 이러한 측면을 주목하고 있었다. 汪暉, "文化批判理論與當代中國民族主義問題," 『戰略與管理』4期 (1994), pp.17-20.

다는 문화민족주의의 특징을 지니고 있다.[98] 후진타오 체제가 '중화의 위대한 복원'을 최상위의 국가목표로 설정한 것도 평등하고 평화로운 세계를 추구하는 것을 중국민족주의의 상위개념에 둔다는 것을 의미한다.[99] 중국의 신좌파들이 2002년을 기점으로 민족국가에서 문명국가로, 중화민족주의(Sinic nationalism)에서 중화세계화(Sinic globalization)로 변했다[100]고 보는 것도 이러한 인식의 일단이다.

마지막으로 중국민족주의는 여전히 방어적 성격이 강하다. 무엇보다 55개의 소수민족과 한족이 공존하는 현실적 조건과 민족동화정책의 일정한 성과를 고려할 때, 인종적 민족주의나 한족 중심주의(Han chauvinism) 대신 중화민족에 기초한 대민족주의를 강조하고 있다.[101] 이런 맥락에서 중국민족주의는 우리(we-ness)와 타자(they-ness)를 구분하는 감정(xenophobic passion)에 근거하고 있으나, '우리'라는 긍정적(affirmative)인 요소를 강조하는 경향이 강하다. 이것은 중국의 지속가능한 발전에 여전히 많은 사회적 병목이 있고 중국 스스로도 강대국의 한계를 인식하고 있는 상태에서 국제사회에 형성되어 있는 중국위협론을 불식하기 위한 의도와 관련이 있다. 중국이 '부상'이 주는 민감성을 고려하여 평화부상론을 평화발전론으로 바꾼 것이다.[102]

• • •

98) 胡偉希, "21世紀中國的民族主義:歷史基因與發展前景," 『동양정치사상사』제5권 1호 (2006), pp.264-265; 파이(Pye)도 "중국은 민족국가를 가장한 하나의 문명이다, 왜냐하면 중국은 단지 문화로 통합된 것일 뿐 근대국가로서의 중국의 조직은 다른 국가들에 비해 너무도 취약하다"고 주장했다. Lucian W. Pye, "China: Erratic State, Frustrated Society," *Foreign Affairs* 69-4 (1990), pp.45-74.
99) 이것은 5.4운동기와 쑨원(孫文)의 사상에서도 발견된다. Suzanne Ogden, 2007, p.229.
100) 李世濤, 2002, pp.74-85.
101) Lucian W. Pye, "How China's Nationalism Was Shanghaied," The Australian Journal of Chinese Affairs 29 (January 1993), pp.107-133; James Leibold, *Reconfiguring Chinese Nationalism: How the Qing Frontier and its Indigenes Became Chinese* (New York: Palgrave Macmillan, 1997).
102) Robert G. Shutter, *China's Rise in Asia: Promises and Perils* (New York: Rowman & Littlefield, 2006), pp.265-266.

이런 점에서 중국민족주의가 '중화제국의 부활'이나 사회주의 이데올로기를 대체하고 있다고 보기는 어렵다. 오히려 1990년대 중국민족주의는 민족사회주의 또는 사회민족주의의 특징[103]을 지니면서 사회주의와 민주주의의 부족을 잠정적(ad hoc)으로 보완하고 있다. 특히 민족주의 이데올로기가 공동체를 위한 가치체계나 사회제도 그리고 행위규범이 결여되어 있기 때문에[104] 사회주의에 대한 냉소주의(cynicism)가 확대될 가능성도 있다. 이런 차원에서 중국모델이나 중국브랜드를 통해 민족주의를 넘어선 새로운 대안이데올로기를 구상했으나[105] 중국민족주의의 발전의 보완적 기능은 민주주의의 부족에 기초하고 있다는 점에서 그 한계는 여전하다.

• • •

103) Simon Shen, 2007, p.7.
104) 謝慶奎, 2006, p.264.
105) Wang Yiwei, "Seeking China's New Identity: the myth of Chinese Nationalism," 『비교문화연구』 11권 1호 (2007), p.100.

티베트 문제와 중국민족주의

1. 티베트 문제

중국의 13억 인구 중에서 92%를 차지하는 한족은 연해와 중원에 모여 살지만, 55개의 소수민족은 중국 총면적의 64.3%에 달하는 국경과 사막, 초원지대에 집중적으로 거주하고 있다. 1911년 신해혁명 이후의 민국시대(1911~1949)에는 한족, 만주족, 몽고족, 회족, 장족의 오족공화(五族共和)라는 슬로건을 걸었으며, 건국 이후인 1953년에 등록된 민족 명칭도 수백 개에 달했고 윈난(雲南)지역에만 206개의 민족이 있었다. 따라서 국가통합을 위해 민족의 종류와 명칭을 식별하는 작업이 가장 먼저 필요했다. 이러한 민족식별(identification of ethnic group)은 한족인가 그렇지 않은가를 식별한 후, 이어 소수민족 내부를 다시 식별하는 두 단계를 거쳤다.

이 과정을 거쳐 소수민족은 종족적 정체성을 유지하면서도 중국이라는 근대국가와 중국공민의 범주에 들어왔으며, 따라서 종족적 식별을 통해 종족적 민족주의(ethnic nationalism)를 강조하는 것은 더 이상 어려워졌다. 그 대신 소수민족과 한족을 모두 포괄하는 개념으로 '중화민족'이 사용되었고 대외적으로는 애국주의를 강조하는 이른바 국가주의(statism)의 양상이 나타났다.[106] 다만 일부

• • •

---

106) Yongnian Zheng, *Discovering Chinese Nationalism in China*, (Edinbergh: Cambridge University, 1999), pp. 21-45.

소수민족들은 이러한 동화정책과 맞서 자신의 정체성을 지키고자 하는 투쟁을 벌이면서 중국정부는 이를 '민감지역'으로 간주했다. 티베트도 그중의 하나이다.[107] 특히 티베트 문제는 종교자유, 비폭력투쟁, 중국의 인권탄압 등과 결합되어 파급력이 있는 국제문제와 연계되어 나타난다.

티베트 자치구는 2013년 말 면적 122.84km²에 인구 284만 1500여 명이 살고 있으며 자치구 인구의 19.9%인 56만 5500명이 라싸를 중심으로 도시에 살고 있다. 이중 티베트인들은 전체인구의 약 94%를 차지한다.[108] 티베트인들은 험준한 자연환경 속에서 빈곤한 생활을 하면서도 인간의 행복을 내세에 의탁해 왔다. 이들에게 있어 자연은 순응의 대상이었을 뿐, 도전과 극복의 대상이 아니었다. 따라서 자연 앞에서 자신을 지켜줄 영적인 지도자를 찾았고 이는 관세음보살의 대를 이은 환생한 살아 있는 부처인 달라이라마를 통해 나타났다. 흔히 티베트 불교를 라마불교라고 부르는 이유도 '라마가 곧 환생한 부처'라는 존재를 인정하기 때문이다. 따라서 티베트 불교는 라마 없이는 존재할 수 없으며, 이것은 종교계 뿐 아니라 세속에서도 티베트인들을 통제하는 법왕제(法王制)를 탄생시킨 근거가 되었다.[109]

티베트는 한때 당나라의 수도인 장안(오늘날의 시안)을 공격할 만큼 강성했다. 그러나 842년 티베트 왕이 죽은 후 급격하게 쇠락하여 독립봉건 군주국으로 분열되었고 13세기 중반 몽골제국에게 점령당하면서 중국과의 갈등의 역사가 시작되었다. 그러나 라마불교를 믿었던 청 왕조와는 조공-책봉관계를 유지하였으

● ● ●

107) David Shambaugh ed., Is China Unstable?, (Armonk: M.E.Sharpe, 2000), p.139.
108) http://www.stats.gov.cn/tjgb/ndtjgb/dfndtjgb/t20080404_402472133.htm (검색일: 2008년7월7일)
109) 달라이라마의 등장과 성격 그리고 법왕제의 의미에 대해서는 다음을 참조. 야마구치 즈이호 · 야쟈키 쇼켄(이호근 · 안영길 역) 『티베트불교사』(서울: 민족사, 1990). pp.86-89, 184-199.
110) 티베트의 역사적 전개과정에 대해서는 김재기, "티베트의 중국으로부터 분리독립운동의 기원과 전개," 『대한정치학회보』 13-3(2006), pp.29-33.

나[110] 청조가 몰락할 무렵 1903년 영국이 '티베트에 대한 중국의 종주권은 일종의 법률적 허구'라고 간주하면서 중국과 영국 사이에서 분쟁이 나타났다. 1912년 영국은 주중공사였던 조던(Sir John Newell Jordan)에게 전보를 보내 '중국의 종주권을 인정하면서도 티베트의 자치를 유지하는 것이 중화민국 승인의 조건'이라고 밝혔다.[111] 이어 1913년 티베트-몽골협약을 통해 티베트 독립을 선포했으나 영국과 러시아는 다시 완충지대(buffer zone)의 필요 때문에 이를 반대하였고, 그 결과 티베트는 국제적 고립에 처하게 되었다.[112]

국민당과의 내전에서 승리한 공산당군은 '해방'과 '민주개혁'의 명분으로 티베트를 무력으로 점령하였고 1951년의 불평등조약을 통해 티베트의 외교권도 접수했다.[113] 그리고 티베트 민중의 지속적인 저항의 원인이 달라이라마에 대한 티베트인들의 절대적 복종에 있다고 보고, 1959년 달라이라마를 비밀리에 체포하고자 했다. 그러나 이 소식을 들은 티베트 민중들이 3월 초부터 라싸 전역에 몰려들어 시위를 벌였다. 중국이 노르블링카 궁전을 폭격하면서 티베트사태는 확대되었으며 8만 7천 명(중국 통계)에 달하는 희생자를 내고서야 진압되었다.[114]

이로부터 티베트인들은 중국의 소수민족정책에 대해 극도의 반감을 가지게 되었고 달라이라마는 1959년 미국의 지원을 받으면서 3월 17일 1300여 명의 추종자를 이끌고 라싸를 떠나 인도로 망명하였다. 이 과정에서 미국은 유엔 14차(1959년), 16차(1961년), 20차(1960년) 대회에서 티베트 독립결의안 통과를 주도하

● ● ●

111) 胡岩, "近代 '西藏獨立'的由來及其實質,"『西藏研究』1 (2000).
112) Steven A. Hoffman, India and the China Crisis (California: California University Press, 1990,) pp.18-19.
113) 김한규,『티베트와 중국: 그 역사적 관계에 대한 연구사적 이해』(서울: 소나무, 2000), pp.308-309. 1959년 티베트사태의 경과에 대해서는 程美東,『透視當代中國重大突發事件1949~2005』(北京: 中央黨史出版社, 2006), pp.52-72.
114) 程美東 (2006), p. 61.

면서 티베트를 자결권 범위에 편입하였다.[115] 당시만 해도 중국의 티베트 문제의 해결방식에 있어서 티베트의 제도변화보다는 주권이 가장 중요한 관심사였다. 따라서 중국은 티베트사회에 대해 낡은 봉건사회와 새로운 사회주의로 대립각을 세우면서 티베트 공동체를 지속적으로 약화시켜 왔다. 특히 1965년에는 티베트 지역 절반을 티베트자치구로 지정하면서 강력한 불교탄압 정책을 시행하였고 문화대혁명 기간에 약 5천 3백여 개의 사원 중 겨우 8개의 사원만 기능할 수 있을 정도로 티베트의 정체성을 철저하게 파괴하였다.[116]

그러나 중국의 개혁개방 정책은 티베트사회에도 부분적인 변화를 가져왔다. 서남(西南)공정 등을 통해 티베트가 원래 중국의 일부였다는 주장을 확산하면서도 티베트 이주자들에게 일자리와 주택 그리고 대출을 알선하는 특혜를 제공해 주었다. 또한 오랫동안 유지되었던 계엄령을 해제했고 사원도 다시 건축되기 시작했으며 학교도 다시 열었다. 승려들도 비록 당국의 감시를 받고 있었으나 법회를 열면서 티베트 지지자들도 다시 결속되기 시작하였다. 특히 1989년 봄에는 중국사회 전반에 나타났던 사상적, 이론적 '백화제방(百花齊放)'을 맞이하면서 티베트 지역에서도 억눌렸던 티베트의 자유와 독립, 그리고 달라이라마의 귀국을 요구하기 시작하였다. 그러나 3월 7일 라싸에 계엄령을 선포하고 후진타오 당시 티베트 당서기가 직접 철모를 쓰고 진압에 나서 400여 명의 희생자를 낳고 시위는 종료되었다.[117]

• • •

115) 李曄·王仲春, "美國的西藏政策與西藏問題的由來," 『美國研究』2 (1999). 영국 BBC는 미국이 티베트의 반중국활동에 대해 훈련, 자금, 무기 등을 지원했고 이것은 미국이 중국과의 관계개선을 시도하고자 했던 1974년까지 지속되었다고 보도하였다. R. Sarin and T. Sonam (director) *Shadows Circus -The CIA in Tibet*, Television Documentary (London: BBC), Czeslaw Tubilewicz eds., *Critical Issues in Contemporary China*, (New York and London, Routledge, 2006), p.188에서 재인용.

116) 馬戎, 『西藏的人口與社會』(北京: 同心出版社, 1996), p.184.

117) 1959년 티베트사태에 대한 중국의 대응과정에 대해서는 다음을 참조. 程美東(2006), pp. 88-111.

2. 중국민족정책 속의 티베트 문제

중국은 소수민족이 집중적으로 거주하는 지역에 대해서는 1952년 이후 국가의 통일적 지도하에서 소수민족이 스스로 주인이 되고 해당 민족 내부의 지방업무를 관리하는 민족구역자치제도를 실시해왔다.[118] 구체적인 정책방향은 "각 민족은 소수민족을 중심으로 자치기구를 구성한다. 별도의 언어와 문자를 사용한다. 자치권을 행사할 경우 해당지역의 민족의 특징과 풍습과 습관을 충분히 고려한다. 자치기관은 민족의 특징을 고려하여 조례와 법률, 규정을 제정한다. 자치기구가 자치구의 재정권을 행사할 때에는 동급의 정부보다 더 많은 권한을 가진다"[119]는 것이다. 티베트도 이러한 영향을 받고 있다.

중국의 티베트정책도 이러한 중국의 소수민족정책의 지속과 변화라는 맥락에서 전개되었다. 1951년 중국은 티베트를 무력으로 점령하고 군사적, 외교적 권리를 확보하는 대신 티베트에 대한 자치권을 부여하였다. 이것은 당시 중국 내 강경세력이 완전한 흡수통일을 주장하고 티베트 내부에서도 강경독립파들의 입지가 매우 강했던 상황에서 나타난 정치적 절충의 산물이었다. 즉 건국 이후 국내 안정에 주력한 마오쩌둥 정부는 일단 주권을 확보한 상태에서 티베트에 대한 사회주의 교육과 티베트의 지주-소작관계를 축으로 하는 봉건문화 타파를 위한 선전전을 지속하면서 티베트 공동체의 응집력을 약화시키는 정책을 추진하였다.

실제로 티베트의 농노들에게 토지를 불하하자 이들은 지주에 대한 특권과

● ● ●

118) 이에 대한 개괄적 분석은 施哲雄 編, 『發現當代中國』(臺北: 楊智, 2007), pp.184-196; 『중화인민공화국법률휘편』(북경: 민족출판사, 2005), pp.88-90.

119) Michael C. Davis, "The Quest for Self-rule in Tibet," *Journal of Democracy* 18(4) (2007), pp.162-163.

복종을 부정하기 시작하였고 이후 문화대혁명 시기에 한족 홍위병과 함께 티베트의 불교사원과 불상을 파괴하는 주체세력이 되기도 했다. 또한 승려들에게 파계를 강요하였고 이를 거부할 경우 감금하거나 죽이는 문화적 학살을 저지르기도 했다.[120] 덩샤오핑 시대에는 경제발전이 긴급한 과제였기 때문에 티베트에 대한 자치권을 부여하면서 국내 안정에 주력했다. 이것은 후야오방이 티베트지도자들과 약속한 이른바 6개항에서도 잘 나타난다. 즉 "티베트는 자주권을 지니고 티베트 간부들은 자기민족의 이익을 보호할 수 있다. 티베트의 농민과 목축민에게 면세를 실시한다. 이데올로기적 경제정책을 현실에 부합하는 실질적 경제정책으로 변경한다. 티베트에 대한 중앙의 재정지원을 대폭 증가시킨다. 티베트문화의 지위를 강화한다. 한족 간부가 티베트 간부에게 그 지위를 양보한다"[121]는 것이었다. 이것은 기존의 티베트 기득세력이 티베트사회를 지배할 수 있는 근거를 마련해 준 것이었다.

그러나 자치를 허용하는 한편 티베트를 중국에 흡수시키려는 정책도 정교하게 추진했다. 1986년 중국사회과학원 변강사지연구소는 '서남공정'을 진행하여 티베트가 원래부터 중국영토라는 주장을 펴기도 했으며,[122] 티베트로 이주하는 한족들에게 주택, 일자리, 대출 등에서 특혜를 제공하면서 동화의 구조화를 촉진했다. 실제로 내지와의 '꽌시'를 확보하고 있는 한족들은 적극적인 상업활동을 통해 절대적으로 유리한 입지를 구축하였다.[123] 또한 1994년 이후 대담한 프로젝트를 발주해 티베트 GDP는 다른 지역 성장률을 압도했다. 2002년

• • •

120) Barry Sautman, "Tibet: Myth and Reality," *Current History*, (September 2001), pp. 278-284.
121) http://www.chinawatch.co.kr/chinawatch.php3?_Number=14456 (검색일 2008년 5월 8일); 이희옥, "中 민족문제 화약고 티베트사태의 진실," 『신동아』(2008년 5월), p. 462.
122) 윤휘탁, "중국의 변강민족정책과 국민국가 완성하기," 안병우 편, 『중국의 변강인식과 갈등』(오산: 한신대학교 출판부), pp. 469-484.
123) David Shambaugh (2000), pp. 128-129.

부터는 한족 중심의 교육강화가 기존의 티베트 교육체계를 크게 흔들어 놓았다. 비록 사원교육이 여전히 교육의 중심이 되고 있고 티베트인들의 부모들이 자녀를 승려로 만들고자 했으나 티베트사회의 현대화에 따라 티베트의 정체성은 뚜렷하게 악화되었다. 이것은 2006년 베이징-티베트 철도개통을 통해 티베트를 중국을 향해 개방하고 한족문화를 티베트로 자연스럽게 삼투시키는 정책으로 절정에 달했다. 달라이라마도 이것이 "한족 2000만 명을 대거 티베트로 이주시킴으로써 티베트 주민을 명실상부한 소수민족으로 전락시키기 위한 것"[124]이라고 경고하기도 했다.

티베트 사회변화를 안정적으로 뒷받침하기 위해 중국정부는 티베트 지역에 대한 한족 이주정책도 꾸준히 추진해왔다. 특히 티베트 자치구 수도인 라싸는 도시인구 50만 명 중에서 한족이 16만 명 이상 집중적으로 거주하면서 잡거(雜居)가 새로운 생활형태로 자리 잡았다. 특히 중국의 서부개발전략으로 한족 노동자와 관료들의 일시적 이동, 군인들의 유동성까지 고려하면 한족이 다수를 형성하고 있다는 분석도 있다.[125] 실제로 소수의 한족이 전체 티베트 상권을 장악하였고, 새롭게 형성된 기관이나 기업에 파견된 간부와 기술자 군인들이 이 지역의 실질적인 식민정책의 '대리인' 으로서 상류사회를 넓게 형성하고 있었다.

• • •

124) Warren W. Smith, "China's Policy on Tibetan Autonomy," *East-West Center Washington Working Papers* 2 (October 2004). 『세계일보』(2001.4.3) 중국의 티베트에서의 광산, 철도개발 등에 대한 르뽀로 다음을 참고. Tibetian Review (July 2007).
125) June Teufel Dreyer, "Economic Development in Tibet under the People's Republic of China," Barry Sautman and June Teufel Dreyer eds., Contemporary *Tibet: Politics, Development and Society in a Disputed Religion* (London: M.E. Sharpe, 2006), p.139n4.

3. 티베트 문제의 쟁점

개혁개방정책은 중국의 사회적 공간을 확대하였고 티베트에서도 이러한 양상이 전개되었다. 이것은 티베트의 요구가 확산된다는 것을 의미할 수 있지만, 자치독립의 요구를 낮추거나 분리지배(divide and rule)할 수 있는 환경도 동시에 확대되었다. 이것은 티베트 문제가 국제적으로 통용되는 '국가민족주의' 또는 '국가민족문제'가 아니라 민족 간 불평등문제로 나타나고 있다는 것을 의미한다.[126]

이러한 배경에는 우선 티베트 전체인구에서 차지하는 승려의 비중이 너무 많기 때문이다. 18세기 티베트 승려는 총인구의 13%에 달했고, 남자인구의 약 26%가 출가하여 승려가 되었다. 중화인민공화국 건국 직전의 조사에 의하면 티베트 인구에서 승려가 차지하는 비중은 33-35%에 달하기도 했다.[127] 특히 승려들은 사회적 노동에서 벗어나 있고 평생 타인의 공양으로 생활했을 뿐 아니라, 결혼도 금지되었기 때문에 사회노동력은 갈수록 부족해졌고, 이것은 일반 티베트인들의 심각한 사회적 부담을 초래하였다. 실제로 티베트인들은 재화의 상당 부분을 사찰의 건립, 승려에 대한 공양에 바치고 있을 뿐 아니라, 각종 종교적 노동활동에 의무적으로 참여하고 있다. 달라이라마 14세가 지배하던 시기 연간 재정수입의 92%, 티베트인 소득의 3분의 1은 사찰과 종교활동에 바쳐졌다.

중국정부는 이러한 정치적 틈새를 티베트 경제건설과 티베트인의 삶의 질을 개선한다는 명분으로 파고들었다. 여기에 티베트사회를 공동화(空洞化)시켜 티베트의 독립이나 자치권 확대요구를 약화시킨다는 정치적 의도가 숨겨져 있었

• • •

126) 王瑞光・王智新・朱建榮・熊達雲 編, 『(最新教科書)現代中國』(東京: 柏書房, 1998). pp.234-235.
127) 李安定, 『李安定藏學論文選』(北京: 中國藏學出版社, 1992), p.270.

음은 물론이다.[128] 이것은 특히 티베트 곳곳에 산재되어 있는 자연자원 개발열기가 계기가 되었다. 티베트에는 우라늄, 석탄, 금강석, 크롬 등 70여 종의 광물자원이 매장되고 있고 전체 수자원의 30%인 2억 킬로와트가 이 지역에 편재되어 있다. 특히 최근에는 대규모 구리, 아연, 납 매장지가 추가로 발견되기도 했다. 이러한 티베트의 산업화는 한족의 인구유입을 촉발하였다. 여기에 티베트는 무기배치와 개발에 이상적인 고원지대에 위치해 있고, 실제 원자력연구기지인 '제9 아카데미' 가 이곳에 주둔하고 있는 전략적 요충지이다

티베트의 불평등 현상과 함께 제기될 수 있는 요인은 티베트의 주변화를 초래할 수밖에 없는 중국 민족정책의 한계들이다. 첫째, 정치적으로 민족 언어의 사용이 제한되어 있고, 자치권도 제한되어 있다. 둘째, 개혁개방 이후 동부 연안지역에 자본과 정책이 집중되어 있었고 소수민족이 집중적으로 거주하는 지역에 자원개발을 위해 투자가 진행되었으나, 그 이익을 지방에 환수시키지 않고 중앙과 한족들이 부당하게 독점하는 구조가 오랫동안 유지되었다. 셋째, 진학여건이 갖추어지지 않아 문맹 또는 반문맹의 비율이 높고 언어와 문자의 제약으로 인해 민족교육이 쇠퇴하였다. 넷째, 소수민족의 풍습과 습관에 대해 이해와 존중보다는 이를 이단시하는 풍조가 남아 있고 소수민족의 종교 활동에 간섭하는 한편 소수민족의 교리를 폄하하는 문예물들이 널리 유통되면서 소수민족의 반감을 사고 있다. 다섯째, 지식인과 청년을 중심으로 소수민족의 분리주의와 민족주의 의식이 고양되고 있음에도 불구하고 중국당정이 내정문제라는 틀에서 이에 대해 엄격하게 대처하면서 갈등을 증폭시켰다.[129]

• • •

128) 이민자, "티벳독립운동의 경제적 배경," 『동아연구』36(1998) pp.216; 전성흥, "개혁기 중국의 티베트정책: 분리주의운동에 대한 중앙의 개발주의 전략," 『동아연구』36(1998) pp.195-196.
129) 이에 대해서는 이희옥 (2008), p.460.

이처럼 티베트인들은 중국의 티베트 정책이 소수민족에 대한 우대는 물론이고 평등하지 않다고 느껴왔다. 특히 이들은 주민들의 삶의 터전이 걸린 토지와 삼림의 수용이라는 경제적 이해가 걸린 문제에서 강력한 불만을 제기했다. 이처럼 개혁개방 이후 티베트의 기층대중들은 '해방'의 논리를 앞세운 공산당을 신뢰하지 않게 되었고 승려를 비롯한 티베트의 기득권층들도 중국당국의 실제적 지원정책이 실현되지 않자 적대적 태도를 가지게 되었다. 중국정부도 티베트 자치구의 티베트족 출신 관리들의 충성도가 떨어진다고 보는 등 상호불신이 증폭했다.[130]

사실 티베트는 고유한 역사, 문화, 언어, 종교를 가진 독자적인 역사공동체였다. 1991년 통과된 티베트 망명정부(The Government of Tibet in Exile) 헌법에도 "신성한 라마의 지도하에서… 티베트 삼구(三區)를 민주, 연합, 자주자치의 공화국과 평화중심을 건설하기 위해, 특히 티베트 자유투쟁의 단계를 높이고 국내외 티베트인의 단결역량을 강화하고 민주적 기초를 공고화하기 위한 것"[131]이라고 밝히고 있다. 그러나 현실적으로 티베트가 독립을 주장하는 한, 중국정부와 타협점을 찾기는 어렵다. 따라서 티베트는 독립을 주장하는 초기의 입장에서 '진정한(genuine) 자치'로 방향을 전환했다. 이것은 자치가 문화적, 사회적, 경제적, 정치적 삶에 대한 참여 필요성을 촉진하고 민주주의와 인권을 촉진하기 위한 의미를 지닌 것이었다.[132]

따라서 현재 티베트와 중국의 현실적 쟁점은 독립인정 여부가 아니라 자치권의 수준과 범위 즉, 제한된 자치와 진정한 자치에 관한 것이다. 티베트의 입장

●　●　●

130) Robert Barnett, "Beyond the Collaborator-Martyr Model: Strategies of Compliance, Opportunism, and Opposition Within Tibet," Barry Sautman and June Teufel Dreyer eds., (2006), pp.25-26.

131) http://www.xizang-zhiye.org/b5/ex/lwzhengfu/index.html (검색일: 2008년5월20일).

132) Michael C. Davis (2007).p.157.

에서 보면 현재의 자치권의 수준으로는 역사적으로 형성된 티베트 공동체를 안정적이고 독자적으로 유지할 수 없다고 보고 이들의 요구는 쓰촨성, 칭하이성, 깐수성 등지로 분할되어 있는 티베트의 옛 영토를 대티베트구(大藏區)로 묶어 독자적인 행정권을 확보하는 한편 중국군의 철군과 비(非)티베트인들을 대티베트 지역 밖으로 이주시키고자 한다.

그러나 중국정부는 이러한 요구가 홍콩과 마카오에 적용하는 '한 나라 두 제도(一國兩制)' 정책을 티베트 지역까지 확대하고자 했다. 왜냐하면 티베트에만 고도의 자치권을 제공할 경우 티베트세력의 비대화는 물론이고, 인접한 쓰촨성 등이 정치적으로 노출되면서 다른 소수민족에 미칠 파급력이 클 것이라고 보았기 때문이다. 그리고 근본적으로는 법왕제에 기초한 신정일치를 추구하는 티베트사회와 사회주의 정체성 사회의 간극이 너무 넓다는 문제가 있다. 중국 관영 매체들이 "봉건적 귀족과 라마승이 착취하는 농노제도를 해방시켰다"[133]는 마오쩌둥 시기의 티베트 해방논리를 새삼 불러내는 이유도 여기에 있다. 현재 중국과 티베트 사이에는 협상창구가 유지되고 있으나 타협공간은 매우 좁다.

4. 3.14 사건의 평가

1959년과 1989년의 티베트사태는 중국정부의 대티베트 정책의 변화를 가져왔다. 비록 1990년 5월에 계엄령을 해제했으나, 달라이라마의 사진을 지니는 것을 금지하는 법을 공포하는 등 티베트에 대한 감시망은 보다 정교해졌다. 2008년 3월 14일 시위는 중국과 인도와의 관계 개선으로 인해 티베트 임시정부의 고

• • •

133) http://politics.people.com.cn/GB/1026/7581686.html (검색일: 2008년 7월 29일)

립, 경제적 원인, 티베트의 미래를 향한 내부 노선투쟁[134], 티베트 정체성 약화 등이 맞물려 나타난 것이다. 특히 올림픽 이후 자유를 향한 티베트인의 동력은 급속하게 약해질 가능성이 크다는 점 때문에 2009년의 1959년 시위 50주년, 1989년 시위 20주년이라는 '꺾어지는 해'를 한 해 앞당겨 기획한 것이었다.

달라이라마 14세도 2007년 미국을 방문하면서 "2008년은 관건의 해가 될 것이다. 베이징 올림픽이 아마 티베트인에게 마지막 기회가 될 것이다"[135]는 것을 공공연히 밝히면서 티베트 문제와 올림픽을 연계할 것을 시사했다. 그 결과 티베트사태의 계기가 되었던 인도 망명정부가 소재한 다람살라부터 걸어서 티베트까지 가겠다는 티베트 청년회의의 '대장정시위(挺進西藏運動)'가 '3.14사건'의 도화선이 되었다.

2008년 3월 10일 라싸시 승려 300여 명이 시위를 벌였고 10여 명의 라싸 외지의 학승(學僧)들이 티베트 독립 등의 구호를 외쳤다. 3월 11~13일까지 수많은 티베트인들이 이 시위에 합류했으며, 3월 14일에 이르러 시위는 가장 격렬하게 전개되었다. 3개의 중·고등학교를 비롯한 22개소의 건축물들이 파괴되고 수십대의 군경차량들이 불탔다. 이에 따라 16명의 희생자가 발생하였다.[136] 중국은 3.14사건을 "정확한 여론의 흐름을 파악하고 인민대중들이 사실과 진상을 조속히 이해하도록 하여 적대세력의 죄악을 노출시키기 위해 철과 같이 단단한 사실로 반격하자"[137]는 인민전쟁론에 입각하여 대응했다.

이러한 진압의 배경에는 중국정부가 티베트 내부의 노선갈등을 정확하게 파

● ● ●

134) 일반적으로 망명정부의 온건하고 비폭력적 투쟁과 티베트청년회의(Tibetan Youth Congress)등 보다 급진적인 방향을 제시하는 것 사이의 긴장이 있으나, 이것이 달라이라마에 대한 존경심 자체를 거둬들인 것은 아니다. Michael C. Davis (2006), p.159.
135) http://politics.people.com.cn/GB/7010472.html (검색일: 2008. 5.7)
136) 그러나 망명정부는 라싸에서만 80명이 숨졌고 쓰촨성 등지의 동조시위 때 사망한 숫자를 더하면 100명이 넘는다고 주장했다. 『문화일보』(2008.3.22).
137) 『조선일보』(2008. 3.18).

악하고 3.14사건의 성격을 읽었기 때문이다. 우선 3.14사건은 자연발생적이고 무정형적인 독립시위가 아니라 티베트 문제를 국제화시키면서 중국을 협상테이블로 끌어내리려고 했던 정치적 의도를 가진 것으로 보았다. 이에 따라 냉정한 힘의 논리가 지배하는 현실정치 속에서 중국이 일방적으로 제시하는 최후통첩 게임(ultimatum game)에 따라 티베트인들의 선택지는 갈수록 좁아지고 있다.

국제사회는 티베트의 '자치권 보장이 순리'라는 전제에서 가장 현실적인 해법으로 '국가는 필요한 경우 특별행정구를 둔다'는 헌법 31조에서 찾아야 한다고 주장하고 있다.[138] 이것은 '일국양제(一國兩制)' 모델을 티베트에도 적용하는 접근법이다. 그러나 중국정부는 티베트는 중국의 분리될 수 없는 부분이라고 강조하면서 홍콩, 마카오와 티베트는 다르다는 것을 명백히 했다. "즉 홍콩은 제국주의의 산물이고 주권 회복이라고 할 수 있지만 티베트는 중국의 관할권이 항상 미쳐왔다는 점에서 티베트에서 지역적 종족자치를 변경하려는 어떠한 시도도 중국의 법률을 위반하고 있다"[139]고 명시하고 있다.

이러한 인식은 과거의 티베트 문제가 지역, 문화, 중요성, 처리방식(treatment)을 포함함 '4개 특수성'과는 매우 다른 것이다.[140] 따라서 중국과 티베트 사이의 대화도 새롭거나 의외의 결과를 이끌어 내기는 어렵다. 3.14 사건 이후에도 중국과 티베트 사이의 간접적인 협상이 전개되었으나, 중국이 티베트의 '진정한 자치'나 독립에 대한 양보가 없을 것이기 때문에 전망은 여전히 불투명하다. 여기에는 1989년 시위진압을 직접 진두지휘한 후진타오 주석의 개인적 경험과 인식도 자리 잡고 있다.[141]

• • •

138) 『중화인민공화국법률휘편』(북경:민족출판사, 2005), p.68,; Michael C. Davis (2007), p. 163.
139) 이것은 2004년 중국의 백서에서 명확히 표현되었다. 이 내용에 대해서는 Michael C. Davis (2007), p.164쪽에서 재인용.
140) Barry Sautman, "Resolving the Tibet Problems: Problems and Prospects," *Journal of Contemporary China* (Feb 11. 2002), p.103.
141) 馬玲·李銘, 『胡錦濤新傳』(臺北: 泰電電業, 2006), pp.172-213.

이것은 티베트 문제가 해결의 실마리를 찾지 못하는 있는 타이완 문제보다 더 심각하다는 것을 의미한다. 사실 타이완 문제가 미국의 정치적, 군사적 후원 속에서 '타이완 현상(taiwan status quo)'을 유지하고 있으나, 티베트 문제는 이미 중국의 강력한 관할권 내에서 작동하고 있고 티베트사회의 정체성의 위기가 가속될 가능성이 크기 때문에 티베트 정체성을 강화하기는 어렵다. 뿐만 아니라 중국의 부상은 이미 하나의 현실이 되었고 국제사회에서 중국의 영향력이 커지고 있기 때문에 한계가 있다. 제한적이지만 협상과 타협의 여지가 남아 있다면 "티베트인과 중국인은 서로 이웃해 있다. 오랫동안 평화적이고 우호적으로 살아왔으나 전쟁과 충돌도 있었다. 앞으로 우리에게 다른 선택은 없다. 오직 이웃과 함께 사는 것이다… 어찌되었든 중국과 오랫동안 우호관계를 맺는 것은 티베트의 근본적 원칙 가운데 하나"[142]라고 주장하면서 제기한 '변형자치안'의 가능성 때문이다. 이렇게 보면 중국정부와 '진정한 자치권'을 국제여론에 호소하면서 유리한 협상고지를 장악하고자 하는 망명정부의 줄다리기가 반복될 가능성이 크다.

●　●　●

142) 달라이라마는 1980년 후반 이후 망명정부는 독립을 주장하지 않으며 대화를 위한 어떠한 조건도 없다고 하면서 기존의 입장을 변경하였다. 이에 대해서는 "Autonomy and the Tibetian Perspective" www.tpprc.org (검색일: 2008년 5월30일)

제5장

중국식
민주주의의 대두

제5장
중국식 민주주의의 대두

I. 중국식 민주주의의 정치학

중국의 부상에 대한 국제학계의 평가는 힘에 의존하는 호전적(assertive) 국가, 이성에 기초한 협력적(cooperative) 국가, 성공의 역설에 따른 혼란스러운(chaotic) 국가로 전망한다.[1] 그리고 중국의 경제발전이 정치발전으로 전환할 것인가에 대해서는 낙관(soothing), 혼란(upheaval), 그리고 붕괴되지는 않지만 순조로운 민주화의 진전도 어려울 것이라는 절충적 견해가 공존하고 있다. 그러나 대체로 중국이 발전을 거듭하면서 혼란에 빠진다는 성공의 역설이나 '당면한 전복을 모면하기 위해 선택하는 대안이 궁극적으로 그 체제의 소멸을 야기한다' 는 토크빌의 역설(Tocqueville's paradox)[2]은 상당히 약화되었다.[3] 그러나 대부분 붕괴보

• • •

1) Michael D. Swain, Ashley J. Tellis, *Interpreting China's Strategy: Past, Present, and Future* (Rand Corporation, 2003).

2) Bruce Gilley, *China's Democratic Future* (New York: Columbia University Press, 2004), pp.60-62.

3) 리청은 민주주의적 중국(emergence of a democratic China), 혼란의 지속(prolonged Chaos), 탄력적 권위주의적 중국(resilient authoritarian China)을 제시했다. Cheng Li, "China in the Year 2020: Three political Scenarios," *Asia Policy* 4 (July, 2007), pp.17-29.

다는 현상유지를 전제로 중국의 미래를 예측하는 경향이 강해지고 있다.[4]

더구나 미국발 금융위기는 상대적으로 안정을 유지할 수 있는 발전 동력을 찾는 과정에서 중국모델에 대한 관심이 나타났다. 물론 학계에서 중국모델의 유무에 대한 논쟁이 있지만, 오늘날 중국을 효과적으로 설명하기 위해서는 다른 모델과는 구별되는 특성이 존재한다.[5] 그리고 중국모델이 보편적인가에 대해서는 부정적이지만, '지속가능성'에 대해서는 상대적으로 긍정적이다.[6] 이와 함께 중국의 정치체제가 정치발전과 민주화를 유보하면서 발전할 수는 없다는 한계에 도달했다는 분석이 등장했다. 헌팅턴은 1인당 GDP가 1천 달러에서 3천 달러 사이에 이르면 자유화와 민주화의 확률이 높다는 '민주적 이행구간(democratic transition zone)'을 설정한 바 있다.[7] 그러나 중국은 이미 2008년에 1인당 GDP 3천 달러를 돌파했고 2010년 말에는 4370달러, 2013년에는 6700달러에 달했다. 이러한 추세라면 머지않은 시기에 모든 국가가 민주주의와 시장경제를 채택하고 있다는 1인당 GDP 8천 달러에 도달할 것이다. 이때 중국이 기존의 경로를 따라갈 것인가, 아니면 '중진국 함정'을 극복하고 중국예외주의(Chinese exceptionalism)를 보여줄 수 있는가 하는 점은 새로운 분석대상이다.

중국도 이러한 과제를 새롭게 주목했다. 이미 정보통신혁명으로 인해 국가

● ● ●

4) 케네스 리버설(김재관 차창훈역), 『거브닝 차이나』(서울: 심산); David Shambaugh, *China's Communist Party* (Washington D.C, Woodrow Wilson Press, 2008)

5) 중국모델에 대해서는 다양한 해석이 있고 중국모델이 동아시아 발전모델이나 신자유주의의 중국적 변용이라는 주장도 있다. 그러나 이 글은 대체적으로 탈냉전 이후 중국이 레닌주의적 국가체제, 국가의 관리 속에 있는 시장경제, 정교한 사회치안관리체제에 기반하여 경제성장과 정치안정을 유지했다는 점에서 적어도 중국모델이 존재하고 있다는 데에는 동의한다. 이에 대해서는 丁學良, 『辯論中國模式』(北京: 社會科學文獻出版社, 2011); 전성흥, 『중국모델론』(서울: 부키, 2008) 등을 참조할 것.

6) Suisheng Zhao, "The China Model: Can It Be Replace the Western Model of Modernization," *Journal of Contemporary China* (2010), pp.419-436.

7) Samuel Huntington, *The Third Wave: Democratization in the Late Twentieth Century* (Norman: University of Oklahoma Press, 1991), pp.62-64; Minxin Pei, *China's Trapped Transition: The Limits of Developmental Autocracy* (London: Harvard University Press, 2006), pp.17-44.

의 정보독점이 어려워졌고 개혁개방의 그늘로 인해 지역, 소득, 도농 간 격차가 확대되었으며, 정책결정 과정에서 행위자들이 다양해지면서 정치제도화와 정치참여를 요구하는 사회세력의 조직화 수준도 높아졌다. 이에 따라 공산당 내에서도 체제정당성을 확보하기 위해 출구전략으로 '민주주의'를 적극적으로 논의하기 시작했다.[8] 더 이상 중국정치에서 '민주주의'는 금기어가 아니며, '실험 후 확산'의 방법을 통해 다당제와 삼권분립을 제외한 '민주주의'[9]의 폭과 범위를 확대했다. 그 결과 한계는 있지만 풀뿌리(基層)민주주의, 당내민주주의, 선거민주주의가 새롭게 대두했고, 일부 지역에서는 일정한 성과를 거두었다. 중국에서의 민주주의 논의는 천안문사건을 계기로 큰 변화가 있었고, 그 이후에도 몇 차례의 작은 변화가 있었다. 첫 번째 단계는 '민주는 좋은 것'을 중심으로, 두 번째는 민주사회주의를 둘러싸고 전개되었다. 그리고 2007년 이후 '중국식 민주주의'에 대한 논의를 세 번째 단계라고 볼 수 있다.[10] 특히 이 단계는 중국의 부상에 따른 체제의 자신감, 경제적 업적에 의한 정당성 확보, 국제사회의 압력에 대한 대응경험을 통해 서구적 프리즘을 크게 의식하지 않고 공산당 일

• • •

8) Bruce Gilley, 2004, pp.118-136; 2011년 전국인대 11기 4차회의 폐막 기자회견에서 원자바오 총리는 정치체제개혁은 경제체제개혁을 보장하는 것이고 직접선거와 간접선거 등을 시행하고 있다는 점을 강조했다. (http://www.gov.cn/2011lh/content_1824958.htm, 검색일: 2011.11.12) 우방궈 전국인대 상무위원장은 『정부공작보고(政府工作報告)』에서 "다당제와 지도사상의 다원화, 삼권분립, 양원제, 연방제, 사유화를 하지 않을 것"임을 명확히 했다. (http://news.xinhuanet.com/politics/2011-03/10/c_121170495.htm, 검색일: 2011.10.1).

9) 중국에서는 민주주의와 민주를 구별한다. '주의'는 현실이 아닌 이념(이데올로기)이다. 따라서 정치의 지침이 되기 때문에 이념논쟁이 나타난다고 보고 있다. 예컨대 '민본주의'의 민주주의라는 용법이 가능하다. 판웨이(김갑수 역), 『중국이라는 국가모델론』(서울, 에버리치홀딩스, 2009), p.71.

10) 2007년을 기점으로 삼는 것은 2007년 4월 인민일보가 운영하는 『인민논단(人民論壇)』에서 '중국식민주주의'에 대한 공개토론을 개최했고 여기에는 인터넷에서의 질의와 응답도 있었다. 여기에 초청받은 학자는 베이징대 옌지룽(燕繼榮), 국가행정학원 쉬야오퉁(許耀桐)과 류시루이(劉熙瑞), 난카이대학의 주광레이(朱光磊), 인민대학의 양광빈(楊光斌) 등이었다. 이러한 논의는 후진타오 체제의 출범을 앞둔 중국체제개혁의 일환이었다. 馬國川, 『爭鋒:一個記者眼里的中國問題』(北京: 中國水利水電出版社, 2008), pp.254-258.

당 지배를 유지하면서 새로운 민주주의모델을 찾는 과정이었다.[11] 그 과정에서 사회주의 이데올로기에 좀더 적극적인 기능을 부여했고 정치적 판단을 필요로 하는 최종단계에서는 좀더 효과적으로 작동할 수 있게 되었다.

요컨대 중국식 민주주의는 '사회주의내 민주주의(democracy in socialism)' 또는 사회주의적 민주주의(socialist democracy)가 핵심이고 그 방법론은 점증주의(incrementalism) 또는 점진주의(gradualism)라고 할 수 있다.[12] 그리고 구체적인 중국식 민주주의의 실현형태는 인민민주주의와 당내민주주의 그리고 기층민주주의를 통해 사회주의적 민주주의를 구현하는 것이다.

II. 서구 민주주의에 대한 반사(反思)

1. 탈냉전과 민주주의의 재평가

중국에서 민주주의 논의가 본격적으로 대두한 것은 국내적으로는 서구식 자유주의 운동의 성격을 일부 지니고 있었던 1989년 천안문사건, 대외적으로는 소련과 동유럽의 몰락과 탈냉전, 색깔혁명(color revolution), 아시아 국가의 민주화운동 등에 영향을 받았다.

• • •

11) 여기에서는 새로운 삼민주의의 논의를 하나의 사례로 볼 수 있다. 더구나 신해혁명 100년을 맞아 중국지도부가 쑨원과 삼민주의에 대한 재평가와 사회주의와 민생주의 관련을 주목하는 것도 이러한 변화의 일단이다. (http://news.xinhuanet.com/politics/2011-10/09/c_122133761.htm, 검색일: 2011.10.20)

12) 유사한 개념으로 점진주의(gradualism)도 있다. 점진개혁은 개혁추진자가 제한된 조건 속에서 개혁의 결과에 대한 확신이 부족할 때, 현실적 목표에 따라 이성적이고 타협적인 정책결정을 추구하는 것이다. 이러한 정책결정은 연속적이다. 즉 다음 결정은 앞의 결정에 대한 수정과 보완을 통해서 이루어지고 맹목적 정책이 가져다주는 개혁의 비용을 줄여야 한다는 것이다. 徐湘林 等編, 『民主,政治秩序與社會變革』(北京, 中信出版社, 2003), pp.136.

당시 중국은 정치적으로 매우 위축된 공간에서 민주주의를 적극적으로 도입하는 대신 이를 억압함으로서 운신할 수 있는 시간을 확보하고자 했다. 천안문 사건 시위를 강경하게 진압한 것도 '민주주의'를 부르주아 민주주의라고 보는 부정적 의식이 투영된 결과였다. 예컨대 야오이린(姚依林)은 서구의 이데올로기에 영향을 받은 학생과 지식인들이 서구식 부르주아 공화국을 세우려는 계획으로 보았고, 왕런즈(王忍之)는 중국을 자본주의 체제에 편입시키려는 평화적 전복전략(peaceful evolution)으로 접근했으며, 장쩌민 주석은 중국공산당의 이데올로기 선전의 실패에 따른 청년계층의 잘못된 사고에서 그 원인을 찾았다.[13]

천안문사건 이후 동유럽의 몰락은 다시 한 번 중국지도부에게 충격을 주었다. 당시 중국공산당은 차오스(喬石), 야오이린 등을 루마니아와 동독에 파견하여 중국식 해결방법을 건의했으나 수포로 돌아갔다. 이후 중국은 동유럽 자유주의 국가에게 '각국의 선택을 존중한다'는 메시지를 전달했으나, 내부적으로는 심각한 당내 갈등이 나타났다. 처음에는 고르바초프 비판에 초점을 맞춘 '책임전가게임(blame game)' 형태로 전개되었다가, 1990년대 들어서서 그 원인을 비교적 객관적으로 분석하여 중국에 적용하고자 했다. 소련과 동유럽의 변화의 공통점으로는 당 지도부의 분열과 민주화, 반대세력에게 이익을 가져다 준 일반대중의 불만, 서구의 평화적 전복전략에 있다고 보았다.[14]

또한 사회주의 종주국이었던 구소련의 붕괴원인에 대해서는 구소련 사회주의체제 자체에서 결함을 찾고자 했다. 중국은 구소련을 반면교사로 삼고자 했

● ● ●

13) David Shambaugh, 2008, pp.42-45; David Shambaugh, "China in 1990: The Year of Damage Control," *Asian Survey* 31-1 (Jan, 1991), pp.36-49; Thomas Lum, *Problems of Democratization in China* (New York: Garland Publishing, 2000), pp.29-30.
14) David Shambaugh, "Learning from Abroad to Reinvent Itself: External Influences on Internal CCP Reforms'," Cheng Li ed., *China's Changing Political Landscape: Prospects for Democracy* (Washington D.C: Brookings Institute Press, 2008), pp.283-301; David Shambaugh, 2008, p.50.

다. 즉 공산당의 리더십 유지(다당제와 의회제 반대), 당에 대한 군의 통제 유지, 프롤레타리아 독재의 유지(부르주아 자유주의 반대), 공공 소유제의 유지(사유화 반대), 마르크스주의 유지, 개혁개방을 위한 역량집중을 강조했다. 좀더 구체적으로 구소련 몰락에 대한 다음과 같은 분석결과를 내 놓았다. 첫째, 경제적 요인이다. 소비재 부족에 따른 사회적 박탈로 인한 계획경제 실패, 시장 메커니즘의 부재, 경제결정주의와 이데올로기의 과잉, 계획경제 입안자들의 유연성과 혁신성 부족, 중공업에 대한 지나친 강조와 경공업과 농업에 대한 경시이다.

둘째, 정치적 요인이다. 즉 스탈린 전체주의 비판, 선전의 실패, 이데올로기적 교조주의, 글라스노스트와 페레스트로이카 등과 같은 우경화 정책, 복수정당과 당내 정치그룹의 출현으로 인한 당의 정부통제력 상실, 일반대중 수준의 당 수립 실패와 정치적 부패, 아프가니스탄 침공과 같은 과도한 군의 역할과 군 내부의 기강 해이 등이 있었다. 셋째, 사회적 요인이다. 비(非)러시아 민중에 대한 억압과 학대문제, 제한된 자율성만을 부여한 연방주의 문제, 신념의 위기로 인해 당과 국가가 대중으로부터 유리되는 현상이 있었다. 마지막으로 세계패권의 추구, 미국과의 냉전적 대결구조, 국제문제에 대한 지나친 개입, 사회주의 국가들에 대한 쇼비니즘, 혁명의 수출과 위성국가 건설 등과 같은 국제적 요인이 있었다.

또 하나는 아시아 국가들의 민주화운동에 대한 평가에 기초하여, 경제발전 수준이 낮은 아시아 국가들이 민주화를 추진하는 것은 한계가 있다는 것, 중국이 민주주의를 발전시키더라도 다른 아시아국가에서 발견되지 않은 비자유주의적(illiberal) 민주주의에 가까울 것이라는 것, 성공적으로 민주화를 달성한 국가도 비효율과 부패가 발생하는 등 민주화가 비(非)선형적으로 발전한다는 점에 주목했다. 따라서 이들은 권위주의에서 '민주주의로의 이행'은 더 이상 믿을만한 것이 아니라고 보았고, 미성숙한 민주주의 국가들도 시간이 지나면서 그 결함(kids)에도 불구하고 해결책을 찾을 수 있다고 보았다. 따라서 중국지도부는 동아시아 발전모델과 유사한 노선을 취하면서 국가가 더욱 부유하고 안정될 때까지 민주화 논의를 유보했다.[15]

그러나 새로운 상황에 직면하여 사회주의와 민주주의에 대한 활발한 당내 토론은 불가피해졌다. 다만 당내 토론이 공산당 권력 자체를 문제 삼는 제로섬 게임으로 발전할 수도 있었기 때문에 민주주의의 수용은 사회주의의 핵심기제를 제외한 조작적 수준(operational level)에 그쳤다. 당시 학계에서도 체제의 구속성으로 인해 '민주주의' 그 자체를 주목하기보다는 신보수주의, 신좌파, 민족주의, 포스트모더니즘, 제3의 길, 중국예외주의, 신유가주의 등으로 발전했다.[16] 예컨대 신보수주의자인 캉샤오캉(康小光) 등은 '협력(合作)주의 국가'를 제시하면서 부르주아계급의 주도적 위치를 비판하고 전통문화 속에서 공평한 질서를 추구해야 한다고 주장했다.[17] 왕후이(汪暉) 등은 천안문사건 이후 세워진 자유주의의 토대는 서구적 현대화가 중국에 적합하다는 미숙한 가정 속에서 출발했다고 비판하고 자유민주주의의 내재적 모순을 지적했다.[18] 그리고 추이즈위안(崔之元)은 '중국예외주의'의 입장에서 심지어 공유권과 집단주의를 기반으로 한 마오쩌둥식 '대민주'를 주장하기도 했다.[19] 한편 판웨이(潘維)는 민주주

● ● ●

15) Randall Peerenboom, *China Modernizes* (New York: Oxford University Press, 2007), pp.245-247.
16) Juntao Wang, "Reverse Course: Political Neo-Conservatism and Regime Stability in Post-Tiananmen China," *Ph.D. Dissertation, Columbia University* (2006) 특히 2장 참고; Chaohua Wang, *One China, Many Paths* (London, Verso, 2003); 이희옥, "중국민족주의 발전의 이데올로기적 함의," 『중국학연구』47집 (2009), pp.162-168.
17) 이에 대한 간략한 정리는 다음을 참고할 것. 이희옥·장윤미 편, 『중국의 민주주의는 어떻게 가능한가』(서울: 성균관대학 출판부, 2013); 이문기, "캉샤오캉의 협력주의 국가론," 『동아시아브리프』6권 1호 (2011), pp.61-64.
18) 汪暉, "當代中國的思想狀況與現代性問題," 『文藝爭鳴』6期 (1998).
19) 이에 대한 간략한 정리는 다음을 참고할 것. 이희옥·장윤미 편, 2013, pp.71-77; 장윤미, "추이즈위안의 자유사회주의론," 『동아시아브리프』6권 2호 (2011), pp.48-52.

의와 법의 지배는 상호 독립된 것으로 보았다. 그는 중국문화는 정치적으로 경쟁하는 것을 크게 중시하지 않았고, 이러한 경쟁조차 대체로 지배계급을 위해 복무하는 것으로 간주했다. 따라서 미성숙한 중국에서는 민주주의보다는 법치건설을 먼저 추진해야 한다는 자문형 법치국가를 제시했다.[20] 이처럼 탈냉전으로 인한 사회주의권의 붕괴와 아시아 국가들의 민주화 그리고 천안문사건이라는 내외적 환경 속에서 중국은 서구 민주주의의 위험성을 우려하는 한편 천안문사건으로 인한 국제적 고립을 타파하기 위해 정치적 개혁조치를 취했다. 그러나 이러한 시도는 '민주주의'의 폭발성을 의식하면서 출발한 것이었기 때문에 기존 사회주의의 틀 내에서 움직였고 그 해석권은 여전히 당국가가 쥐고 있었다. 즉 사회주의를 유연화하고 당내민주주의를 확대하면서도 서구의 자유주의와 유럽의 사회민주주의를 동시에 경계하는 태도를 취했다.

2. 중국식 민주주의 논리

"중국식 민주는 중국식 민주다(中國式民主就是中國式民主)."[21] 또한 엄밀한 의미에서 서구의 민주주의와 중국의 민주주의를 비교할 수 있는 적절한 준거도 없다. 중국은 서구학계가 민주주의의 좁은 개념을 통해 중국식 민주주의를 비판하고 있다고 보았다.[22] 사실 근대에 이르러 중국의 '민주'는 청 왕조의 봉건사회와 대비되었고, 당시 계몽주의의 세례 속에서 서구적 '민주주의'에 친화적

• • •

20) Panwei, "Toward a Consultative Rule of Law Regime in China," Suisheng Zhao ed, *Debating Political Reform in China: Rule of Law vs. Democratization* (Armonk N.Y, M.E.Sharpe, 2006), pp.3-40.
21) 高建・佟德志 編, 『中國式民主』(天津: 天津人民出版社, 2010), pp.1-5.
22) Taru Salmenkari, *Democracy, Participation, and Deliberation in China* (Saarbrücken: VDM Verlag, 2008), pp.38-42.

이었다. 그러나 장제스의 난징정부 아래에서 일반 민주주의에 대한 억압과 왜곡이 심화되었고 그 반(反)테제로서 혁명적 마르크스주의에 입각한 민주주의관이 등장했다. 당시 중국공산당식 대의제도 민(民)을 대신해 주인이 되는 것이고 민을 위해 주인이 된다는 것이었다. 이것은 적어도 이론적으로는 마오쩌둥 시기 전반에 관철되었다.

이후 개혁개방 시기에 효율을 강조한 생산력 노선은 사상해방을 주도했으나 '민주주의'를 수단으로 한 것은 아니었다. 본격적인 의미에서 중국식 민주주의가 논의된 것은 이후 중국모델이 하나의 실체로 등장하고 중국식 담론이 서구에 대한 대항담론으로 발전하면서 좀더 주체적으로 '민주주의'를 해석하기 시작하면서부터이다. 이것은 서구 민주주의가 놀라운 장점을 가지고 있고 위업을 달성했으나, 민주주의 그 자체를 탈(脫)신화화할 필요가 있다는 데에서 출발했다. 즉 좋은 의미체계를 지닌 모든 것을 민주주의라는 바구니에 넣어 버리면, 민주주의는 실질적인 정체(polity)나 지배수단이 아니라 하나의 이데올로기에 불과하다는 것이다.[23]

우선 디모크라시(Democracy) 개념을 다시 해석하기 시작했다. 중국어에 나타난 디모크라시의 최초 번역어는 '민주주의'였지만, 그것은 서구의 의미와는 다르다. 『상서·다방(尚書·多方)』에는 '하늘이 때에 맞게 백성을 주인으로 구한다(天惟時求民主)'는 말이 있고 '탕왕만이 여러 면에서 어진 사람을 등용할 수 있었으니 하(夏)나라의 걸(傑)을 대신해 인민의 주인이 되었다(乃惟成湯, 克以爾多方, 簡代夏作民主)'고 한다.[24] 이런 점에서 중국에서 민주주의란 '인민이 주인'이라기보다는 '인민의 주인(民之主)'을 선출한다는 '선주(選主)'의 의미가 강했다.

● ● ●

23) Panwei, 2006, pp.4-7.
24) 房寧, 『民主政治十論』(北京: 中國社會科學出版社, 2007), pp.8-11; 왕푸취, "중국민주주의의 기본적 특징과 발전," 『성균차이나브리프』 2권 1호 (2014), pp.26-37.

그리고 역사적으로도 '민주주의'는 애초의 '나쁜 것'에서 '좋은 것'으로 변화했고 심지어 당시 정치엘리트들은 민주주의를 두려워했으나, 민중의 요구를 되돌릴 수 없었기 때문에 수동적으로 수용한 것이었다. 그리고 서구의 대의제도도 '분권적 견제와 균형'을 표방했으나 자유경쟁 선거과정에서 다수의 참정기회는 사실상 제한되었고, 보통선거도 귀족적 성격을 지니고 있었던 한계를 지적했다. 요컨대 '자유, 헌정, 대의, 선거, 다원' 등 서구 민주주의의 핵심개념은 더 넓은 의미의 민주주의를 구속하는 '새장(鳥籠)민주주의'로 보았다.[25]

이와 달리 중국식 민주주의는 국체(國體)로서의 인민민주독재, 정체(政體)로서의 인민대표대회제도, 단일제 국가의 민족자치제도로 대별해 볼 수 있다. 이것은 혁명을 통해 사회주의 국가가 정당성을 부여받았고, 마르크스 국가론의 관점에서 '민주주의가 곧 독재(專政)'라는 논리 속에서 일당체제를 유지해왔다. 이것은 '분권적' 견제와 균형과는 대비되는 '분업적' 견제와 균형을 의미했다.[26] 중국식 민주주의의 또 하나의 중요한 특징은 가치 또는 이념체계로서의 민주주의와 도구적 성격의 민주주의를 구분한 것이다. 그 핵심은 '누가 지배하는가'보다는 '어떻게 지배하는가'에 주목하고 실제적 이익을 고려하거나 질서를 강조하는 도구적 특징이 강했다.[27] 이것은 중국당정이 국민의 정치참여에 대한 허용여부보다는 정치과정에 진정한 대중참여가 이루어지고 있는지, 그리고 투입(in-put)과 함께 정부정책이 시민의 필요와 요구와 입장을 반영하는 산출(out-put)부분을 주목하고 있다. 쑨원의 표현을 빌리면 '백성이 누리는 것(民享)'이 민주주의에 가깝다는 것이다.

• • •

25) 서구 민주주의에 대한 중국적 비판에 대해서는 다음을 참고할 것. 王紹光,『民主四講』(北京: 三聯書店, 2008) 제1장 참고.
26) 판웨이의 민본정치는 현대 민본주의의 민주주의이념을 기초로 하고 공과(功過)평가를 강조하는 선발집단, 선진적이고 사심이 없으며 단합된 집권집단, 분업적 견제와 균형이 이루어지는 것으로 보았다. 潘維,『中國模式:解讀人民共和國的60年』(北京: 中央編譯出版社, 2009), pp.23-34.
27) 肖立輝,『當代中國政府與政治研究』(河南人民出版社, 2008), pp.235-236.

이렇게 보면 중국의 민주주의는 "중국공산당이 누구를 대표하고 대중이 국가를 '얼마나' 지지하는가" 라는 지표를 통해 평가할 수 있다. 즉 '정치(政治)'도 정의로운(justice) 지배나 올바른(righteousness) 지배로 사용되는 것이지 다수결과 인민의 정부로 사용되는 것은 아니라는 것이다. 이것은 중국의 정치문화에서 다수에 대한 신뢰는 여전히 낯설고 서구적 민주주의 도입에 대한 문화적 합의수준이 낮다는 것을 의미한다.[27] 실제로 중국 국민들은 현행 정치제도와 경제제도에 대해 상대적으로 우호적이고 민주주의에 대한 전망도 비교적 낙관적이다.[28] 따라서 자유, 시민사회, 민주주의를 강조하는 서구적 시각은 효율적 국가에 대한 몰이해에 기초해 공공권위를 제약하는 데에만 초점을 맞추고 있다고 비판했다.[29]

이러한 중국식 민주주의는 경제발전과 정치발전의 관계에 대한 '새로운' 해석에서도 나타난다.[30] 정치발전과 경제발전에 대해서는 두 가지 대립적인 견해가 있다. 즉 민주주의는 국가권력이 약화되면서 장기적이고 전략적 계획에 의한 투자가 힘들다는 주장과 민주주의 국가만이 장기성장을 위해 투자할 수 있고 합법성(legitimacy)을 가진 정부만이 강하고 안정적이라는 주장이 있다.[31] 이와는 달리 민주주의가 일시적 후퇴(slump)를 가져오지만, 장기적으로 지속가능한

●　●　●

27) Panwei, 2006, p.16.
28) Larry Diamond and Ramon H. Myers, *Elections and Democracy in Greater China* (New York: Oxford University Press, 2001).
29) 王紹光・胡鞍鋼・周建明, "第二代改革開放戰略:積極推進國家制度建設," 『戰略與管理』 2期 (2003).
30) 이에 대한 간략한 정리로 조영남, 『21세기 중국이 가는 길』(서울: 나남출판사, 2009), pp.154-159.
31) 이러한 립셋(Lipset)류의 주장은 이후 근대화론자들이 사회경제적 발전이 민주화를 촉진한다는 것과 높은 사회경제적 발전수준이 높은 국가들에서는 민주주의가 붕괴되지 않는다는 인과론적 설명이 이어졌다. 그러나 경제적 발전이 민주화를 가져온다는 근거는 약하지만, 민주화된 이후 잘사는 국가들에서 민주주의 체제가 유지되는 경향이 있다. 특히 빈곤한 나라들에서는 민주주의가 경제위기에 취약하다는 주장도 있다. Adam Przeworski and Fernando Limongi, "Modernization: Theories and Facts," *World Politics* 7-1 (1997), pp.39-55.

성장을 가져오며 제도의 측면에서 거래비용(transaction)을 줄인다고 보는 주장이 있다.[32]

비록 중국학자들 사이에도 이론적 편차가 있으나 대체적으로 서구학계의 경제발전과 정치발전의 관계를 비판적으로 접근하는 데에는 일치했다.[33] 첫째, 민주주의의 규범에 관한 것이다. 즉 '민주주의는 좋은 것'이라는 것을 대체적으로 수용하고 중국도 민주주의를 실현해야 한다고 주장하고 있으나, '민주주의는 좋은 것'임을 어떻게 증명할 것인가 하는 점이다. 둘째, 정치체제로서의 민주주의가 최근 200년 동안 '좋은 것'으로 변화되었다고 볼 때, 그 변화가 '민(民)'의 개념의 변화인가 '주(主)'의 방식의 변화인가에 대한 설명이 명확하지 않다는 것이다. 셋째, 다양한 민주주의의 존재방식이 있다면, 어떤 민주주의에 '좋은 것'이 더 많이 있는가를 찾을 필요가 있다는 것이다. 넷째, 민주주의의 실제적 작동원리에서 보면 민주적 원칙에 부합하지 않는 경우를 구분해야 한다는 것이다.

우선 선진국에 민주주의 정치형태가 많고 후진국에 독재국가 형태가 많다는 인과성(causality)을 경험적 통계가 아니라 논리로 입증할 필요가 있다. 여기에는 비민주적 단계에서 경제발전이 이루어져 향후 민주화한다는 내재적(endogenous) 해석과 민주주의는 경제발전과 서로 다른 이유로 발생하지만, 발전국가에서 공고화되고 정착한다는 외생적(exogenous) 해석도 가능하다. 이런 점에서 중국에서 경제발전이 지속된다고 해서 이것이 경로의존에 따라 서구 민주주의로 귀결된다는 논거가 아니라는 점이다. 특히 경제발전과 정치발전의 관계가 어느 시점, 어느 수준에서 이루어지는가를 계량하기는 더욱 어렵다.

● ● ●

32) Bruce Gilley, 2004, pp.201-226.
33) 판웨이(김갑수 역), 2009, pp.7-9.

이런 맥락에서 '중국식 민주주의'의 논리를 추론하면 현실에 나타났던 '가장 나쁘지 않은' 체제로서의 민주주의를 '좋은 체제'로 바꾸기 위해 모색하는 것이다. 여기에는 몇 가지 전제가 있다. 첫째, 민주화와 민주주의 공고화(democratic consolidation)를 구별하는 것이다.[34] 민주화는 일종의 비민주주의적 체제에서 민주주의 체제로 전환하는 것이지만, 민주화가 곧 민주주의 공고화를 의미하는 것은 아니다. 둘째, 민주주의의 질적인 측면을 고려해야 한다. 즉 대다수 사람들이 이를 수용했다고 해서 모든 민주주의 국가가 좋은 것은 아니라는 점에서 민주주의 발전의 조건과 발전의 상관관계를 밝혀야 한다. 셋째, 민주주의를 결과와 국가능력의 관점에서도 측정할 필요가 있다. 역사적으로 보면 민주주의는 유무가 아니라 정도의 문제였다. 현재 논의되는 민주주의는 주로 경쟁과 참정권이라는 투입부문에 집중되어 있다는 점을 비판적으로 접근하고 있다. 요컨대 중국의 경제발전이 정치문화, 계급구조, 국가-사회관계를 변화시키고 중간조직이 등장했다는 점은 인정하고 있으나, 경제발전과 정치발전 간에는 선형관계가 아니라 N자형 상관관계(corelation)만이 존재한다는 것을 분명히 하고 있다.[35]

이러한 중국의 민주주의관을 다시 주체와 객체가 결합된 복합구조로 해석하면[36] 주체의 측면에서는 국가권력과 시민사회의 관계, 당내민주주의와 인민민주주의의 관계가 핵심이다. 따라서 국가-사회관계를 결합하고[37] 정치적 기능, 목표, 조직형식, 시행원칙의 차원에서 당내민주주의와 인민민주주의의 관계를

● ● ●

34) 일반적으로 민주주의 공고화는 민주주의가 미래에도 지속될 때 사용되는 개념이다. 여기에는 경제적, 정치제도적, 정치문화적 변수를 모두 포괄할 수 있다. 쉐보르스키의 표현을 빌리면 민주주의적 경쟁이 '마을의 유일한 게임'이 될 때 공고화가 이루어진다. Adam Przeworski, *Democracy and the Market* (Cambridge: Cambridge University Press, 1991), p.26.
35) Gary Marks and Larry Diamond eds, Reexamining *Democracy* (London: Sage, 2007), pp.99-139.
36) 高建, 佟德志 編, 2010, pp.8-23.

처리하는 것이다. 객체의 측면에서는 사회구조가 정치, 경제, 문화의 통일체라는 점에서 민주주의와 법치, 민주주의와 경제, 민주주의와 문화를 결합하는 것이다. 이를 위한 중국의 민주주의전략은 주체배양전략과 객체협력전략을 결합한 일원다선(一元多線)과 다선돌파(多線突破)전략이기도 하다. 즉 정치민주화를 축으로 선거민주주의, 협상민주주주의 등을 추진하는 것과 함께 그 성과를 확산하는 정책구상이라고 볼 수 있다.[38]

III. 중국식 민주주의의 경로: 증량민주주의 (Incremental democracy)

중국의 개혁개방정책은 민주주의에 대한 인식을 새롭게 바꾸었다. 이것은 대체로 몇 단계를 거쳤다. 『인민일보』에 실린 민주주의 개념의 변화과정을 보면 1978년부터 1988년까지의 제1단계, 1988년부터 1995년까지의 제2단계, 1995년부터 2002년까지의 제3단계로 구분할 수 있다.[39] 1978년 이후 '민주주의'에 대한 인식은 '사회주의적 민주주의', '부르주아 민주주의' 혹은 '우리들이 바라는 것은 사회주의 민주주의이며, 그것은 부르주아 민주주의와 비교할 때 더욱 민주적이다' 등으로 나타났다. 즉 당시 '민주주의'라는 용어는 부르주아 민주주의와 뚜렷하게 대비되는 개념이었다. 그러나 이론적 백화제방 시기였

• • •

37) 俞可平, 『中國公民社會的興起及其治理的變遷』(北京: 社會科學文獻出版社, 2002); 林尙立, "有機的公共生活:從責任建構民主,"『社會』3期 (2006); 朱光磊, 郭道久, "非國家形態民主:當代中國民主建設的突破口,"『敎學與研究』6期 (2002).
38) 何增科, "民主化:政治發展的中國模式與道路,"『中共寧波市委黨校學報』2期 (2004).
39) Tianjian Shi and Diqing Lou, "Subjective Evaluation of Changes in Civil Liberties and Political Rights in China," *Journal of Contemporary China* 19-63(Jan 2010), pp.175-99; http://www.china elections.org/NewsInfo.asp?NewsID=195327 (검색일: 2011.9.7).

던 1988년을 계기로 '사회주의적 민주주의'를 언급하는 빈도는 이전보다 크게 줄었으며 '우리들도 민주주의를 추구한다'는 표현이 등장했다. 이것은 당시 노동자들이 정책결정 과정에 참여하거나 일반국민들도 정책결정에 참여할 수 있어야 한다는 당위적 수준의 언급이었다.

좀더 중립화된 민주주의 개념이 등장한 것은 소련과 동유럽의 몰락에 대한 당내의 학습과정을 거친 1995년부터였다. 주로 절차적 민주주의의 부족을 지적했던 한계는 있으나 민주주의 자체의 중요성을 주목했다는 점에서는 의미가 있었다. 그리고 이 해에 중국은 공식적인 민주주의 입장을 담은 『민주정치건설백서』를 발간했다. 여기에서 규정한 '민주주의'는 인류 정치문명 발전의 성과이고, 세계 각국인민의 보편적 요구이며 서구적 맥락에서 보편타당한 것이 아니라, 전체 세계가 공동으로 형성한 문명의 산물이라는 점을 강조했다.[40] 이것은 서구만이 민주주의의 가치를 독점할 수 있는 '각국의 길에는 각국의 길이 있다'는 중국사회주의의 독자성을 강화하고자 하는 것과 관련되어 있다.[41] 구체적으로는 공산당이 지도하는 인민민주, '인민이 주인이 되는(人民當家做主)' 민주, 인민민주독재에 근거하고 이를 보장하는 민주주의, 근본적인 조직원칙과 활동방식으로 민주집중제를 채택하는 것이었다.

후진타오 체제가 등장한 이후 '민주주의'에 대한 태도는 또 한 번의 변화를 겪었다. 이 시기는 이미 민주주의에 대한 토론이 상당히 유연하게 전개되었고 이론적 수렴현상도 나타났다. 당시 이론적, 정책적 흐름은 다음과 같이 요약할 수 있다. 첫째, 새 지도부가 등장하면서 새로운 통치이념으로 민본주의(以人爲

• • •

40) 國務院新聞辦公室, 『中國的民主政治建設』http://news.sina.com.cn/c/2005-10-19/11208053056. shtml (검색일: 2011.10.4).
41) 이러한 동방사회론에 대해서는 다음을 참고. 이희옥, 『중국의 새로운 사회주의 탐색』(서울: 창비, 2004). pp.144-156.

本)를 강조했다. 둘째, 오랫동안 자본주의의 부산물로 여겨졌던 '인권'을 주목하여 2004년 헌법에 '인권보호조항'을 삽입했다. 셋째, 법치(rule of law)를 강조하고 법치정부를 수립할 것을 제기했다. 넷째, 시민의 사유재산권은 국가소유와 집체소유와 동등하게 보호받는다는 것을 헌법에 명시했다. 다섯째, 기존의 물질문명, 정신문명과 함께 정치문명이 국가목표라는 것을 강조했다. 여섯째, 시민사회 논의가 확대되었고 시민조직(civil organization)이 합법화 되었다. 마지막으로 중국전통문화의 중요한 구성요소였던 조화(和諧)사회를 강조하면서 이를 국가의 기본강령으로 채택했다. 국제적으로도 정보통신의 발전으로 외부와 소통하는 방식이 다양해지면서 중국의 민주주의 상황에 대한 국제사회의 시선을 의식하면서 민주주의 자체를 배제하지 않게 되었다.

특히 위커핑(兪可平)은 2006년 '민주주의는 좋은 것(民主是個好東西)'이라는 글을 발표하면서 '민주주의' 논의를 다시 공론의 장으로 올려놓았다.[42] 당시 그의 글은 주류 매체에 실리지는 못했지만, 중국개혁개방의 성과를 확인하면서 체제에 대한 자신감이 증대된 시점이었고 중국공산당이 혁명당에서 집권당으로 전환하면서 권력장악(seizing)에서 권력유지로 목표가 전환되는 시기였다. 더구나 위커핑이 당 중앙편역국 소속이론가였다는 점에서 이 글을 계기로 중국정부가 정치개혁을 강력하게 추진할 것이라는 신호탄으로 해석하기도 했다. 실제로 이를 둘러싸고 민주 문제의 중요성, 민주정치 건설의 긴급성, 민주정치제도를 완성하고 발전시켜야 하는 필요성은 물론이고 민주주의의 본질, 민주주의의 일반성과 특수성, 민주주의 실현의 조건과 층위에 대한 이른바 '것(東西)'을 둘러싼 논쟁이 전개되었다.[43]

· · ·

42) 郭立青, 中共智囊建立合法性新論述背後, 『亞洲週刊』21卷 2期 (2007.1.14).
43) 이 논쟁의 경과에 대해서는 다음을 참조할 것. 趙培杰, "關於民主的 '東西' 之爭," 『理論熱點:百家爭鳴12題』(北京: 社會科學文獻出版社, 2010).

중국공산당은 새로운 민주주의관의 출현을 '중국특색 사회주의 민주정치'로 설명했다. 이것의 가장 큰 특징은 정치적 권리를 확장하기 위해 점진적 개혁 방식을 사용하는 이른바 '증량민주주의(incremental democracy)' 였고 그 핵심은 다음과 같다. "첫째, 중국의 민주주의는 증량적 발전에 의존한다. 둘째, 민주발전은 정치발전에서 때때로 돌파(breakthrough)를 야기할 것이다. 셋째, 대중의 이익을 감소키지 않고 가능한 많은 정치적 이익을 증가시킨다. 증량민주주의 개혁은 파레토의 최적을 추구하는 것으로 모든 인민대중이 개혁의 성과를 향유해야 한다. 넷째, 동태적 정치안정(dynamic stability)이 정태적 정치안정을 대체할 것이다. 다섯째, 시민의 정치참여를 높이고 질서있는(orderly) 민주주의를 형성한다.[44] 여섯째, 민주주의와 법치의 관계는 동전의 양면이다.[45]

이러한 증량민주주의는 중국공산당의 집권이 영속적이지 않기 때문에 점증하는 시민사회의 요구를 수용하면서 발전해야 한다는 것이었다. 이러한 목표를 위해 증량민주주의의 로드맵이 설정되었다. 우선 당내민주주의를 통해 사회민주주의를 자극하는 것이다. 두 번째 단계는 기층민주주의와 상층(高層)민주주의의 양자전략을 주목하면서 기층민주주의를 더욱 확산하는 것이다. 세 번째 단계는 제한경쟁에서 더 많은 경쟁으로 이동하면서 대중의 정치적 선택범위를 넓혀나가는 것이다.

이러한 기반 속에서 열린 제17차 당대회에서도 정치민주주의의 중요성을 다시 강조했다. 즉 다당제와 삼권분립제도를 방지하고 혼합민주제를 실시한다,

• • •

44) 질서(有序)민주주의와 점진민주주의(漸進)는 동전의 양면이다. 질서민주주의가 전체사회 발전의 유기적 관계 속에서 발전하는 것이라면, 점진민주주의는 민주주의를 달성하기 위해서는 정치혁명, 민주주의적 훈련 제도건설이라는 발전과정을 반드시 거쳐야 한다는 점에서 차이가 있다. 高建·佟德志 編, 2010, pp. 252-256.
45) Yu Keping, "Ideological Change and Incremental Democracy in Reform-Era China," Cheng Li ed., 2008, pp. 44-60.

선거민주주의와 협상민주주의를 결합한다, 마르크스주의 민주주의론에 근거하여 중국공산당의 일당지배를 근본으로 한다, 기층민주주의를 밑에서 위로 확대한다, 당내민주주의를 우선한다는 것이었다. 이러한 새로운 분위기는 학계의 정치발전 논의를 자극했고 그 결과 거버넌스(治理), 정부혁신, 증량민주주의, 투명한 정부, 책임정부, 서비스정부, 효율정부와 같은 다양한 논의들이 분출했으며 이것이 제3차 중국식 민주주의 논의의 기반이 되었다.

요컨대, 중국당정의 공식적인 민주주의 인식은 민주주의를 '좋지 않은 것'에서 '좋은 것'으로 변화했고 경쟁선거와 정치참여의 확대, 민주적 권리 보장, 인민들의 권력에 대한 견제와 균형, 법치의 실시, 시민의식의 성장이 필요하다는 점을 강조했다. 실제로 인민대표대회제도, 공산당 지도하의 다당협력제와 정치협상제도, 민족구역자치제도, 기층군중자치제도 등 기존의 제도에 활력을 불러일으켰다. 그 지향점도 당과 국가의 분리, 시민사회의 등장, 법치국가 건설, 직접선거와 지방자치의 확대, 정부와 기업의 분리, 지방정부의 혁신에 두었다.

Ⅳ. 중국식 민주주의의 목표: 사회주의적 민주주의

중국식 민주주의의 방법론이 증량민주주의와 점진민주주의라면, 그 목표는 사회주의의 틀 내에서의 민주주의(democracy within socialism)를 발전시키는 것이다. 이를 둘러싸고 다양한 토론이 전개되었다. 일반적으로 사회주의와 민주주의와의 관계를 다루는 범주는 인민민주주의, 당의 영도, 민주집중제, 사회주의 법제 등이다. 중국공산당내의 당내민주주의의 목표는 인민민주주의를 완전화하기 위한 것이다. 이를 위해서는 당이 영도해야 하는 것이고 민주 '집중'제에서 '민주'집중제로 전환시키며 이 모든 것을 법제화하여 법의 지배가 이루어져야 한다는 것이다. 이러한 사회주의적 민주주의는 과학적 사회주의에 입각하고 자본주의 국가의 민주주의를 비판적으로 흡수했기 때문에 '민주주의'의 보편적 관점에 부합한다고 주장한다.[46] 사회주의적 민주주의는 자유주의적 민주주의를 비판하는 한편 경제민주주의와 사회민주주의를 제기하여 민주주의의 범위를 확장하는 것이었다. 이런 점에서 사회주의적 민주주의의 핵심이 '형식'의 정치자유, '진정한' 경제 그리고 사회민주주의에 있다는 주장도 있다.[47]

중국에서 사회주의와 민주주의의 관계에 대한 논의는 '사회주의적 민주주의'와 민주사회주의(democratic socialism), 사회민주주의(social democracy) 등이 있다. 카오팡(高放) 등은 기존의 사회주의적 민주주의의 범주를 적극적으로 확장하기도 했으나, 그 핵심은 사회주의 내의 절차적 민주화나 공산당 지도 내에서의 견제와 균형을 강조하는 것이었다. 심지어 그가 주장한 사회주의 다당제론도 공산당 지도원칙을 훼손하지 않으면서 다당제 효과를 확산하고자 했다는 점에서 사회주의 틀 내의 혁신론이었다.[48] 이런 점에서 사회주의적 민주주의에 대한 보다 개량적인 시각은 민주사회주의(중국 내에서는 사회민주주의의 기조와 크게 차이를 발견할 수 없고, 민주사회주의자들도 스웨덴의 사회민주주의를 모델로 제시하고 있다)의 '민주주의' 개념에서 찾을 수 있다. 이것은 당정의 사회주의 해석의 틀 내에 있으면서도 그 범주를 확장하고 있다는 점에서 중국식 민주주의 논의를 확장하는 데 중요한 의미를 제공한다. 중국에서 민주사회주의는 인민대학 부총장이었던 셰타오(謝韜)를 통해 본격화되었다. 그 요지는 다음과 같다.[49]

● ● ●

46) 張明軍·吳新葉·李俊, 『當代中國政治社會分析』(北京: 中央編譯出版社, 2008), pp.141-147.
47) 高建·佟德志 編, 2010, p.310.
48) 高放, "再論社會主義國家的政黨制度," 『浙江社會科學』(2000), pp.8-19.
49) 謝韜, "民主社會主義模式與中國前途," 『大論爭: 民主社會主義模式與中國前途(上)』(臺北: 天池圖書, 2007), pp.12-28.

중국도 현재 민주사회주의의 길로 가고 있다. 덩샤오핑의 개혁개방정책에서 출발하여 후야오방 시기 채택한 인민공사 해체, 가정생산청부책임제와 다양한 소유제의 도입, 선부론, 자오즈양 총서기가 14기 3중전회에서 계획경제를 버리고 사회주의 시장경제를 도입한 것, 2001년 장쩌민 주석이 세계무역기구에 정식으로 가입하여 중국이 세계자본주의 경제의 궤도에 진입한 것, 전국인대 10기 2차대회에서 후진타오 주석이 '3개대표' 론과 사유제 보호조항을 헌법에 반영한 것 등은 모두 중국이 민주사회주의의 길로 접어들었음을 보여주는 시금석이었다. 민주사회주의의 특징은 따라서 일반대중의 부유함과 정부관리의 청렴함을 기본으로 한다. 이는 스웨덴의 민주사회주의에서 참고할 필요가 있다.

첫째, 민주헌정의 틀 내에서 대중의 이익을 대변함으로써 장기적 집정경험을 축적한다. 둘째, 경제건설과정에서 효율과 공평을 통일시키고 함께 부유해지는 경험을 실현한다. 셋째, 노사관계를 정확히 처리하여 노동자와 기업가의 적극성을 동원함으로써 노사쌍방의 이익을 동시에 실현한다. 넷째, 특권계층이 출현하는 것을 효과적으로 방지하고 관료가 특권을 이용해 사적 이익을 추구하고 비리를 저지르는 것을 단절시켜 청렴한 정치경험을 유지한다. 요컨대 민주사회주의는 '민주헌정이 핵심이고 혼합사유제, 사회주의 시장제도, 복지보장제도' 를 결합한 것이다. 그리고 어떤 제도의 우열을 판단하는 것은 이론의 문제가 아니라 실천의 문제이다. 실천은 진리를 검증하는 유일한 기준이다. 오직 민주헌정만이 근본적으로 집권당의 부패를 해결할 수 있으며, 민주사회주의만이 중국을 구할 수 있다.

이러한 민주사회주의 논쟁은 2007년 3월 23일 『인민일보』, 『광명일보』 등이 토론회 기사를 소개하면서 전개되었다.[50] 이에 대해 우선 사회주의적 민주주의

● ● ●

50) 馬國川, 2008, pp.218-222.

그룹 주류로부터의 비판이 제기되었다. 즉 민주사회주의의 '민주주의' 란 실질적으로는 공산당정권은 '비민주' 라는 것을 의미하기 때문에 마르크스주의의 범주에 속하지 않으며, 수정주의로도 볼 수 없다는 것이다. 이런 연장선상에서 자본주의에 대한 인식, 지도사상, 추구하는 제도적 목표, 사회변혁의 방식, 생산수단 사유제에 대한 태도에서 근본적인 차이가 있다고 보았다. 엥겔스가 만년에 민주사회주의자로 변신했다고 주장하는 것도 자의적 해석이라고 비판하고 있다. 마지막으로 정치형태에서 부르주아 정당의 집권을 반대한다는 점, 삼권분립과 같은 부르주아 독재를 비판한다는 점, 공유제의 주체적 형식의 폐기를 반대한다는 점, 자도사상의 다원화를 반대한다는 점에서 민주사회주의가 중국특색 사회주의의 전형적인 형식이 아니라고 비판했다.[51]

또 하나는 비주류(자유주의)로부터의 비판이었다. 경제적으로 노동자와 생산수단이 결합되어 있고, 정치적으로 고도로 민주적이고 생산력이 고도로 발전되어 있다면, 향진기업의 민영경제로의 변화, 민영경제의 시장경제로의 변화는 일정한 성과가 있다. 그리고 대중의 마르크스주의 계몽이라는 의미에서 중요하고 상징적인 의미도 있으며, 당의 사상독점을 비판하고 있는 점은 의미가 있다. 그러나 자유주의자들은 '마르크스주의는 항상 참이다' 는 것에 동의하지 않았다. 그리고 헌정민주주의에 대한 이론적 기여는 주로 로크, 몽테스키외 등 자유주의 사상가들에 의해 제기되었고, 여기에 대한 사회민주당의 이론적 기여는 매우 부족하며, 다양한 소유제의 병존에 대한 현실적 대안이 없다고 비판했다.

요컨대 사회민주주의(social democracy)는 19세기 말 고전사회주의에서 나와 참정권 확대로 인해 혁명 대신 의회민주주의를 통해 점진적인 방식으로 자본

• • •

51) 예컨대 중국사회과학원은 2007년 '국가흥망과 마르크스주의 세미나' 등을 개최하여 셰타오의 주장을 반박했다. 이를 전후로 베이징은 물론이고 주요 지방도시에서 '민주사회주의 대토론' 을 열고 주류에 대한 반박논리를 대대적으로 선전했다. 謝韜,『大論爭: 民主社會主義模式與中國前途(下)』(臺北: 天池圖書, 2007), pp.462-487.

주의에서 사회주의로 평화적으로 이행했다. 생산수단의 공적 소유와 공적관리에 의한 사회의 개조를 민주적 방법을 통해서 실현하려고 한 것이다. 그리고 민주사회주의(democratic socialism)도 계급투쟁과 폭력혁명을 부정하고 사회주의의 이상을 의회주의를 통해 추구하고자 했다. 이들은 정치적 민주주의, 경제적 민주주의, 사회적 민주주의, 국제적 민주주의를 표방했다. 특히 생산수단의 공유제가 사회개조의 유일하고 절대적인 방법이 아니며, 농업 · 수공업 · 소매업 · 중소기업 등 중요한 부문의 사적 소유와 양립할 수 있다고 보았다. 즉 공유는 여러 수단의 하나일 뿐이라는 의미를 벗어나 최후의 수단으로 크게 축소되었다. 이러한 민주주의가 최고형태로 발전하였을 때를 가리켜 사회주의라고 호명했다.

무정부주의	사회주의	사회민주주의	자유주의 좌파	자유주의 우파	보수주의	극보수주의	파시즘

이렇게 보면 중국내 민주사회주의의 이데올로기 스펙트럼은 사회주의와 자유주의 좌파의 중간에 있다.[52] 즉 중국적 맥락에서 보면 마오주의와 거리가 있고 현재 중국당정이 주장하는 사회주의적 민주주의 노선과도 일정한 차이가 있다. 국제적으로 민주사회주의는 선언 · 강령 · 사상 · 정책 등을 일관성 있게 설명할 수 있는 과학적 이론이 결여되어 있고 종래 사회주의 · 공산주의를 밑받침해 온 마르크스주의를 극복 · 대체할 수 있는 체계적 · 이론적 대안이 없다. 셰타오는 마르크스주의가 변화하고 있고 자본주의와 사회주의가 수렴되어야 하며 모든 이론은 시대에 부응해야 한다(與時俱進)라고 주장하면서도 마르크스주

● ● ●

52) 민주사회주의의 이데올로기적 의미에 대해서는 이희옥 · 장윤미, 『중국의 민주주의는 어떻게 가능한가』(서울: 성균관대학교 출판부, 2013); pp.55-61. 이희옥, "셰타오의 민주사회주의론," 『동아시아브리프』 6권 2호 (2011), pp.53-57.

의가 핵심이며 그 원형은 서구 사회민주주의 국가에서 찾을 수 있다고 주장했다. 다만 셰타오는 정치체제의 유연성(헌정민주주의), 복지를 강조하고 있다는 점에서 정치체제 개혁을 주장하는 일군의 자유주의자들이나 복지사회주의를 강조하는 신좌파의 논의와도 일정한 공통분모가 있다고 주장했다. 사회주의적 민주주의를 주장하는 카오광의 견해를 빌리면, "민주사회주의를 참고하여 사회주의적 민주를 발전시켜야 하며 사회주의적 민주만이 현재 중국에 가장 필요하고 중국을 구할 수 있다"[53]고 보았다.

V. 평가

중국에서 '민주주의'의 목표는 다당제나 삼권분립과 같은 서구적 민주주의를 도입하는 것이 아니다. 그리고 중국이 빠른 시기 내에 '중진국 함정'에 빠지기보다는 적어도 권위주의-다원주의(authoritarianism-pluralism)가 지속되거나 당국가체제가 수축과 적응을 통해 시간을 정하지 않은 채 생명력을 유지할 가능성이 크다.[54] 중국당정도 '민주화'가 새로운 정치적 도전이라는 것을 인식하고 있으며, 정치개혁을 강조하고 실제로 다양한 중국식 민주조치를 선제적으로 실시

• • •

53) 謝韜, "科學社會主義與民主社會主義的百年分合," 『大論爭: 民主社會主義模式與中國前途(上)』, pp.176-186.
54) 중국의 미래 민주화에 대한 다양한 학자들의 예측에 대해서는 David Shambaugh, 2008, pp.170-174; Robert Scalapino, "China in the Late Leninist Era," *The China Quarterly* (December 1993), pp.949-971; Richard Baum, "China after Deng: Ten Scenarios in Search of Reality," *The China Quarterly* (March 1996), pp.153-175; Bruce Dickson, "The Future of the Chinese Communist Party: Strategies for Survival and Prospects for Change," Cheng Li ed, *Charting China's Future: Political, Social, and international Dimensions* (Roman & Littlefield, 2006); Andrew Walder, "The Party Elite and China's Trajectory of Change," *China: An International Journal* 2-2 (September 2004), pp.189-209.

했다. 어떤 면에서는 중국 당정이 자기 자신에 대한 가장 엄중한 비판자가 되어 자신의 약점을 깊이 연구했다.[55] 이런 점에서 중국의 민주주의 논의가 단순한 '시간벌기'나 정치개혁을 유보하기 위한 것이 아니라 좀더 적극적인 지향을 지닌다고 평가할 수 있다. 실제로 지도부의 종신제 폐지와 임기제 도입, 개인의 자유와 사회의 자주적 범위의 확대, 당정분리와 행정부에 대한 당의 간섭 최소화, 전국인대의 기능개선, 지방자주권 확대, 농촌에서의 촌민자치와 도시의 주민위원회와 사구(社區)조직의 발전, 비정부조직의 기능강화 등은 이러한 결과이다.[56]

또한 담론 수준에서도 '민주주의'에 대한 이론적 분화가 나타났다. 서구 자유주의에 가까운 '자유민주주의'나 민주사회주의 구상에서부터 마오쩌둥 시기의 대민주(grand democracy) 구상에 이르기까지 이념적 스펙트럼이 매우 넓다. 이 속에는 당내민주주의 선행론, 헌정민주주의 발전론, 기층민주주의 건설론, 증량민주주의 발전론, 협의민주주의 발전론, 자유민주주의론, 민주사회주의론, 사회주의 다당제론 등이 포함되어 있다.[57] 그러나 크게 보면 중국의 국정(國情)을 반영한 '사회주의 민주주의'라는 현실론과 중국이 민주주의에 이르는 방법과 도구를 중시한 증량민주주의 또는 점진민주주의론으로 양분할 수 있다.

그러나 중국의 민주주의 논의의 대원칙은 '공산당 지배의 틀'이다. 이 틀 내에서 다양한 민주주의적 조치에 대한 '질서(有序)'와 '양적 축적(存量)'을 강조했다. 더구나 미국의 금융위기 이후 미국패권의 한계를 목격하면서 민주주의란 외부로부터 이식되는 것이 아니며, 복수의 '근대들'이 존재할 수 있다고 확신하기 시작했다. 따라서 중국에서 새로운 체제변화가 나타난다 하더라도 그것이

· · ·

55) 마크 레너드(장영희 역), 『중국은 무엇을 생각하는가』(서울: 돌베개, 2011), pp.131.
56) 燕繼榮, "民主之困局與出路," 『學習與探索』 2期 (2007).
57) 佟玉華 · 馬繼東 · 徐琦, 『社會轉型期政治發展與民主政治建設』(北京: 中國社會科學出版社, 2009), p.27.

반드시 자유민주주의체제는 아니며 공고화되지 않은 민주주의(unconsolidated democracy)나 비자유적 민주주의(illiberal democracy) 또는 전혀 새로운 것일 수도 있다.[58]

다만 중국식 민주주의는 이론적, 이데올로기적 한계를 지니고 있다.[59] 우선 사회주의 민주주의와 증량민주주의로 대변되는 주류 민주주의 담론은 동아시아 발전국가들이 추구했던 '민주화에 앞선 제도화'[60]의 틀과 크게 차이가 없다. 이것은 현실론(國情論)에 입각해 조작적 수준에서의 변화만을 보여주고 있다. 따라서 이것만으로는 '중국식' 민주주의를 효과적으로 정의할 수 없다.

둘째, 사회주의가 무엇인가 하는 점이다. 중국식 민주주의의 핵심이 '사회주의 민주주의'라면, 무엇이 '사회주의'인가에 대한 해석이 필요하다. 전통적 의미에서 사회주의는 계급지배, 공적 소유, 당의 지도 등으로 정의할 수 있지만, 현실적으로 계급지배와 공공소유제는 크게 후퇴했다. 그렇다면 사회주의의 개념을 추상의 영역이 아니라 현실의 영역에서 재해석할 필요가 있다. 이러한 조건 속에서만이 '사회주의내의 민주주의'가 정당성을 얻을 수 있다.

셋째, 민주주의와 독재(專政)에 대한 새로운 위상정립이다. '3개대표론'을 통해 '선진생산력'이라는 자본가계급의 공산당 입당을 허용했다. 그리고 중국공산당도 혁명당에서 집권당으로 변화했다. 그렇다면 마르크스주의 국가론의 전제인 '(부르주아에 대한) 인민민주독재'의 위상은 훨씬 약화되었음에도 불구하고 여전히 남아 있다. 중국은 대체적으로 프롤레타리아 독재에서 노동민주독재를 거쳐 인민민주독재로 정착되었다. 따라서 인민민주주의 독재를 견지하는 것을

● ● ●

58) Bruce Dickson, 2006, pp.41-42.
59) 李熙玉, "中國式民主的另一種解釋:韓國的視角," 謝慶奎 編, 『民生視閾中的政府治理』 (北京: 北京大學出版社, 2012), pp.71-79.
60) Samuel P. Huntington, Political Order in Changing Societies (New Haven: Yale University Press, 1968), pp.4-5.

전제로 민주주의를 확대하고 독재의 기능과 범위를 제한하고자 하는 것이다.[61] 그러나 마르크스주의 국가론의 '전정(專政)'은 일종의 과도기적 개념이다. 뿐만 아니라 현실에서는 '전정이 본래의 의미보다는 독재'의 개념으로 사용되면서 법치와 인권을 훼손하고 있다는 점에서 '전정'을 재해석하는 것은 중국식 민주주의의 새로운 과제이다.[62]

넷째, 정치과정의 투명도를 높일 필요가 있다. 흔히 중국모델을 사회주의 체제, 혼합소유제, 대외적 불간섭주의 등의 요소가 있다고 간주한다. 그러나 현대 중국은 사실상 대중경제가 아닌 소중(小衆)경제라고 규정하고 여기에서 부패와 특권 그리고 지대추구(rent-seeking) 행위가 발생한다고 보고 있다.[63] 따라서 투명도를 높이고 부패를 근절하기 위해서는 좀더 개방적인 시장을 가질 필요가 있다. 즉 시장에 대한 민주적 통제 없이는 중국식 민주주의의 정당화를 담보하기 어렵다.

다섯째, '사회주의' 국가와 초보적으로 형성되고 있는 시민사회와의 관계정립의 문제이다. 이를 위해 기존의 법의 지배, 헌정주의(constitutionalism)의 방향을 실질적으로 전환해야 한다. 이것은 통치행위를 규범화하는 데 그치는 것이 아니라, 인민의 권리를 실질적으로 보호하는 것이다. 이를 위해서는 국가와 시민사회와의 새로운 관계를 모색해야 한다. 현재 중국의 사회치안관리 비용이 지나치게 높고 이것이 중국의 경제성장을 제약할 수 있을 뿐 아니라, 중국식 민주주의의 지속가능성에도 부정적 영향을 미치고 있다.

여섯째, 민주주의가 민생과 결부된 문제라면, 전국적 의료보험체계, 전국적

• • •

---

61) 肖立輝, 2008, pp.40-48.
62) 이러한 전정(專政)의 과도기적 성격을 주목하고 이를 혁명에서 집권으로, 전정에서 헌정(憲政)으로 이행할 것을 제기하기도 한다. 佟玉華·馬繼東·徐琦, 2009, p.107.
63) 丁學良, 2011, pp.54-61.

소득세 부과, 교육제도 개선, 농촌지역 거주자에 대한 교육기회의 제공, 사회적 합의에 기초한 산아제한정책의 폐지 등을 통한 '민주주의'의 정책화가 필요하다. 쑨원이 처음 소셜리즘(socialism)을 사회주의가 아니라 민생주의로 번역한 것을 새롭게 재해석할 필요가 있다.[64] 모든 정치가 구체적인 정책 보다는 방향성이 생명이라면, 구체적으로 이러한 정책을 어떻게 대중과 소통할 것인가라는 공론장으로 접근할 필요가 있기 때문이다.

• • •

64) 人民日報理論部 編, 『六個爲什么?』(北京: 人民日報出版社, 2009), p.72.

[보론]
민주사회주의과 사회민주주의

1. 민주사회주의론: 셰타오의 논의

셰타오[65]는 중국의 저명한 사회학자이자 철학가로 인민대학 부총장을 역임
했다. 그가 2007년『염황춘추(炎黃春秋)』에 발표한「민주사회주의와 중국의 미래
(民主社會主義模式與中國前途)」라는 글은 중국 내에서 민주사회주의 논의를 촉발시
켰다.[66] 사회민주당 내지 사회민주주의의 이념적 지표라고 볼 수 있는 민주사회
주의가 중국 내에서 주목을 받은 배경은 '사회주의'의 과잉과 '민주주의'의 부
족을 겪고 있는 중국의 정치적 상황과 출로에 대한 고민의 반영이었다. 이런 점
에서 중국 당정도 혁명 원로인 셰타오의 글이 발표되자 개인 의견이라고 선을
긋고 불필요한 논쟁이 확산되는 것을 막았으나 이 토론을 완전히 봉쇄하지는
않았다. 결과적으로 중국 당정의 느슨한 통제가 활발한 토론을 불러 일으켰다
고 볼 수 있다.[67]

• • •

65) 셰타오(謝韜)는 1922년 쓰촨 즈궁시에서 태어났다. 그는 1944년 진룽(金陵)대학 사회학과를 졸업하
고 1946년 중국공산당에 입당한 이후 충칭의『신화일보(新華日報)』기자를 거쳤다. 건국 이후에는
후펑(胡風) 반혁명사건에 연루되어 하방되기도 했으나 1980년에 복권되었고, 이후『중국사회과학』
총편집인, 중국사회과학 출판사 부사장, 중국인민대학 부총장, 중국사회과학원 대학원 부원장을
거쳤다. 2010년 8월 지병으로 사망하기까지 〈묵자의 철학사상을 논함〉, 〈티벳종교문제사략〉 등의
논문을 썼다. 이후『염황춘추(炎黃春秋)』에 많은 정치비평을 실었는데 이 글도 그중의 하나이다.
66) 黃達公 編,『大論爭: 民主社會主義模式與中國前途 上, 下』(臺北, 天池圖書, 2007)
67) 李彩艷, "近來我國內關於民主社會主義的研究與爭論," 何秉孟 外編,『理論熱點:百家爭鳴12題』(社
會科學文獻出版社, 2010)

이 토론은 대체적으로 민주란 무엇인가, 사회주의는 무엇인가, 마르크스주의와 중국이 가야할 길은 어디인가를 둘러싸고 전개되었다. '민주' 문제에 있어서는 절차와 방식, 즉 위로부터의 개혁에서 아래로부터의 유권(有權)운동과 계몽운동 등으로 발전했다. 사회주의와 민주사회주의의 관계에 대해서는 사회주의로의 평화적 이행의 문제, 마르크스주의 핵심과 이에 대한 비판 등이 쟁점이 되었다. 당 이론에 대해서는 조직원칙, 권력기구의 문제, 당 기율, 당의 구성방식이 쟁점이었고, 당의 방향성에 대해서는 사회주의 민주, 민주사회주의, 자유주의, 헌정민주 등으로 대립하면서 발전했다. 이 논의를 촉발시킨 셰타오의 논점은 다음과 같다.

"제2차 세계대전 이후 세계의 사회제도는 미국의 자본주의, 소련의 공산주의(폭력사회주의), 스웨덴을 대표로 하는 민주사회주의 제도가 있었다. 이러한 사회제도는 크게 자본주의와 공산주의가 민주사회주의로 수렴되었다는 점에서 사회주의와 자본주의의 관계는 계승과 발전의 관계이며, 전복과 소멸의 관계가 아니라는 것을 알 수 있다. 따라서 자본주의에서 사회주의로의 평화적 이행이 가능하기 때문에 과거의 잣대로 '민주사회주의'를 수정주의로 비판하는 것은 오류이다. 특히 1965년 세계자본주의 대회에서 채택한 『자본가 선언』의 기본강령인(사회주의) 인민주권의 경험을 기초로 한 주식제 인민자본주의, 사회주의 복지제도의 경험을 기초로 한 복지자본주의, 계획경제의 경험을 기초로 한 계획자본주의 등에 비추어 보면, 선진자본주의 국가는 모든 신(新)자본주의가 되었고 그 정도는 다르지만 민주사회주의로 수렴되고 있다고 볼 수 있다.

그리고 중국도 현재 민주사회주의의 길로 가고 있다. 덩샤오핑의 개혁개방 정책에서 출발하여 후야오방(胡耀邦) 시기 채택한 인민공사 해체, 가정생산청부책임제와 다양한 소유제의 도입, 선부론(先富論), 14기 3중전회에서 계획경제를 버리고 사회주의 시장경제를 도입한 것, 2001년 장쩌민이 세계무역기구에 정식으로 가입하여 세계자본주의 경제의 궤도에 진입한 것, 전국인대 10기 2차대회에서 후진타오가 '3개대표론'과 사유제 보호조항을 헌법에 반영한 것 등은 모두 중국이 민주사회주의의 길로 접어든 시금석이었다. 민주사회주의의 문제의식은 개혁개방 이후 최대의 문제는 무엇이 마르크시즘이고 무엇이 수정주의인가, 마르크시즘의 정통은 어디에 있는가를 명확하게 구분하지 못한 데에서 출발했다. 이것은 그동안 '논쟁하지 말자(不爭論)'의 여파가 크다고 볼 수 있는데, 그 결과 중국 내에서 좌파의 부활이 나타났다. 이런 점에서 마르크스-엥겔스의 만년(晩年)은 민주사회주의자였고 '사회주의로의 평화적 이행'을 주창한 사람이었으며, 민주사회주의가 사회주의의 적통이다.

또한 베른스타인도 마르크스주의의 폭력이론을 수정한 것이 아니라, 평화적 이행론을 제기한 것이었다. 이와는 달리 레닌은 제1코민테른의 폭력혁명파이자 파리꼬뮌의 군사지도자였던 프랑크주의의 영향을 받았다. 즉 생산력발전 수준이 어떠하든 폭력혁명의 방식으로 착취 없는 새로운 세상을 만들 수 있다고 보았다. 『자본론』을 읽지 않았던 마오쩌둥도 바로 이러한 레닌주의를 차용했다. 그러나 마르크스주의의 근본원리는 생산력 발전이 전체 사회진보의 기초이며, 격차·빈부차이·사회적 분화는 생산력이 발전하고 사회적 재화가 증가한 결과라고 보았다. 전체적으로 보면 '반동(退步)'의 요소도 있고, 착취·압박·계급투쟁도 나타났지만 전체적으로는 진보하고 있다.

엥겔스는 만년에 이른바 '공산주의'라는 최고의 이상을 포기했다. 그 이유는 그가 부단한 발전론자였기 때문에 최종목표란 존재하지 않는다고 보았기 때문이다. 따라서 대중을 이끌고 가는 정당은 시대에 맞게 자신의 목표를 조정해야하며 이를 대중에게 알려줄 필요가 있다. 공산주의의 목표는 역사적 시대에 따라 내용이 구체적으로 변화하는 것이다. '장기적 이익'을 위해 '현재의 이익'을 부정하는 공산주의를 실현하기 위해 대중에게 고난을 참고 견디라는 논리는 공상적 사회주의이다. 이와는 달리 살아 있는 마르크스주의는 노동계급과 대중에게 고(高)임금, 높은 복지를 가져다주는 민주사회주의이어야 하며 유토피아가 되어서는 안된다. '공부론(共富論)'은 부르주아가 프롤레타리아가 되자는 것이 아니라, 프롤레타리아가 부르주아가 되는 것이다. 이것이 사회민주당이 국가를 운영하는 지도방침이다.

이런 점에서 중국정부도 자본주의의 과잉과 사회주의 과소를 해결하고자 하며 민생문제와 복지문제를 중시하는 가운데 이러한 민주사회주의의 현실정치를 원천적으로 배제하기는 어려웠다. 실제로 2000년 중앙당교는 후진타오의 지시로 독일, 프랑스, 북유럽에서 서독의 사민당이 자기개혁을 단행하고 지지기반을 확대했던 역사적 경험을 연구한 바 있다.[68]

실제로 공산당 기관지인 『인민일보』에는 '서유럽의 사회민주당은 새로운 계급구조의 변화에 어떻게 적응하고 성장을 계속하고 있는가' 라는 호의적인 글을 게재하기도 했다. 또한 2001년 5월 공산당 대외연락부는 『사회변화와 정당』이라는 주제로 세미나를 개최하면서, 프랑스 사회당의 베르구니우(Alian Bergounioux), 포르투갈 사회당의 코스타(Alberto Costa), 독일 사민당의 알베르제(Detlev Alberse) 등을 초청하기도 했다.[69]

물론 2006년 중앙선전부 조직선전문화 라인에 속한 '4개일비(4個一批)' 이론팀의 보고서 내용과 같이 중국사회주의와 민주사회주의는 사상이론, 경제, 문화, 사회건설 체계에서 근본적으로 다르다고 논박한 바 있으나, 그 논의 자체를 무화시키지는 않았다. 이런 점에서 중국 내에서 민주사회주의의 지향은 현실의 영역으로 등장하면서 그 이념적 지향이 새롭게 발전하거나 분화될 가능성은 여

• • •

68) http://chinesenewsnet.com (검색일: 2001월 5월 1일)
69) "Senior CPC Official Meets West European Guests," China Daily, May 24, 2001.

전히 있다. 왜냐하면 갈수록 사회적 격차가 확대되고 복지의 위기가 가중되면서 사회주의에서 '민주'의 문제를 질문하고 있기 때문이다.

2. 사회민주주의: 딩쉐량의 논의

딩쉐량[70]은 『중국모델의 혁신(辯論中國模式: Debating Chinese Model)』[71]을 통해 기존의 중국모델 논의를 평가하고 해석하는 한편 혁신의 방향을 제시하고 있다. 그는 기존에 중국모델을 설명해왔던 권위주의와 시장경제의 결합, 대외적 불간섭주의, 혼합경제(mixed economy) 등 주로 중국 발전의 예외주의(exceptionalism)을 설명해오거나 사직(社稷)체제와 같이 과도하게 중국적인 특수성을 강조하는 틀을 벗어나 좀더 정치경제학적 잣대를 통해 중국모델을 해석했다. 이러한 연장 속에서 중국모델이 지녀야 할 이념적 지향도 제시했다. 그의 논의의 핵심은 다음과 같다.

우선 중국모델은 '워싱턴 컨센서스'를 겨냥한 '베이징 컨센서스'의 개념과는 추상적 수준이 다르다. 이른바 '컨센서스들'은 상대적으로 정책수단의 선택을 주목하지만, 중국모델은 정치경제학적 차원에서 다양한 행위자의 상호관계를 검토하고 것이다. 즉 '워싱턴 컨센서스'와 '베이징 컨센서스'에서 전달하

• • •

70) 딩쉐량(丁學良)은 현재 홍콩과학기술대 사회과학부 종신교수이며, 저장(浙江)대학, 선전(深圳)대학, 화챠오(華僑)대학, 중난(中南)대학 초빙교수로 활동하고 있다. 1992년 미국 Harvard대학에서 박사학위를 받은 후 하버드대학, 호주국립대 아태연구소, 카네기재단 연구원으로 일한 바 있다. 그의 주요연구분야는 비교발전과 현대화, 전환경제의 사회환경, 대학제도와 국가·지역경쟁력 등이다. 『중국경제 재부상(中國經濟再崛起)』『무엇이 세계일류대학인가(什麽是世界一流大學)』『액체의 추억(液體的回憶)』『신마르크스에서 베버까지(從 "新馬" 到韋伯)』등을 캠브리지대학, 옥스포드대학, 베이징대학, 렌징 출판사에서 펴냈다.
71) 이 책의 번역본으로 딩쉐량(이희옥·고영희 역), 『중국모델의 혁신』(성균관대학교 출판부, 2012)을 참고하라.

고자 하는 것은 '체계 변화의 actor-agent' 라고 분류되는 의식적 행위자가 자신의 입장이나 관점에서 견해나 의향, 목표, 제안 조치들을 평가하는 것이다. 그러나 중국모델은 행위자들이 전체 국면, 정세, 상황의 영향과 제약 속에서 객관적으로 만들어낸 최종 결과물을 보다 중시하는 것이다. 이런 점에서 중국모델은 완전한 기본 원칙과 신념체계로 구성된 고정된 프레임이 아니라 동태적인 과정이다.

둘째, 중국모델의 적용시점이다. 일반적으로 중국모델은 마오주의와 질적으로 구분되는 개혁개방 시기에 주목했지만, 1970년대 말부터 1980년대 말까지 10여 년 동안은 '모델' 로 일컬어질 만한 것은 형성되지 않았다. 단지 이 시기는 새로운 사상, 관념, 가치 등이 형성되었고 향후 중국형 발전에 영향을 끼쳤다는 점만을 인정하고 있다. 이런 점에서 중국모델은 1989년 이후에야 비로소 하나의 틀을 갖추면서 형성된 것으로 볼 수 있다. 그 모델은 명확한 방향성과 정치체제 그리고 천안문사건 이후 새로운 개방정책과 국유기업과 시장개혁, 엄격한 사회통제, 시장과 정부관계, 국가와 사회관계의 새로운 모델이 만들어진 것이다.

셋째, 중국모델의 기본적인 세 축은 핵심적 레닌주의, 중국 특색의 사회통제 시스템, 정부통제(管制)시장경제이다. 이 축들은 유기적이고 활력적으로 전체를 구성하고 있으며 어느 한 축이라도 부족하면 전체 형태가 변한다. 따라서 중국모델은 타국으로 수출하는 것이 불가능하고 보편성을 발견할 수 없다. 즉 중국모델이라는 경제성장의 기적을 수입하거나 수출하고 싶으면 나머지 두 축도 함께 수입하거나 수출해야 하는 것이며, 이중의 어느 하나를 선별하여 수출하는 것은 불가능하다는 점에서 제3세계 권위주의 국가의 매력적인 모델이 아니다.

넷째, 중국의 발전 동력을 중국정치체제의 활력에서 찾았다. 중국과 달리 많은 동아시아 국가들이 모두 성공할 수 없었던 이유는 지배집단이 정권 유지를 유일한 목표로 삼았기 때문이었다. 중국에 있어 정권유지는 중국 공산당에게 중요한 목표이지만 유일한 목표는 아니었다. 따라서 이 점을 구분하지 않으면 '활력 있는' 일당정치 체제와 '활력 없는' 일당정치 체제의 차이를 이해할 수 없다고 보았다. 이러한 연장선에서 지난 20여 년간 중국은 세수자원을 확보하는 능력이 높아졌지만, 이것을 공공재정 영역의 유일한 목표로 삼지 않았다. 즉 국가가 약탈적 재정목표 속에서 수취를 확대하면, 국민경제는 갈수록 위축될 수밖에 없다. 이런 점에서 그는 중국과 다른 비(非)민주 정치체제를 구분하여 정당하게 평가해야 한다고 본다.

다섯째, 최근 중국의 발전은 새로운 현상이 아니라 '재부상'이다. 즉 고대 역사에서부터 18세기 초 이전 유럽의 산업혁명이 급속히 발전하여 큰 충격을 주기 전까지 중국의 생산기술과 경제조직, 시장화는 모두 세계 최고 수준이었다. 이런 점에서 최근 중국의 발전은 '재부상' 과정에 있고, 경제총량과 1인당 평균 GDP는 중국 역사에서 기록한 세계 최고 수준에는 이르지 못했다. 따라서 중국 모델을 평가할 때, 주변 동아시아모델 국가들과의 수평적 비교와 함께 중국 역사상 도달했던 최고 수준과의 수직적 비교가 필요하다.

여섯째, 중국체제안정에 대한 재평가이다. 중국모델은 지난 20년 동안 설계와 운영에서 '안정이 모든 것을 압도한다'라는 틀을 사용했다. 그러나 안정을 최우선적으로 강조하면 무조건적이며 비용을 따지지 않으면서 사회를 왜곡시킨다. 현재 중국에서는 '모든 사람이 안정을 유지하자(人維穩一)'는 대중동원 캠페인을 쉽게 볼 수 있는데, 이처럼 특수한 시기적 경험이 일상화되면 악순환의 대가가 증가한다. 사실 중국모델은 사회적 공정성을 지키려는 요구와 효과적인 배상체계를 정책의 우선순위에 두지 않았다는 점에서 결함이 있다. 이것은 불가피하게 명목 GDP 상승폭을 정치업적 고과의 척도로 삼고 일반 국민, 특히 사회적 약자의 권익이나 환경보호와 같은 공공이익은 가장 밑바닥에 두는 인센티브 메커니즘과 내재적으로 연결될 수밖에 없다. 이것이 중국의 부정부패의 메커니즘들을 보호하고 있고 불법과정에 있는 대다수 행위자들이 게임에서 퇴장되지 않은 원인이 되었다.

일곱째, 중국모델의 대안은 대중시장경제에 있다. 중국경제는 시장규모의 확대에도 불구하고 사실상 제한된 행위자들이 주도하는 소중(小衆)시장경제가 작동하고 있다. 그 결과 '나라는 부유하지만 백성은 가난하며', '관리들은 부유하지만 백성은 가난하고', '도시는 부유하지만 농촌은 가난한' 삼부삼빈(三富三貧) 구조가 형성되었다. 이러한 체제는 세계경제 위기가 오면 쉽게 동요하면서 전면적인 사회위기 또는 정치위기에 취약하다. 따라서 소중시장경제를 대중시장경제로 전환시키기 위해서는 인력자본의 소양을 높이고 보다 많은 국민이 창업할 수 있도록 합리적인 방안을 확대해야 한다. 이를 통해 일반 국민들이 부자가 될 기회를 얻고 민간의 소비능력을 확대시켜야 한다. 실제로 정부 관료의 통제력이 부족하면 민간자본주의가 발전하고, 정부가 강력해지면 민간자본을 정부통제 속에 끌어들여 실패한 경험은 중국근대사에서 쉽게 발견할 수 있다. 마지막으로 중국모델의 이념적 지향이다. 중국경제는 발전했지만, 효과적인 통제를 받지 않은 관료특권은 보다 정교해지고 심화되어 특권 자본주의로 발전했다. 이와는 달리 중국 민간과 체제 내부에서 제기되는 반부패 청렴정치의 요구는 점차 주변화되어 견제 역할을 제대로 하지 못하고 있다. 따라서 발전모델에서 막대한 이익을 누린 특수이익 집단의 저항을 극복하는 것은 중국모델의 새로운 도약에 있어 가장 어려운 도전이다. 이런 점에서 개혁 초기에 나타났던 '인민에게 빚을 갚자'는 관념을 계승할 필요가 있다. 이런 부채의식은 소중한 도덕적 유산이며 중국모델 전환의 윤리적 기반이기도 하다. 그렇지 못하면 일반 국민들이나 중산계층이 '개혁'을 부정적인 것으로 볼 수 있다.

딩쉐량의 중국모델의 이념적 지향에서는 고전 레닌주의에 대한 비판과 사회민주주의의 친화성을 발견할 수 있다. 그 핵심은 대중이 전면적으로 참여하는 정치개혁, 사회변혁, 경제전환의 정상적이고 원활한 경로를 통해 시장경제의 범위를 확대하고 수혜범위를 확장하여 보다 많은 일반인들이 국민 재화의 창출과 서비스 혜택을 받을 수 있도록 하는 것이다. 또한 시장경제가 사회적 약자에 가하는 충격을 감소시켜 보다 공정하고 지속적인 성장잠재력을 가진 사회경제 구조를 만드는 것을 목표로 삼았다. 이런 점에서 그 가능성을 역사적으로 비(非)레닌주의 노동운동의 흐름을 주도한 사회민주노동당(社會民主工黨)에서 찾은 것은 자연스러운 일이었다. 사회민주노동당은 중도좌파적 정치세력으로서 주로 19세기 말에서 20세기 초 자본주의 중심지역에서 수많은 약자집단의 이익을 대변했다. 이들은 법률이 부여한 권리를 확실하게 보장할 것을 요구하고, 법률이 아직 보장하지 않는 부분은 의회투쟁과 노동운동을 통해 보다 나은 입법을 실현하고자 하였다. 특히 자본주의 원시축적의 바퀴에 제동장치를 설치하고 새로운 운행규칙을 제정해야 한다고 주장했다. 이로써 자본주의 원시축적의 바퀴가 더욱 강력해지고 잔인해지는 것을 막고 그것이 모든 것을 억압하는 것을 저지해야 한다는 것이었다.

딩쉐량은 이러한 '제3의 길' 모델이 서유럽과 북유럽에서 최근 100년간 중요하고 안정적인 사회경제적 효과를 거두었다고 평가했다. 세계적으로 평균소득이 가장 높은 국가들, 법이 가장 공정한 국가들, 사회관계가 가장 조화로운 국가들, 정부와 기업의 부패지수가 가장 낮은 국가들, 사회복지가 가장 널리 보급되고 평균수명이 가장 높은 국가들은 대부분 사회민주주의라는 배경과 관련이 있다고 보고 이것이 중국모델의 혁신에 있어서 가장 중요한 관념의 근원, 제도정책의 근원이라고 보았다.

그의 이러한 민주주의 구상은 다음과 같은 특징을 지니고 있다. 첫째, 공산당 일당체제 자체에 대한 문제의식보다는 이 체제가 역사적 소명을 다했다고 보고, 공산당 일당체제의 현실을 고려하면서도 의회사회주의 노선으로 이행하는 것이 사회주의의 본래적 의미를 확보할 수 있다고 보았다. 둘째, 비록 시장을 강조했으나 노동자의 권익을 제도적으로 확보하는 데 관심을 가졌다. 즉 노동자와 사회적 약자집단이 의회 선거를 통해 자신들의 정당과 합법적 노동조합을 조직하고, 자신들의 대표자를 선출하여 의회로 보내며 이를 헌법으로 보장하고자 했다. 또한 의회 내에서 토론이나 중간파 정당과의 동맹을 통해 노동자의 요구에 부합하는 정책을 제정하거나 개정하는 절차를 거쳐야 한다고 보았다. 이러한 점진적이고 합법적인 경로, 그리고 조직화된 여론과 법제도의 정비를 통해 경제영역에서 강력한 지위를 차지하고 있는 부르주아 계급, 지주 계급, 과두금융으로부터 노동자의 소득, 교육 기회, 사회 복지, 연금보험, 특히 아동과 여성의 권리와 같은 가장 기본적인 인도적 처우를 개선할 수 있다는 것이다. 셋째, 국가와 시장의 관계이다. 그의 문제의식은 최소국가와 시장의 확대(개혁 보다는 개방)에 경사되어 있다. 그러나 이것이 시장만능주의를 의미하는 것은 아니며, 중국에서 발생하는 부정과 부패는 모두 제한된 시장(통제받는 폭과 깊이에서 동아시아에서 가장 강력함)에서 나타나는 것으로 보았다. 따라서 대중경제시장에서만이 지대추구(rent-seeking), 특권, 부패현상을 극복할 수 있다고 보았다.

요컨대 그의 사회민주주의론은 중국 내에서 논의되었던 셰타오류의 민주사회주의론과는 일정한 차이가 있다. 즉 일당체제 또는 일당체제 내의 사회주의 다당제를 강조하면서 당내의 '민주기획'을 강조하는 것과는 달리, 새로운 계급정당의 필요와 노동자의 권익보호, 자유의 확대 등 유럽형 사회민주주의 노선에 대체로 부합하고 있다. 그리고 그는 중국공산당의 역사적 정통성을 인정하고 여기에서 나타난 '정권유지 플러스'의 정책노선에도 정당성을 부여하고 있다. 더구나 중국모델의 혁신은 '인민에게 빚을 갚자'는 역사적 부채의식에서 출발해야 한다고 강조하는 점은 최근 조화(和諧)사회의 핵심인 민본주의(以人爲本)나 '민생은 최대의 정치'라는 후진타오 노선과 일정한 궤를 같이하고 있다.

이런 점 때문에 그의 책이 중국의 검열조건을 아슬아슬하게 통과하면서 출판될 수 있었다.

그러나 딩쉐량의 사회민주주의론도 많은 비판을 받았다. 그 핵심은 구체적 처방이 '무력하고' 서구 사회민주주의 국가들의 전환유형과 중국의 실제가 차이가 크다는 것을 의도적으로 주목하지 않았다. 특히 그가 주목하고 있는 독일 등의 체제전환은 세계대전에서 패한 후 다른 전승국의 강력한 개조한 조건하에서 진행될 수 있었다는 점에서도 중국과는 현격한 차이를 보이고 있었다. 마지막으로 그가 강조하고 있는 중국의 개혁개방의 초심인 '인민에게 빚을 갚는' 이념적 지향이 무엇을 지향하고 있는 것인지, 이것이 곧바로 중국적 사회민주주의 가치의 원형인가에 대한 진지한 언급이 없다.

중국의
새로운
민주주의
탐색

제6장

중국식 민주주의의 진화:
협상정치의 도입

제6장
중국식 민주주의의 진화: 협상정치의 도입

I. '심화개혁'의 등장

시진핑 체제는 '전면적 심화개혁(全面深化改革)'을 위한 조직을 갖추고 7%대 경제성장률을 '새로운 정상(new normal)'으로 간주하는 발전모델의 전환을 추진해왔다. 그러나 중국의 새로운 개혁과제는 과거 무역개방, 가격자유화와 같은 상품시장이 아니라, 금융 · 토지 · 노동과 같은 요소시장의 자유화에 있다. 그런데 문제는 이러한 개혁과제가 정치권력과 결탁된 기득권의 해체, 국가의 지배구조의 개혁, 민주화라는 보다 본질적인 문제와 맞물려 있다는 점이다. 실제로 그동안 사회적 격차, 특권, 부패, 생산성 저하 현상은 이러한 기반 위에서 고착되어 왔고 그 결과 사회주의에 대한 신념의 위기를 불러왔다.

그럼에도 불구하고 중국당정의 기본방침은 다당제와 삼권분립과 같은 서구 민주주의의 핵심요소를 수용하지 않은 채,[1] 사회주의적 민주주의(socialist

• • •

1) 시진핑도 18기 3중전회에서 "개혁 · 개방을 흔들림 없이 추진하면서도 깃발은 바꿔달지 않겠다"고 밝혀 다당제와 3권분립 등 서구식 정치개혁은 중국의 방향이 아니라는 것을 분명히 했다. 『人民日報』(2013.11.13).

democracy)의 틀 내에서 '체제 내 개혁'을 심화시키는 것이다. 이러한 방침은 특히 2008년 미국의 금융위기 이후 미국식 정치체제에 대한 중국의 인식이 변화하면서 더욱 강화되고 있다. 따라서 과거와 같이 민주주의를 위한 시간과 경험의 축적이 필요하다는 점진주의(gradualism)와 점증주의(incrementalism)적 접근에 대한 강조가 줄어들고 중국식 담론권력(discourse power)[2]을 강화하고 있다. 즉 중국의 당국가체제가 역사적 정통성 속에서 자연스럽게 선택된 것이며 일당체제를 민주화하는 방법도 다당제가 아니라 당내민주주의와 '협상정치'의 강화로 돌파할 수 있다는 것이다.[3]

중국의 새로운 민주주의 논의는 점차 자유민주주의의 핵심요소를 상대화하는 과정에서 중국민주주의의 목표라고 할 수 있는 인민민주주의를 실현할 수 있는 당내민주주의와 협상민주주의의 결합을 적극적으로 모색했다. 다만 중국의 경제발전에 따라 시장이 확대되었고 새로운 이익집단이 등장하여 개혁개방의 수혜계층과 피해계층이 분절화되면서 새로운 소통도구가 필요하게 되었고 협상민주주의는 중국식 민주주의의 출로로 주목받았다.[4]

사실 중국에서 민주주의 논의는 '중국적 담론'을 좀더 공세적으로 강화하는 새로운 국면에 진입했다. 즉 '민주주의는 좋은 것'이라는 것을 인정하고 경제

• • •

2) 자오치정(이희옥 역), 『중국은 무엇으로 세계와 소통하는가』(서울: 나남, 2012), pp. 131-142.
3) 사회주의적 민주주의는 이런 점에서 서구 민주주의에 대한 수동적 대응이 아니라, 사회주의 본래의 민주주의를 복원한다는 의미를 가지고 있다. 이홍규, "중국내 '사회주의 민주주의' 인식과 실천구상의 다양성," 『중소연구』 제37권 3호 (2013 가을), p.129.
4) 서방에서 협상(deliberation)은 숙고(consideration)와 토론(discussion)의 두 의미를 가지고 있으나, 전자의 의미가 강하다. 이후 타이완의 정치학자들이 deliberation democracy를 심의(審議)로 사용했으나, 중국의 중앙편역국에서 '협상민주주의'로 사용했다. 그 결과 인민정치협상회의의 영어표기(Chinese People's Political Consultative Conference)와 혼용되어 많은 오해를 불러 일으켰다. 이런 점에서 정치협상회의의 '협상(consultation)'과 협상민주주의의 '협상(deliberation)'은 구분할 필요가 있다. 전자는 참여와 자문이 강하고 후자는 평등과 자유에 기초한 토론을 의미한다. 이런 점 때문에 중국에서 협상민주주의는 심의민주주의로 사용해야 한다고 주장하기도 한다. 淡火生, 『審議民主』(南京: 江蘇人民出版社, 2007), p.7.

발전에 필요한 정치개혁을 보완해오던 틀을 수세적 국면에서 벗어나, 좀더 근본적으로 중국식 민주주의를 세련화하고 이론화하는 것이었다. 이것은 여러 가지 의미를 지닌다. 하나는 개혁개방의 새로운 차원으로 등장한 '두 개의 함정'을 권위주의적 해법만으로 극복할 수 없는 현실인식에 기초한 것이다. 또 하나는 국유은행을 중심으로 한 시장불안에 대한 안전망, 지방정부의 부채에도 불구하고 총 정부부채는 48%에 불과해 재정여력이 충분한 상태에서 급격한 개혁보다는 '이럭저럭 버틸' 여지가 있다는 것이다. 마지막으로 상황적으로 중국공산당 창당 100년을 앞두고 당국가체제의 정당성을 입증해야 할 필요가 있기 때문이다. 다만 새로운 변화라면 중국형 민주주의 논의에서 '협상'의 의미를 적극적으로 찾아 실천에 옮기고 있다는 점이다. 협상은 당내민주주의와는 달리 사회와 기층 등 체제 밖의 요구에 대한 협상을 강화하여 당국가체제를 강화할 수 있기 때문에 적극적으로 수용되고 있다.

II. '두개의 함정'과 새로운 민주주의의 압력

1. '두 개의 함정' [5]

중등소득 함정(middle income trap)[6]은 1998년 아시아 금융위기 이후 본격적으

• • •

5) 두 개의 함정론에 대해서는 중국내에서도 이 문제의 심각성을 인식하고 국무원내 싱크탱크에서 분석팀을 구성해 정책연구를 수행하고 있다. 조영남은 이를 검토하면서 정치개혁의 방향성에 대한 논쟁을 포함해 세 개의 논쟁으로 확대해석했다. 조영남, "중국의 최근개혁논쟁," 『중소연구』 제37권 1호 (2013 봄), pp.15-51.
6) 중등소득함정은 1인당 국내총생산이 세계의 중간수준에 달한 이후 발전전략과 발전패턴의 전환을 순조롭게 하기 위해서는 새로운 성장동력(특히 잠재동력)을 찾지 못하면 경제가 장기적으로 혼란할 것이라는 점을 지칭한다. 蔡昉, 『避免中等收入陷穽』(北京: 社會科學文獻出版社, 2012), pp.114-134.

로 대두했다. 즉 10년 동안 아시아는 경제성장에도 불구하고, 지속가능한 성장을 유지하고 불평등을 해소하며 취약성(vulnerability) 관리에 실패할 경우 성장이 정체된다는 것이다.[7] 실제로 1960년대에 100여 국가에 달했던 중등소득국가 중에서 한국을 비롯한 13개 국가만이 그 함정을 탈출했다. 이들 국가들은 매년 7%대의 경제성장률을 25년 정도 지속해왔다. 그 원동력은 대체로 개방경제, 거시안정성, 높은 저축율과 투자율, 시장경제제도, 정부효율이었다.

2013년 말 현재 1인당 GDP가 6,700달러에 달하는 중국도 이미 중등소득국가군에 진입했다. 물론 중국은 중진국 함정을 벗어난 국가들과 유사한 경제운영방식을 취했음에도 불구하고, 거시경제의 불확실성, 임금상승으로 인한 가격경쟁력 약화, 혁신 없는 경제로 인한 생산성 향상의 한계, 사회적 격차와 정치적 갈등비용이 높아지고 있다. 이를 극복하기 위해 총요소생산성(total factor productivity)의 제고, 교육과 훈련을 통한 인적자원 개발, 체제개혁과 정부기능의 전환에 주력하고 있다.[8]

중국이 중진국 함정을 극복하고 당국가체제를 유지할 것인가에 대해서는 서로 다른 평가가 있다.[9] 낙관론은 중국의 국내시장이 크고, 후발자 우위의 효과가 있으며 적극적인 해외시장의 개척, 국민의 근면성, 연구개발 인력의 확대, 국정에 부합하는 체제효율성을 제시하고 있다.[10] 비관론은 중등소득국가는 기

● ● ●

7) 조영남, 『중국의 꿈: 시진핑 리더십과 중국의 미래』(서울: 민음사, 2013), p.48; 關志雄, 『中國: 二つの罠』(東京: 日本經濟新聞出版社, 2013); 성균중국연구소 편, "중국은 중진국함정을 넘어설 수 있는가," 『성균차이나포커스』5호 (2013).

8) 蔡昉, 『避免中等收入陷穽(北京: 社會科學文獻出版社, 2012)』, pp.131-134.; Cai, Fang., "Is There a "Middle-income Trap? Theories, Experiences and Relevance to China," China & World Economy 29-1 (2012), p.60.

9) 다소 비학문적 논쟁이기는 하지만 중국이 적응성(adaptability), 정통성(legitimacy), 업적주의(meritocracy)에 기초해 기존체제를 유지해 나갈 것이라는 견해와 그것이 지니는 한계에 대한 논박은 다음을 참조할 것. Eric X. Li, "The Life of the Party," Foreign Affairs 92-1 (Jan/Feb, 2013); pp.34-46. Yasheng Huang, "Democratize or Die: Why China's Communists Face Reform or Revolution," Foreign Affairs 92-1 (Jan/Feb 2013), pp. 47-54.

10) 『人民日報』(2011.7.25).

본적으로 국가독점이라는 구조적 원인이 있고 그밖에도 노령화, 환경파괴, 불평등 등의 요소가 착종되어 있어 기술적 조정만으로 이를 극복하는 것은 불가능하다고 보고 있다. 따라서 일당체제의 정책결정 과정에서 배제된 사회집단에 정치적 권한을 부여할 때 이 과제를 극복할 수 있을 것이다.[11]

또 하나는 체제이행(system transition)의 함정이다. 이것은 중등소득함정은 잘못된 현실진단에서 비롯된 것으로 보고 있다.[12] 즉 중국문제의 핵심은 계획경제에서 시장경제로 이행하는 과정에서 나타난 기득권집단이 변화를 저지하고 이행기 체제를 고착시키는 현상에 있다는 것이다.[13] 중국에서는 시장화 과정에서 지대추구와 특권을 통해 막대한 부를 확보한 기득권집단이 더 이상 체제발전의 동력이 아니라 걸림돌로 등장했다. 이러한 기득권 집단은 몇 가지 유형으로 나눌 수 있다.[14] 첫째, 귀족화된 권력집단(權貴集團)이다. 이들은 권력을 이용해 사회적 자원과 기회를 얻고 허가권이 필요한 무역, 기초산업, 에너지산업, 부동산업 등에서 이권을 확장해왔다. 둘째, 국유독점집단이다. 이들은 권력과 결탁해 특권을 형성하고 진입장벽을 만들면서 비(非)국유기업을 배제하는 등 불평등한 시장을 만들어왔다. 셋째, 금융자본이다. 이들은 독점을 이용해 기업의 상장(上場)시 발행가격을 높이는 등의 형태로 사회적 재화를 추적했다. 그 과정에서 형성된 부실한 관리감독체제, 정보의 비대칭성을 이용한 내부자거래는 중소 투자자들에게 막대한 손실을 입혀왔다. 이러한 기득권집단이 시장화과정에서 변화를 거부하고 개혁과정을 왜곡해 온 결과 경제발전의 기형화, 사회적 격차의 확대, 과도체제의 장기화, 사회적 단절, 과도한 안정유지정책, 사회적 쇠퇴(social

• • •

11) Min Xinpei, "The Chinese Political Order: Resilience or Decay," *Modern China Studies* 21-2 (2014), p.10.
12) 孫立平, "轉型陷阱, 中國面臨的制約,"『南方都市報』(2012.1.1).
13) 조영남, 2013, p.53.
14) 關志雄, 2013, pp.182-200.

decay), 거버넌스의 왜곡과 같은 문제를 낳았다.

중국의 전면적 심화개혁은 이러한 두 가지 함정을 동시에 극복하기 위한 정책대응이다. 물론 2020년까지 7%의 경제성장을 유지할 것이라는 낙관적 견해가 5%대의 저성장을 우려하는 주장보다 일반적이다.[15] 문제는 정치개혁 없이 경제발전을 지속하기 어렵다는 점이다. 제도경제학에 따르면 특화가 상당히 진행된 사회는 복잡해지는 만큼 효율적이고 일반적인 계약의 준수를 요구하게 된다.[16] 특히 이러한 권위주의에 기초한 수탈적 경제구조는 빈부차이와 재화의 왜곡을 중장기적으로 지속가능한 발전모델과 포용적인 정치제도로 전환시키기는 어렵다. 따라서 내수중심의 성장패러다임으로 전환하는 과정에서 경제발전, 민주화 그리고 구조적 개혁이라는 세 가지 변수는 경제발전의 성과를 나누는 데 있어 반드시 고려해야 하는 요소이다.[17]

2. 권위주의 해법의 한계

현단계 중국은 일당체제와 시장경제, 정부주도하의 경제발전을 목표로 하는 개발독재모델의 특징을 지니고 있다.[18] 특히 경제활동공간이 크게 확대되면서 개인에 대한 통제가 완화되었고 일상에서 이데올로기의 역할도 줄었으며, 문화대혁명과 같은 대규모 대중동원도 사라졌다. 이와는 달리 2001년 세계무역기구

• • •

15) 淸華大學國情硏究中心, 『2030中國: 邁向共同富裕』(北京: 中國人民大學出版社, 2011).

16) Douglas C. North, "Institution," *Journal of Economic Perspectives* 5-1 (Winter 1991), p. 100.

17) Arthur Jr. Shlessinger, "The Alliance for Progress: A Retrospect," Ronald G Hellman and H. John Rosenbaum eds., *Latin America: The Search for a New International Role* (New York: Wiley, 1975).

18) 唐亮, 『現代中國の政治: 開發獨裁とそのゆくえ』(東京: 岩波書店, 2013), pp. 2-43; Ian Bremmer, *The End of the Free Market: Who Wins the War Between States and Corporations?* (New York: Portfolio, 2010).

에 가입한 이후 국제경제규범을 수용했으며 정치영역에서 선거의 도입과 참여의 확대, 협상기제의 강화를 통한 '적응과 수축'으로 당국가체제를 유지해 나가고 있다.[19]

이러한 중국의 권위주의적 해법은 탈냉전이라는 역사적 환경 속에서 이데올로기 경쟁의 부담을 덜면서 뿌리내릴 수 있었다.[20] 우선 강력한 정부에 의한 경제발전을 추진하면서도 관료선발과정에서 업적주의(meritocracy)를 통해 정부경쟁력을 높였다.[21] 그리고 정부는 의회의 감독을 크게 받지 않고 토지수용, 공권력행사, 경제발전의 기반이 되는 사회간접시설을 적극적으로 정비하면서 경제발전의 인프라를 갖추었다. 마지막으로 근대화과정에서 시장, 기업가정신, 글로벌화와 국제무역을 중시하는 등 자본주의 원리를 도입하면서도 기간산업과 신흥산업을 보호하는 정부개입을 동시에 추진했다.

문제는 이러한 권위주의적 방식이 '두 개의 함정'으로 표출되는 새로운 과제를 효과적으로 해결할 수 없다는 점이다. 우선 시장이 확대되면서 다양한 행위자들이 등장하여 이익갈등이 일상화되었고, 특히 토지수용을 둘러싼 갈등은 집단시위와 폭력적 행동으로 발전하고 있다. 둘째, 정부와 관료집단이 결탁하여 '국가는 부유하지만 국민은 가난한(國富民窮)' 현상이 발생했다. 셋째, 국유기업의 독과점으로 인해 사영기업은 시장경쟁에서 불리한 입장에 놓였다. 넷째, 중간계급(middle class)과 일반대중은 충분히 성숙하지 못했고 교육과 문화사

• • •

19) Xu Xianglin, "Social Transformation and State Governance: Political Reform and Policy Choice in China," A Search for Good Democracy in Asia (2014 International Conference on Good Democracy, 17-18 Jan, 2014), pp.62-68; David Shambaugh, China's Communist Party (Washington D.C: Woodrow Wilson Press, 2008).

20) Yang Yao, "A Chinese Way of Democratisation?" China: An Internatioal Journal 8-2(September, 2010), pp.330-345.

21) Yuchao Zhu, " 'Performance Legitimacy' and China's Political Adaptation Strategy," Journal of Chinese Political Science 16-2 (2011), pp.123-140.

업에 대한 정부통제의 결과 국민의 창의성과 혁신능력도 크게 저하되었다. 이것은 자정능력과 정부에 대한 국민의 감독기능이 저하되고 무엇보다 중국정치의 고질적 병폐인 부패를 효과적으로 방지하기 어려워진다는 것을 의미한다. 말하자면 엘리트집단 내의 개혁분파 간 경쟁이 사라지면서 경제개혁에 대한 동력도 약화되는 현상[22]이 중국에서도 나타났다.

이에 따라 중국당정은 권력집중, 권력과 자유의 관계, 통치방식, 이데올로기, 체제정당성 등의 영역에서 권위주의적 방식에 대한 출구전략을 모색해야 한다는 학계의 논의를 부분적으로 수용하기 시작했다.[23] 이것은 '권위주의적 정치, 제한된 시장, 치밀한 사회관리체제'로 유지해 온 중국모델이 그 수명을 다했기 때문에 사회민주주의의 도입, 대중시장경제의 활성화, 사회치안관리비용의 억제와 같은 새로운 혁신이 필요하다는 주장과 맥락을 같이한다.[24]

그러나 중국당정은 민주주의를 '수단'으로 도입하고 있음에도 불구하고 정치와 경제관계의 선순환구조를 위한 근본적 개혁조치는 취하지 못했다. 중국은 기본적으로 민주주의와 독재의 차이가 합의, 공동체, 합법성, 조직, 효율, 안정 등에 대한 정치의 질의 차이보다 크지 않다는 헌팅턴류의 인식에 기초하고 있

• • •

22) Daron Acemoglu and James A. Robinson, *Why Nations Fail: The Origins of Power, Prosperity, and Poverty* (New York: Crown Business, 2012), pp.445-446.
23) 중국모델에 대한 우파적 인식은 국가자본주의를 포함한 권위주의 체제론, 체제이행론, 중국모델 부정론으로 분류할 수 있지만, 대체적으로 보편적 가치인 자유, 민주주의, 법치, 인권의 중요성을 강조한다. 이들은 시장경제화 개혁을 지향하는 신자유주의자 그룹이 주도하고 있으나, 현 체제에 대한 현실적인 선호도에서 차이가 있다. 중국모델에 대한 좌파 또는 중간파의 입장은 중국특색 사회주의론 또는 중국모델 옹호론이다. 이들은 대체적으로 현 체제를 옹호하고 중국특색을 적극적으로 평가하고 있다. 중국모델론 옹호론을 주장하는 학자는 라모(Ramo)와 나이스비츠 등이 있다. 라모의 견해가 하나의 담론에 불과했다면, 나이스비츠는 중국모델을 거시계획과 미시계획의 자유로운 발전, '돌다리를 두드리며 강을 건넌다'는 신중함, 예술과 학술운동, 세계와의 일체화, 자유와 평등, 올림픽 금메달 등을 열거하면서 좀더 적극적으로 해석했다. John and Doris Naisbitt, *China's Megatrends* (New York: Harper Business, 2010).
24) 丁學良, 『辯論中國模式』(北京: 社會科學文獻出版社, 2011), pp.38-66.

다.[25] 오히려 2008년 미국의 금융위기 이후 미국 자본주의에 대한 비판적 인식이 중국사회주의체제의 정당성을 강화시키면서 '중화주의', '중국특수론'으로 복귀하기 시작했다. 국민경제, 민본정치, 사직(社稷)체제를 결합한 판웨이의 중화체제도 이러한 논리의 연장에 있다.[26]

그러나 권위주의적 해법은 경제발전 초기의 자원동원에는 효과적이지만, 사회행위자들이 폭발적으로 증가하는 새로운 단계의 문제를 해결하기는 어렵다. 더구나 문제들은 개혁개방과정에서 나타나는 부수적 효과가 아니라 사회적 종합국면(social conjuncture)의 특징을 지니고 있다. 이 해법은 체제위기를 유예시킬 수는 있으나, 체제안정과 체제강화로 이어지기는 어렵다. 특히 부패는 대중의 불만이 경제위기를 맞아 폭발하고 민주주의 체제로의 전환의 원동력이 될 수 있으며, 중심이 없는 과두통치는 위험할 뿐 아니라 과거 정책에 기반한 파벌정치도 점차 이익관계 중심으로 옮겨가면서 문제를 더욱 어렵게 하고 있다. 결국 이 문제를 해결하는 관건은 협상과 컨센서스를 통한 정치개혁과 '더 많은' 민주주의를 통해 권위주의의 경직성을 푸는 것이다. 원자바오 총리가 이 문제를 인식하고 정치체제개혁을 여러 차례 반복적으로 강조했으나,[27] 문제는 공정한 선거를 전제로 한 민주적인 정치체제개혁으로의 이행을 피하고 있을 뿐 아니라 당내합의에 기초한 정책의지를 표출한 것도 아니었다는 점이다. 결국 정치적인

●　●　●

25) Samuel P. Huntington, *Political Order in Changing Societies* (New Haven: Yale University, 2006), p.1.
26) 국민경제는 국가토지(생산재)에 대한 통제권, 국유금융기업, 대형기업과 사업기구, 자유로운 노동시장, 자유로운 상품과 자본시장 등을 의미한다. 그리고 민본정치란 현대민본주의 민생이념, 업적에 기초한 관료선발제도, 선진적인 멸사봉공, 단결력 강한 통치그룹, 삼권분립이 아닌 유효한 견제와 균형 등을 의미한다. 마지막으로 사직체제란 개인이 아니라 가정을 사회기본단위로 구성하는 것, 가정의 윤리관은 사회조직과 행정관리의 규범이 되는 것이다. 이것은 일종의 중국식 권위주의적 해법이라고 볼 수 있다. 潘維, 『中國模式: 解讀人民共和國的60年』(北京: 中央編譯出版社, 2009), p.85.
27) 『人民日報』(2011.3.15).

의미의 민주주의는 일당체제의 규범적 · 역사적 정당성을 넘어 시민적 · 정치적 자유를 보장할 수 있을 때 가능한데 중국은 현재 그 경계에 놓여 있다.[28]

III. '새로운 민주주의'의 모색과 한계

1. 위로부터의 모색

중국에서 민주화 경로와 방향에 대한 논의는 크게 몇 가지로 구분할 수 있다. 우선, 탈사회주의 서구형 민주화이다. 이는 공산당 일당체제를 해체하고 보통선거, 복수정당제, 언론과 출판의 자유, 권력분립, 문민통제라는 서구형 정치제도를 도입하자는 이른바 보편적 민주주의론이다.[29] 그러나 당내 보수파들의 견제가 강하고 체제 내 개혁파들도 정치개혁의 동력을 상실할 것을 우려해 이를 수용하지 못하고 있다. 둘째, 완만한 자유화다. 이것은 정치적 자유와 권리의 확대를 의미한다는 점에서 서구 민주주의의 방향과 맥락을 같이한다. 그러나 기본적으로 당의 통제력 확보를 전제로 사회활성화를 도모하고 지배의 정당성을 추구한다는 점에서 결정적인 차이가 있다. 이들의 관심은 간부선발과정에서 경쟁의 도입, 정책결정 과정에서의 민의반영과 정보공개, 언론환경의 개선 등이다. 셋째, 정부개혁 강화론이다. 이 주장은 정치와 행정제도의 제도적 결함 때문에 효율을 저하시키고 경제발전을 방해한다는 것이다. 따라서 정부기능의

• • •

28) Larry Diamond and Ramon H. Myers eds., *Election and Democracy in Greater China* (U.K: Oxford University Press, 2004), p.xvi.
29) 중국에서 자유주의적 계보 특히 자유주의론, 민주사회주의론, 자치민주주의론, 자유민주주의론을 포함하고 있다. 이에 대해서는 이희옥 · 장윤미 편, 『중국의 민주주의는 어떻게 가능한가』(서울: 성균관대학 출판부, 2013), pp.145-177; 조영남, 2013, pp.39-42.

통폐합, 정원감축, 행정규제의 완화, 공무원제도와 사법시험제도의 도입과 개선, 국유기업 관리제도의 개혁, 부패척결 등 거버넌스의 민주화를 대안으로 제시한다.

중국당정도 민주주의를 부르주아 민주주의로 보는 시각에서 탈피했고 다양한 민주주의적 조치를 수용하기 시작했다. 그리고 '민주주의는 좋은 것' 이라는 인식도 보편화되면서[30] 민주주의의 개념을 정당한 권위, 정치적 평등, 자유, 도덕적 자기발전, 공익, 공정한 도덕적 절충, 모든 사람의 이익을 고려하는 구속력 있는 결정, 사회적 효용, 욕구의 충족, 효과적 결정 등 여러 대안의 하나 또는 그 이상을 달성하는 포괄적인 의미[31]로 수용했다. 다만 서구의 자유민주주의가 민주주의의 전형적 형태라는 데에는 부정적이었다.

중국당정이 주도하는 위로부터의 민주주의 논의는 개혁개방시기를 거치면서 이데올로기적 조정과 함께 줄곧 진화되었고[32] 정부개혁을 통한 완만한 자유화 경로를 적실성 있는 대안으로 간주했다. 1982년 중국공산당 제12차 대회에서 처음으로 고도의 민주정치 실현을 현대화의 주요한 목표로 간주했으며, 당시 국제화, 정보화 추세에 따라 민주주의의 보편적 가치를 수용하기 시작했다. 이후 1989년 천안문사건 직후 보수적 분위기에서 출범한 장쩌민 체제도 '3개대표론' 을 도입해 중국공산당을 계급정당에서 국민정당으로 탈바꿈시켰다. 이어 2004년에는 '국가는 인권을 중시하고 보장한다' 라는 내용을 헌법에 명기했고, 그 후 모든 당의 정치보고에서 정치개혁과 민주정치를 적극적으로 언급하기 시작했다.

● ● ●

30) 郭立青, "中共智囊建立合法性新論述背後," 『亞洲週刊』21-2 (2007.1.14); 趙培杰, "關於民主的 '東西' 之爭," 『理論熱點: 百家爭鳴12題』(北京: 社會科學文獻出版社, 2010).
31) 데이비드 헬드(박찬표 역), 『민주주의의 모델들』(서울: 후마니타스, 2012), p.19.
32) Kerry Brown, "The Communist Party of China and Ideology," China: An International Journal 10-2 (August 2012), pp.52-68.

특히 2007년 원자바오 총리는 "생산력이 발전하지 않은 것이 아니라, 민주주의와 법제가 충분히 정비되지 않고 사회적 불공정, 오직(汚職)과 부패의 특징으로 인해 사회주의 제도가 충분히 정비되지 않고 성숙되지 않는 현상"[33]으로 진단했고, 이어 제17차 당대회 정치보고에서 후진타오 주석도 "민주주의, 법제의 정비는 여전히 인민민주주의의 확대와 경제, 사회발전의 요구에 완전히 부응하는 것이며, 정치체제의 개혁을 지속적으로 심화할 필요가 있다"[34]고 강조했다. 이 보고서에는 '민주주의'가 69회 이상이나 언급되었다. 이후 2012년 제18차 당대회 정치보고에서도 '민주주의'가 70회나 언급되면서 민주주의는 새로운 정치개혁의 화두로 자리 잡았다. 원자바오 총리도 "성숙한 사회주의를 향해 공평, 민주주의 그리고 법치를 실현해야 하고 그 중의 핵심은 민주주의다"[35]라고 밝혀 향후 중국의 적극적인 민주개혁에 대한 의지를 밝혔다.

중국당정과 서구의 민주주의 인식은 일부 수렴되고 있음에도 불구하고 그 차이는 명확하다. 첫째, 정치개혁과 민주주의에 대한 이해의 차이이다. 서구 민주주의는 민주주의를 좁은 의미의 정치적 자유화와 민주화를 상정하는 반면 중국정부는 공공이익의 배분, 정치운영에 있어서의 제도와 규칙의 변화를 포함한 넓은 의미로 사용하고 있다. 둘째, 민주화에 대한 이해의 차이이다. 서구 민주주의는 주로 통치제도와 절차적 민주주의 확립을 언급하면서 공정한 보통선거, 복수정당제, 표현의 자유, 문민통제, 법의 지배 등을 전제하고 있다. 그러나 중국은 기존의 당국가체제를 유지한다는 틀 내에서 정책합의형성의 차원으로 접근하고 있다. 셋째, 민주화 전략에 대한 이해의 차이이다. 서구에서는 사실상

● ● ●

33) 『人民日報』(2007. 2. 26).

34) 胡錦濤在中國共產黨第十七次全國代表大會上的報告 http://www.china.com.cn/policy/txt/2007-10/24/content_9435992_6.htm (검색일: 2012. 11. 20).

35) "胡錦濤在中國共產黨第十七次全國代表大會上的報告" http://news.xinhuanet.com/18cpcnc/2012-11/17/c_113711665_6.htm (검색일: 2012. 11. 20).

'민주주의 선행론'이 보편적 이념에 합치하고 경제발전과 사회정책을 추진할 수 있는 돌파구로 보고 있지만, 중국은 기본적으로 경제발전, 복지국가의 건설, 정치적 민주화를 근대화의 최종목표로 삼고 여기에 근거해 경제발전으로부터 벗어나 사회정책의 강화를 통해 민주화를 추진하는 단계론을 제시한다.

이처럼 중국의 민주화 전략에서 서구적 민주주의에 대한 경로의존성을 부정하고 거버넌스의 개선을 통해 일당체제를 안정화시키고자 하는 근본적인 접근법에는 변화가 없다. 오히려 전통문화와 국정(國情)을 강조하는 문화상대주의(cultural relativism)적 시각에서 중국적 민주주의의 정당성을 강화하고자 했다. 즉 민주주의는 다양한 형식이 있고 구미형 민주정도 민주주의의 한 형식일 뿐, 모든 국가는 독자적 민주정을 모색할 권리가 있기 때문에 외부의 관점으로 사회의 성숙도를 측정할 수 없다는 것이다. 중국의 일당지배형 권위주의체제를 다양한 민주정의 하나로 보는 것도 당연한 것이었다. 특히 이러한 당정의 새로운 인식은 고양된 민족주의 열기와 함께 학계와 일반대중에게도 널리 수용되었다. 요컨대 중국식 민주주의는 점차 부정적 특수성 → 역사적 상대성 → 긍정적 특수성 → 특수성에서 보편성으로의 전환을 시도해왔다.

2. '심화민주화(deep democratization)'의 어려움

중국의 사회적 모순이 심화되고 있고 연간 20만 건에 달하는 시위를 정부가 물리력을 동원해 막는 것은 불가능하며, 국방비를 능가하는 사회치안 관리비용과 저(低)인권의 비교열위 또한 극복하지 못하고 있다.[36] 이에 따라 "시장경제, 민주정치, 법치사회라는 보편적 가치를 기준으로 한 세계문명의 주류에 참여해

• • •

36) 丁學良, 2011, pp.47-54.

야 한다"[37]거나 이러한 사회모순을 중재하고 완화하기 위해 시민사회의 성숙이 필요하다는 주장도 있다.[38] 더 나아가 중국의 탄력적 권위주의가 근본적으로 약한 지도부와 강력한 파벌, 약한 정부와 강력한 이익집단, 약한 당과 강한 국가라는 모순적 상황에 놓여 있다는 점에서 당내선거, 사법부 독립, 언론매체의 개방과 같은 체계적인 민주주의로의 이행을 시도해야 한다는 견해도 있다.[39]

그러나 이러한 논의가 현실에서는 다르게 나타나고 있다.[40] 무엇보다 경제발전에 따라 생활조건이 크게 개선되는 등 체제의 원심력보다는 구심력이 작동하고 있다. 둘째, 미국의 금융위기와 베이징 올림픽을 거치면서 형성된 체제에 대한 자신감(national pride)이 증가했다. 셋째, 충분하지는 않지만 신방(信訪)제도 등 국민불만을 체제 내로 수렴하는 소통구조를 확립했다. 넷째, 채찍과 당근을 사용하여 반대파 형성을 효율적으로 억제함으로서 체제를 안정화시켰다. 다섯째, 부분적인 언론자유를 허용하면서도 정치적으로 민감한 문제를 효과적으로 통제했다. 여섯째, 정당엘리트를 안정적으로 충원해 입당이 최선의 선택이라는 점을 부각시켰다. 일곱째, 중앙정부 뿐 아니라 지방정부도 우수한 테크노크라트를 정책결정에 참여시켰다. 여덟째, 지도자그룹의 단결, 최고지도자의 정년제, 집단지도체제 성격의 강화, 정년에 이른 지도부의 관여와 지배형태를 정착시켰다.

• • •

37) 孫立平, "重啓改革要融合普世價値與公平正義," http://www.douban.com/note/214707399/ (검색일: 2014.4.1).

38) 李景鵬, 『挑戰,回應與中變革』(北京: 北京大學出版社, 2012), p. 329-331.

39) Cheng Li, "The End of the CCP's Resilient Authoritarianism? A Tripartite Assessment of Shifting Power in China," *The China Quarterly* (September 2012), pp.595-623.

40) Andrew J. Nathan, "Is Communist Party Rule Sustainable in China?," *Reframing China Policy: The Carnegie Debates* (Washington D.C: Carnegie Foundation and Library of Congress, 2006); Yongnian Zheng, "Is Communist Party Rule Sustainable in China?" *Discussion Paper* No.22 (The University of Nottingham, 2007), pp.22-23; Andrew J. Nathan, "China's Political Trajectory: What are the Chinese Saying?" Cheng Li eds., *China's Changing Political Landscape: Prospects for Democracy* (Washington D.C: Brookings Institution Press, 2008), pp.25-43.

〈표 1〉 중국인의 체제선호와 만족도(Pew Research 조사)

구분	2012년	2013년
미국에 대한 선호	43%	42%
중국에 대한 선호	94%	95%
중국정부의 방향설정에 대한 만족도	82%	85%
미래 지위의 개선 가능성 평가	83%	80%

http://www.pewglobal.org/database/indicator/24/country/45/의 자료정리

〈표 2〉 '민주주의는 좋은가'에 대한 설문조사

구분	인원(명)	백분율(%)
좋다	961	54.9
좋지 않다	47	2.7
일반론적으로 논할 수 없으며, 중국의 상황에 맞는 민주주의인지를 보아야 한다.	703	40.2
잘 모르겠다	39	2.2
총계	**1750**	**100**

環球輿情調査中心 編, 『中國民意調査』(人民日報出版社, 2012), p. 310.

〈표 3〉 민주주의에 대한 중국국민의식

구분	동의		동의하지않음	잘모르겠다
"민주주의는 좋은 것" 이라는 개념에 동의하는가	87.2%		4.9%	7.8%
"민주주의는 대 추세" 라는 말에 동의하는가	77.2%		12.0%	10.8%
민주주의제도는 서로 다른 모델이 있을 수 있으며, 미국식 민주주의는 이 중의 하나라는 의견에 동의하는가	77.3%		10.6%	12.1%
소련 해체 후 민주주의 건설에 대해 급진적 민주주의 추진 방식은 국가발전과 민주주의제도의 건설에 불리하다는 관점에 동의하는가	45.9%		26.9%	27.2%
아랍의 봄이 중동의 민주주의를 가져올 것이라고 보는가	가능		불가능	잘 모르겠음
	15.9%		41.7%	42.4%
중국부상의 과정에서 중국의 상황에 따라 서구 민주주의모델과는 다른 민주주의모델을 건설 하는 것이 가능하다고 보는가	가능		불가능	잘 모르겠음
	완전히 가능	가능성 있음		
	9.6%	55.2%	20.1%	15.1%
최근 중국의 민주주의 건설은 기본적으로 어떻다고 보는가	점진 발전	답보 상태	후퇴	잘모르겠음
	60.1%	18.9%	9.6%	11.4%

環球輿情調查中心 編, 2012, pp. 310-321 정리.

무엇보다 '심화 민주' 를 추진하기 어려운 점은 역설적으로 중국공산당과 '중국식 민주주의' 에 대한 일정한 국민의 지지에 기반하고 있다는 점이다. 즉 〈표 1〉의 조사와 같이 중국인의 자신의 체제와 미래전망에 대한 만족도가 비교적 높고, 그 결과 〈표 2〉와 같이 '민주주의는 좋은 것' 이라고 인식하면서도 서구 민주주의 모델에 대해서는 비판적이다.[41] 여기에 새롭게 성장한 중산계층도 민주주의로의 이행을 주도한 다른 국가의 사례와는 달리 정치적으로 보수화되

• • •

41) Richard MaGregor, "Five Myths about the Chinese Communist Party," *Foreign Policy* (Jan/Feb 2011).

<表 4> 중국 각 계급별 경쟁선거에 대한 지지

설문 내용		동의 또는 반대	
		중산계급	기타계급
각급 정부관리는 다수 후보자의 선거를 통해 선출되어야 한다	동의비율(%)	69.9	71.2
정부지도자의 선거 중에서 반드시 다당경쟁을 거칠 필요가 없다	반대비율(%)	24.9	38.7

李成(許效禮 外譯),『中産中國』(上海: 上海譯文出版社, 2013), pp.333.

면서 체제 개혁세력으로 성장하지 못했다.[42] 오히려 중국의 중산계층은 〈표 4〉와 같이 중국의 발전방식의 전환에 따른 이익을 추구하면서도 기존 체제유지의 중추세력 역할을 하고 있다.[43] 이런 점 때문에 중국당정은 다른 긴급한 문제에 대처하고 집중할 수 있는 시간과 공간을 확보할 수 있었고[44] 이 과정에서 중국 특색 사회주의론이나 중국특색 민주주의론이 자리 잡을 수 있었다.[45]

새로운 중국의 정치문화의 지형 속에서 정치적 자유화에 대한 인식은 상대적으로 지체된 반면, 거버넌스를 통한 문제해결에 대한 자신감은 크게 높였다. 이것은 좋은 거버넌스가 바로 좋은 정부이고 이를 민주주의의 진전으로 보는 중국 국민들의 인식변화를 함축적으로 보여주고 있다. 학계에서도 위커핑(兪可

• • •

42) 이에 대해서는 다양한 토론이 전개되고 있다. 중산계층의 보수화 현상은 "소비전위 정치후위(消費前衛 政治後衛)"라고 평가하기도 하고 "자본주의 없는 자본가(Capitalist without capitalism)"로 보기도 한다. Bruce Dickson, "Allies of the State: Democratic support and Regime support among China's Private Entrepreneurs," The China Quarterly 196 (December, 2008).

43) 李成(許效禮 外譯), 『中産中國』(上海: 上海譯文出版社, 2013), pp.319-342.

44) Luigi Tomba, "Of Quality, Harmony, and Community: Civilization and the Middle Class in Urban China," Positions 17-3 (2009 Winter), pp.610-611.

45) 즉 공산당 지도하에서 국정(國情)에 따른 하나의 중심(경제발전)과 4항 기본원칙 견지, 사회생산력의 해방과 발전, 사회주의체제의 공고화, 사회주의 시장경제·사회주의 민주정치·사회주의 선진문화·사회주의 조화사회를 구축하여 부강하고 민주주의적이며 문명화되고 조화로운 사회주의 현대화국가를 구축하는 것이다. 『人民日報』(2012.11.18).

平)으로 대표되는 점진주의자들이나 점증주의자(incrementalist) 등이 사회주의 틀 내에서 이념적 외연을 넓힌 선치(善治: good governance)를 제기해왔다.[46] 선치는 공공이익이 최대화된 관리체제로 그 본질적 특징은 공공생활에 대한 정부와 시민의 협력적 관리와 국가와 시민사회의 일종의 참신한(新穎) 관계가 가장 좋은 상태를 의미한다. 선치의 요소는 시민참여, 인권과 공민권, 당내민주주의, 법치, 합법성, 사회공정, 사회안정, 행정효율, 정부책임, 공공서비스, 청렴 등을 포괄한다. 그리고 선치가 합법성의 주요한 원천인가를 다음과 같이 설명한다. 우선 '좋은 정부'로 부를 수 있는 선정(善政)과 인정(仁政)을 포함할 뿐 아니라 현대 민주정치의 기본요소를 충분히 포괄한다. 둘째, 선치는 민생과 복지의 필수조건이다. 셋째, 선치는 시공간을 넘어선다. 마지막으로 선정에서 선치로 가는 것을 인류정치발전의 대추세로 보고 있다.

그러나 체제구심력이 있고, 권위주의적 탄력성을 유지한다고 해도 민주주의 심화는 불가피하다. 특히 중국의 미래를 낙관하거나 현상유지가 가능하다고 전망하는 학자들도 현재의 권위주의적 해법으로 경제성장과 발전을 지속할 수 있을 것인가 하는 점에는 회의적이다.[47]

• • •

46) 兪可平, 『敬畏民意』(北京: 中央編譯出版社, 2012), pp.183-188.
47) David Shambaugh, "International Perspectives on the Communist Party of China," *China: An International Journal* 10-2 (Aug, 2011), p.22.

IV. '협상민주주의'의 대두

1. 대안적 민주주의 토론

중국의 부상이 본격화되고 서구식 근대화의 신화가 몰락하면서 중국에서도 민주주의에 대한 대안적 논의가 등장했다. 주로 민주주의의 토착화 문제, 현행 정치제도에 대한 인식과 평가, 민주주의에 대한 가치평가, 민주주의의 제도 구축, 민주주의의 발생경로, 민주주의의 미래전망 등을 중심으로 활발한 토론이 전개되었다.[48]

첫째, 민주주의 대체론이다. 즉 서구문명이 민주주의 제도를 선택한 것은 이러한 정치체가 사회집단의 경제와 정치적 자유를 보장했기 때문이지만, 중국문명의 맥락에서는 우선 법치(法治)를 채택할 필요가 있다는 것이다. 왜냐하면 중국사회는 서구와 같은 대형 이익집단의 온상이 아니며, 분산된 이익을 정치화해서 대형 이익집단을 구성하지도 않는다고 보았기 때문이다. 오히려 중국에 부족한 것은 자유 그 자체가 아니라 자유경쟁이 이루어질 수 있는 공정한 환경과 조건이라고 보았다. 따라서 이들은 중국의 정치체제 개혁의 핵심을 '누가 권력을 장악하는가' 보다 '어떻게 권력이 장악되는가' 로 보고 '인치' 에서 법치로 전환해 자의적 권력을 제한하는 헌정의제(constitutional agenda)에 관심을 기울였다.[49]

둘째, 직접민주론이다. 이것은 시민이 국가의 주인이 되어 다양한 영역과 차원에서 직접 정치에 참여하여 자신의 문제를 관리해야 한다는 것이다. 이들은

• • •

48) 周少來, 『東亞民主生成的歷史邏輯』(北京: 中國社會科學出版社, 2013), p.191.
49) 潘維, 『法治與民主迷信』(香港: 香港社會科學出版社, 2003), p.24.

자유경쟁적 선거가 대다수의 참정기회를 제한하고 있으며 현실정치는 주로 금권의 '윤활유'에 기초해 운용되는 것이며, '민주주의'의 본래적 가치가 주인을 선출한다는 이른바 '선주(選主)'로 변질되었고 이것이 다시 선주가 돈에 의해 지배되는 '전주(錢主)'로 변했다고 주장한다.[50] 이러한 주장은 대의제 민주주의를 지양하는 것으로 상대적으로 전자민주주의, 협상민주주의, 추첨제민주주의, 경제민주주의 등이 자원을 균형적으로 배분할 수 있다고 보았다.[51]

셋째, 중국식 민주주의의 길이다. 이것은 '민주주의도 중국 것이 좋다'는 것이다. 즉 공산당 지도 속에서 사회주의 현대화를 실현하고 중국특색의 사회주의 민주정치의 길을 걸어야 한다는 것이다. 이러한 중국특색 민주주의는 민주주의가 역사적 범주이며 그 자체가 계급성을 가지고 있는 상대적인 의미를 지닐 뿐이기 때문에 역사적으로 다시 정의될 필요가 있다고 주장한다.[52] 이들의 주장에 의하면 지구상에는 유일하고 보편적인 민주주의 모델은 없으며, 각국의 민주주의는 각국의 정치적 환경 속에서 나타나는 것이며 여기에는 서구 민주주의 체제의 지양도 포함할 수 있다는 것이다.[53] 결국 이들은 선거보다는 협상과 대화에서 민주주의의 본질적 가치를 찾았다.

넷째, 증량민주주의론이다. 이것은 기존의 경제개혁의 발전모델을 정치영역에 도입한 것이다. 즉 기존의 정치민주주의의 성과와 경험에 기초해 점진적인 정치개혁과 민주주의건설을 통해 '양적 축적(增量)'을 이루어 지속적으로 중국의 민주정치를 건설하고 완성을 추구한다는 것이다. 이는 주로 관방과 학술에 '모두 걸쳐 있는 학자(兩栖)'들이 제기했다. 이것은 중국정치학계가 처음으로

• • •

50) 王紹光, 『民主四講』(北京: 中信出版社, 2010), p.214.
51) 王紹光, 『祛魅與超越』(北京: 中信出版社, 2010), p.106.
52) 房寧, 『民主政治十論:中國特色社會主義民主理論與實踐的若干重大問題 (北京: 中國社會科學出版社, 2007), pp.1-2.
53) 房寧, "中國的民主政治是對西方民主的揚棄,"『光明日報』(2010.9.10).

제시한 정치학 4대 원리에서도 확인된다. 즉 인류는 공통적인 기본적 정치가치인 인류의 존엄, 자유와 평등, 인권을 추구한다, 좋은 정치제도는 인류의 근본적인 이익을 실현할 수 있는 보증이다, 민주주의는 지금까지 가장 좋은 정치제도이다, 민주정치를 평가하는 데 있어서는 객관적 기준이 있어야 한다는 것이다.[54]

중국의 민주주의 로드맵에 대해서도 다양한 토론이 전개되었다. 헌정민주주의론, 기층민주주의론, 점진민주주의론, 협상민주주의론 등이 그것이다. 이러한 논의는 대체로 민주주의의 목표와 수단, 민주주의의 장점과 단점, 직접민주주의와 간접민주주의, 경쟁적 민주주의와 협상민주주의, 정치민주주의와 경제민주주의 등 다양하게 확장되었다.[55] 이처럼 중국에서의 민주주의 논의는 보수적 흐름에서 급진적 흐름까지 다양하지만[56] 점차 민주주의가 하나의 이데올로기가 아닌 일반적 가치를 선택적으로 수용해야 한다는 것으로 수렴되었다. 즉 당내민주주의가 사회민주주의를 이끌어가고 점차 기층민주주의에서 높은 수준의 민주주의로 그리고 비교적 적은 경쟁에서 더 많은 경쟁으로 나아간다는 것이다.[57] 특히 2008년 미국의 금융위기 이후 이데올로기적 담론력을 회복한 중국정치학계가 민족적 자부심으로 무장하고 무자각적으로 자국을 비민주주의국가로 보아왔던 자학적 견해를 극복하면서 좀더 개방적이고 적극적으로 중국형 민주주의를 모색해왔다.

이 과정에서 '선거는 과연 민주주의적인가'에 대한 토론에 집중되었다. 즉 선거에도 불구하고 엘리트와 대중의 괴리, 높은 국채발행, 무책임한 정치공약,

●●●

54) 俞可平, 『政治與政治學』(北京: 社會科學文獻出版社, 2003), pp.42-55.
55) 周少來, 2013, pp.203-218.
56) 이희옥 · 장윤미 편, 2013.
57) 閆健 編, 『讓民主造福中國:俞可平放談錄』(北京: 中央編譯出版社, 2009), p.33.

투표율 하락, 여론독점, 대외개입의 사례를 제시하면서 서구 민주주의의 퇴화와 재(再)민주화의 부상에 주목했다. 나아가 선거민주주의에 대한 비판을 중국식 선거제도의 독특성으로 설명하기도 했다. 즉 중국에서 '선거(選擧)'의 개념은 서방의 '일렉션(election)'보다 풍부한 개념이며 나라를 다스리는 사람은 정책결정과정에서 '선(選)'과 '거(擧)'를 함께 중시하는 데 특히 '거(擧)'를 강조해야 한다고 주장했다.[58] 그러나 서구 민주주의에 대한 부정을 중국에는 당내민주주의 만이 필요하다고 보는 것은 오산이며, 기층민주주의를 포함한 다양한 사회민주주의가 상호보완적으로 발전해야 한다고 주장했다. 현실적으로도 아시아 국가들의 민주화 경험에 비추어 볼 때, 선거를 지향하는 민주정치의 발전은 종종 자유선거의 함정(free election trap)에 빠지게 했고 국가통치능력의 하락을 야기하면서 심지어 과도한 권력경쟁과 정치혼란을 가져온 것에 주목했다.[59]

이러한 논리를 따라가다 보면 중국형 민주주의는 당내민주주의와 대화와 토론에 기초한 협상민주주의가 결합된 형태이다. 당내민주주의는 다당제와 당 밖의 견제와 균형 없이도 정당성을 지닌 공산당 내부에서 민주주의적 방식으로 문제를 해결할 수 있다는 것이다. 반면 협상민주주의는 '선거만능주의'를 벗어나 대화와 협상에 기초해 당 밖의 민의까지 정치과정에 반영할 수 있다고 보았다. 실제로 17기 4중전회에서 제시된 정치개혁의 주요목표도 보다 경쟁적인 당내 선거보다 합의에 기초한 정책결정 과정(票決制), 고위지도자들의 임기제를 포함한 엄격한 규정적용, 다양한 감찰제도의 도입, 당사업의 투명성 확보를 제시했다. 이것은 정치적 수사라기보다는 중국식 민주주의를 위한 당지도부의 고

● ● ●

58) 蘇張和, "走出民主政治研究的困局,"『求是』11期 (2013), p.52.
59) 쉬상린, "자유선거인가 아니면 국가통치인가,"『성균차이나브리프』2권 2호 (2014), p.21.

민을 정책에 반영한 것이다.[60] 이처럼 당내와 당 밖의 의견을 수렴할 수 있는 장치를 결합하여 중국 민주주의의 목표라고 할 수 있는 인민민주주의를 실현할 논리적 틀을 만들었다. 특히 협상민주주의는 정치영역의 협상, 사회영역의 협상, 시민영역의 협상까지 넓게 포괄한다는 점에서 사회민주주의의 토대로 간주되었다.[61] 그리고 그 방향은 서구의 '다수결 민주주의'에 대한 비판적 인식에서 출발한 협상민주주의로 빠르게 확산되었다. 당내 주요한 이데올로그의 한 사람이이었던 리쥔루(李君如)는 민주주의 유형을 직접(direct) 민주주의, 타협(negotiative)에 의한 민주주의, 협상(consultative)민주주의로 구분하고 협상민주주의가 적합하다고 주장했으며, 선거민주주의와 협상민주주의를 결합하여 발전시키는 것이 '중국특색 사회주의'의 가장 큰 특징이라고 간주했다.[62]

2. 협상민주주의의 도입과 함의

서구 민주주의의 실천은 대개 경쟁·참여·협상 민주주의로 구성된다. 경쟁민주주의는 투표와 선거에 의해 이루어지며, 참여민주주의는 국민들의 특수한 이익을 표출하고 정부와 대의제도가 여기에 반응한다. 반면 협상민주주의는 정책결정과정에서 다양한 사회집단의 이익을 조정하는 것을 목표로 한다.[63] 심의

● ● ●

60) 당국가체제의 최상층에는 공개경쟁이 아니라 거래(deal-making)가 유지되고 있고, 언론출판과 독립적인 사법기관의 부재는 감찰의 신뢰도와 효율성을 저해하고 있다. 이런 점에서 당내 민주주의는 최고 지도부의 이익이 합치된 국민과 함께 하는 것이 아니다. Cheng Li, "Intra-Party Democracy in China: Should We Take it Seriously?" *China Leadership Monitor* 30 (2009), p.11.

61) 林尙立 外,『複合民主』(北京: 中國編譯出版社, 2012), p.49.

62) David Shambaugh, 2008, pp.122-123; 李君如,『當代政治體制改革研究』(福州: 福建人民出版社, 2007), pp.143-146. 중국에서는 자문 또는 협상(consultative) 심의(deliberative)라는 개념이 엄밀한 구분 없이 사용된다. 대체적으로 협상민주주의는 서구의 심의 또는 숙의(deliberate)민주주의라고 볼 수 있다. Ethan J. Leib and Baogang He eds., *The Search for Deliberative Democracy in China* (New York: Palgrave Macmilan, 2006); 高建·佟德志 編,『協商民主(deliberative)』(天津, 天津人民出版社, 2010).

민주주의(deliberate democracy)는 1980년대 서구에서 자유민주주의와 시민사회에 기반하고 선거(표결)민주주의가 충분히 발전된 상태에서 그 결함을 보완하기 위해 제시된 것이다.[64] 이러한 심의민주주의는 기본적으로 선거민주주의가 형식적으로는 참여자의 평등성에 기초하지만, 경쟁의 결과로 승자가 독식하는 것을 비판하고 공공이익에 대한 책임·공개·자유·평등한 교류 그리고 토론·심의·설득의 방식을 통해 민주주의 제도를 재건하기 위한 것이었다.

이러한 서구의 심의민주주의가 중국에서는 '협상민주주의 열기'로 변형되어 나타났다.[65] 중국적 맥락의 협상민주주의는 "시민이 자유롭고 평등한 대화, 토론, 심의 등의 방식을 통해 공공정책결정과 정치생활에 참여하는 것"[66]이다. 즉 협상민주주의는 각자의 이익을 토의·숙의·심의하여 경쟁적 민주주의보다 다양한 이익집단의 경쟁을 통해 정치적 타협을 이룸으로써 비대립적인 정치적 문제를 해결하고자 했다.[67] 협상민주주의는 민주주의적 선거와 민주주의적 감독 중간의 정책결정 민주주의라고 볼 수 있다.[68]

• • •

63) 심의민주주의의 정의는 다양하지만 "자유롭고 평등한 시민들의 공적 숙의가 정당한 정치적 의사결정이나 자치의 핵심요소라고 생각하는 일군의 견해"이다. John Bohman, "The coming of age of deliberative democracy," *Journal of Political Philosophy* 6 (1998), p.401. 그러나 그 전제는 선거민주주의 등 일반민주주의의 실현에 있다.

64) Joseph M. Bessette, "Deliberative Democracy: The Majority Principle in Republican Government," Robert A. Goldwin and William A. Schambra eds., *How Democratic is the Constitution* (Washington: American Enterprise Institution, 1980), pp.102-116.

65) 중국에서의 협상민주주의 열기는 2001년 하버마스가 중국을 방문해 민주주의의 세 가지 규범모델로 공화주의 민주주의이론, 자유주의 민주주의 이론에 협상민주주의이론을 제기하면서 시작되었다. 그의 중국방문이후 당이 관장하는 중앙편역국에서 본격적으로 협상민주주의 이론을 소개하기 시작하면서 연구의 확산을 주도했다. 이러한 학술열기에 대해서는 楊宏山, "協商民主, 知識利用與政策制定," 謝慶奎 編, 『民生視閾中的政府治理』(北京: 北京大學出版社, 2012), pp.58-60; 中國社會科學院哲學研究所, 『哈貝馬斯在華講演集』(北京: 人民出版社, 2002).

66) 兪可平, "協商民主:當代西方民主理論和實踐的最新發展," 『學習時報』(2007.11.17).

67) 房寧, "協商民主是中國民主政治發展的重要形式," http://j.people.com.cn/94474/6861015.html (검색일: 2013.11.10).

68) 燕繼榮, "協商民主的價値和意義," 高建·佟德志主編, 『協商民主』(天津: 天津人民出版社, 2010), p.36.

중국당정이 협상민주주의를 도입한 배경은 다음과 같다. 그동안 중국의 현실정치는 사회주의와 인민민주주의라는 축으로 이루어져왔고 그 제도적 기초는 공산당 지도와 인민대표대회제도였다. 이 질서는 정치적 효율을 강조하고 정치적 다원성을 중시하지 않았기 때문에 경쟁적 민주주의는 우선적인 가치선호가 아니었다.[69] 그러나 실제 정책결정 과정이 다원화되고 사회단체의 자율성이 높아졌으며 정책논의가 개방되는 가운데 지방공무원, 비정부기구, 미디어 등이 '정책 집행자(entrepreneurs)'로 새롭게 대두했다.[70] 그럼에도 불구하고 중국당정이 이를 수용할 수 있었던 것은 밑으로부터의 새로운 요구에 대응해야 했고, 상대적으로 리더십과 체제가 안정되었으며 협상민주주의 뿌리가 혁명기 신민주주의와 건국 이후에 설치한 정치협상회의에서 그 전통은 찾을 수 있었기 때문에[71] 정치적 부담을 덜 수 있었다. 그 결과 학계의 논의가 정책의 영역으로 빠르게 확산되었다.[72]

1987년 제13차 당대회에서 "인민대표대회제도, 공산당 지도하의 정당협력과 정치협상제도는 민주주의집중제의 원칙에 기초해 운영되고 있다… 서방의 삼권분립과 복수정당제에 의한 정권교체를 답습하지 않는다"[73]는 점을 명확히 했다. 특히 협상민주주의가 본격적으로 논의되던 2006년 2월 중공중앙은 『인민

• • •

69) 林尙立, "協商政治: 對中國民主政治發展的一種思考," 『學術月刊』4期 (2003).
70) Andrew Mertha, "Fragmented Authoritarianism 2.0: Political Pluralization in the Chinese Policy Process," The China Quarterly 200 (2009), pp.640-642.
71) 李君如, "協商民主:重要的民主形式," 『世界』9期 (2006).
72) 중국당정이 주관한 『馬克思主義與現實』, 『當代世界與社會主義』등 학술지에서 협상민주주의에 관한 논문이 지속적으로 소개되었고, 중앙편역국 산하 중앙편역출판사에서 협상민주주의의 관련저작을 집중적으로 번역, 출판했다. 이어 중공중앙당교에서 펴내는 『學習時報』, 『中共中央黨校學報』 등에서도 협상민주주의를 적극적으로 토론하고 소개했다. 그 결과 당시 중앙당교 부교장이었던 리준루(李君如)가 협상민주주의에 대한 논문을 발표하여 학계논의를 정책으로 확산시키는 데 크게 기여했다. 李君如, "中國能够實行什么樣的民主," 『北京日報』(2005.9.27).
73) "中國共産黨第十三次全國代表大會政治報告" http://blog.163.com/cavon_cyg/blog/static/ 10691340620121152413638/ (검색일: 2014.4.1).

정협공작 강화에 관한 의견』을 발표하여 중국에는 두 가지 민주주의의 형식, 즉 "인민이 선거, 투표를 통해 권리를 행사하는 것과 인민내부의 각 부분에서 중요한 정책결정이 이루어지기 전에 충분히 협상한다"[74]는 것을 처음으로 제기했다. 그해 12월 베이징에서 소집된 '중국인민정협 이론연구회'의 첫 연구주제도 협상민주주의였고,[75] 2007년 11월 출판된 『중국정당제도백서』에서는 "선거민주주의와 협상민주주의는 중국특색 사회주의 민주주의의 중요한 특징이다. 선거민주와 협상주의를 결합하여 사회주의 민주의 방향을 열어간다"[76]고 다시 강조했다.

이러한 중국에서의 협상의 의미와 서구의 '심의(deliberation)' 간에는 유사성과 차이점이 동시에 존재한다.[77] 첫째, 정책합의형 수단으로 사용되어온 선진국의 코프라티즘(corporatism)에 비해 중국에는 건국 이전부터 공산당 일당지배의 틀 속에서 여덟 개 정당이 협력하는 이른바 '다당협력제도'를 운영하는 등 국가체제의 핵심적인 구성요소로 간주해 왔다. 둘째, 정책합의 형성수단도 서구 코프라티즘은 노동·복지·경제 등에 한정하고 있으나, 중국은 이를 노동 이외의 분야로 넓게 확대해 적용하고 있다.[78] 즉 선거를 통해 선출된 정부가 사회문제 해결을 위해 시민을 공공정책 결정과정에 참여시키면서 지배권력의 통치능력과 통치정당성을 강화해왔다. 실제로 심의의 질을 확보하기 위해 대표성을

• • •

74) 政協全國委員會辦公廳, 中共中央文獻硏究室 編, 『人民政協重要文獻選編(下)』(北京: 中央文獻出版社, 2009), p.793.
75) "羅豪才: 人民政協理論硏究的一個新視角" http://cppcc.people.com.cn/GB/34961/76052/76158/5196829.html (검색일: 2004.4.1).
76) "中國的政黨制度" http://news.xinhuanet.com/politics/2007-11/15/content_7085239.htm (검색일: 2014.4.1).
77) 游崇宜, "西方協商民主的興起與中國特色協商民主的比較," 『福建省社會主義學院學報』5期 (2010), pp.10-14.
78) 민주제당파에는 전국총공회, 청년연합회, 부녀연합회, 과학기술자협회, 화교협회, 상공업연합회 등이 있다.

확보하고 심의의 논리를 추구하며, 정부가 정보를 제공하고 심의를 전후한 여론조사 등을 통해 심의결과를 확산시켰다.

이처럼 중국에서는 기본적으로 심의민주주의와 코프라티즘을 구분하지 않은 채, 시민이 정책결정 과정에 참여하고 광범한 토의가 활성화될 수 있다는 점에 착목하여 심의민주주의의 일부 요소를 그대로 중국식 민주주의로 규정했다. 실제로 중국의 협상민주주의를 선거민주주의와 대립항으로 보는 오류가 있다. 즉 협상민주주의와 선거민주주의 모두 정치적 권리에 종속되어 있는 점, 경쟁적 민주주의 모델에 협상소통구조는 불가결한 구성요소라는 점, 중국의 지방민주주의의 실천과정에서 경쟁적 민주주의와 협상민주주의가 동시에 발전할 수 있다는 점을 적시하면서 협상민주주의 과정은 그 자체가 일종의 경쟁정치라는 점을 비판하기도 했다.[79] 그럼에도 불구하고 중국에서 협상민주주의는 다양한 협상방식으로 유연화되면서 서구 민주화의 실행이라는 내외적 압력을 극복하고 일당체제의 개혁노선을 정당화, 공고화하는 데에 기여하고 있다.[80]

이것은 개혁개방정책의 그늘이 드러나고 사회적 이익이 다원화되면서 전문가들의 의견청취가 중요해졌고, 이들이 정책결정 과정에 참여하는 참여형 거버넌스가 요구되었던 상황과 무관하지 않다. 그 형식으로는 민정간담회, 민주재

· · ·

79) 何包鋼, 『協商民主:理論,方法和實踐』(北京: 中國社會科學出版社, 2008), pp.37-38.
80) Baogang He and Mark E. Warren, "Authoritarian Deliberation: The Deliberative Turn in Chinese Political Development," *Perspectives on Politics* 9-2 (2011), p.284.
81) 2005년 쩌궈현(澤國縣)은 공공사업의 취사선택을 결정하면서 민주간담회를 개최했다. 이 간담회에서 30개 공공프로젝트 리스트를 만들고 무작위로 추천한 12만 명의 인구 중 275명을 선발했다. 그리고 정부는 간담회 소집 15일전에 프로젝트 관련 자료를 대표들에게 배포하고 전문가가 설명했다. 대표들은 6조로 나누어 두 차례 그룹토론을 거쳐 전체회의에서 투표했다. 최종적으로 진(鎭) 정부대표가 투표결과를 통해 12개의 프로젝트를 확정하고 진 인민대표대회의 승인을 얻었다. 『學習時報』(2005.10.15); 극단적으로 선거제 자체에 부정적인 입장을 보이는 그룹에서도 당국과 주민사이의 간담회를 민주적 협의체의 하나로 본다. 房寧, 『草根經濟與民主政治』(北京: 社會科學文獻出版社, 2008).

〈표 5〉 심의민주주의의 구조

결정권의 분배	의사소통 방식		
	보다 도구적	보다 전략적	보다 심의적
보다 민주주의적 (분산적, 평등적)	선호집합적 민주주의	협상기반 민주주의	심의 민주주의
보다 권위적 (집중적, 불평등적)	독선적 권위주의	자문형 권위주의	심의 권위주의

Baogang He and Mark E. Warren, "Authoritarian Deliberation: The Deliberation Turn in Chinese Political Development," *Perspective on Politics* 9-2 (June 2011), p. 273.

〈표 6〉 협상과 표결에 대한 중국인의 태도

구분	인원	백분율%
세 사람이 투표를 통해 결정	318	18.2
협상을 통해 모두 받아들일 수 있는 방안을 도출	1133	64.7
많은 사람이 맞는다고 하면 그 사람들의 말을 들어야 함	292	16.7
기타	7	0.4
총계	1750	100

張明樹, 『中國人中國人想要什麽樣的民主?』(北京: 中國社會科學文獻出版社, 2013), p. 63

무회(理財會), 민정직행차(直通車), 대민서비스창, 민주포럼, 향촌포럼, 민주공청회 등의 다양한 형식에서부터 일반 주민에게 지방간부 업적에 대한 평가기회를 제공하는 공민평의회에 이르기까지 다양하다. 이 모든 조직은 지역의 문제나 지방 프로젝트에 대한 대중의 의견 청취, 지지확보, 정책합의를 달성하고 그 입장과 원칙을 천명하기 위한 구체적인 것이다. 원링(溫嶺)시 민주간담회[81] 사례와 같이 다양한 유형의 간담회와 공청회제도가 실제적인 이해조정의 장으로 활용되기도 했다.

V. 평가

중국식 민주주의의 진화과정에서 협상민주주의의 도입은 중국식 민주주의에 대한 새로운 평가를 촉발시켰다. 그러나 이 논의는 근대화론과 '중국특색론'의 틀에 갇혀 경로의존성과 중국예외주의를 둘러싸고 전개되었다. 근대화론은 중국이 민주주의적 진화에도 불구하고 향후 서구적 민주주의를 도입하는 것은 불가피하다는 것이다.[82]

이것은 경제발전의 부산물인 교육수준과 문자 해독율의 증대, 도시화, 대중매체 활성화로 인해 잘살수록 민주주의가 정착할 것이라는 것이다.[83]

즉 중국은 경제위기에 대한 취약한 대응구조, 정치적 부패, 후견(patronage) 지배의 붕괴, 당과 국민 사이의 사회적 불만을 효율적으로 처리하지 못할 것이기 때문에 불가피하게 당국가 체제의 해체, 경쟁적 정당체계의 수립, '견제와 균형'에 기초한 3권분립을 도입할 때, 비로소 문제를 해결할 수 있다는 것이다.[84]

실제로 중국정치가 이러한 위기와 도전에 자유로운 것은 아니다. 이미 시민사회와 매스미디어가 발전하면서 새로운 비판세력이 형성되었고 이익집단도 다원화되었으며, 권력에 의한 '힘의 지배'가 점차 약화되고 있고 업적에 의한 정당성도 한계를 드러내기 시작하는 등 경제발전 → 거버넌스의 확대 → 당정의 지지확보 → 개혁확대라는 선순환구조가 궤도를 이탈하고 있다.

그러나 중국특색론은 중국의 민주주의의 부족에도 불구하고 민주화가 세기

• • •

82) Yu Liu and Dingding Chen, "Why China will Democratize," *The Washington Quarterly* (December 2011), pp. 41-63.
83) Seymour Martin Lipset, *Political Man: The Social Bases of Politics* (New York: Doubleday, 1960), p. 31.
84) Pei (2014), pp. 15-18.

적 프로젝트이며 2030년에 이르면 시민의 사회적 권리와 인간의 존엄이 보장되는 생활을 할 수 있을 것이라고 전망한다.[85]

실제로 중국은 다당제와 견제와 균형이라는 전형적 서구민주주의를 실험하는 대신 민주주의의 고유한 가치인 참여, 선거, 협의 등을 중국적으로 적용하고 확대해 왔다는 것이다. 그리고 그 과정도 역사적 정통성에 기초한 정당성, 정치제제의 지속적인 유연화, 업적주의에 기초한 거버넌스 현대화를 통해 이룬 것으로 보고 있다. 결국 정치체제와 대중 사이의 모순이 지속가능한 체제의 핵심이라면 중국은 밑으로부터의 민주화 부담을 분산시키면서 자신의 정당성을 강화해왔다는 것이다. 더구나 2008년 미국의 금융위기로 자본주의와 미국식 자유민주주의에 대한 회의가 확산되는 과정에서 상대적으로 '중국적 가치'와 문화적 자부심이 크게 고조되었다. 이런 점에서 적어도 중국공산당 창당 100년을 맞이하는 2021년까지는 협상의 도입, 차액(差額) 확대 등 중국식 선거제도의 개선, 공산당 지도하의 다당협력제도의 내실화, 당내의 견제와 균형을 통해 역동성을 부여하는 방식으로 서구적 민주주의를 우회하면서 '중국예외주의'를 실험할 것으로 보고 있다.[86]

그러나 이러한 서로 다른 인식의 틀을 넘어 중국민주주의의 진전을 평가할 필요가 있다. 예컨대 중국에서 협상민주주의의 도입을 자유민주주의의 심의민주주의를 왜곡한 것이라는 규범적 평가를 넘어 '협상'에 대한 측정가능한 지표를 개발해 '협상'과 '심의'의 의미와 성취를 판독해 내는 것이다. 이런 점에서

• • •

85) 楊光斌, "中國政治發展次序的戰略選擇: 2000-2030," 深圳大學當代中國政治研究所 編, 『當代中國政治研究報告』9輯 (2012), p. 25.
86) 이렇게 보면 마오쩌둥 시기의 민족주의, 덩샤오핑 시기의 민생주의를 거쳐 시진핑 시기는 민권주의를 지향할 수밖에 없을 것이다. 『南方週末』 (2012. 1. 23) www.infzm.com/content/67757 (검색일: 2014. 2. 4).

좋은 민주주의(good democracy)와 민주주의 질(quality of democracy)의 평가방식을 도입할 필요가 있다. 현재 민주주의를 측정하는 데 있어 가장 많이 사용하고 있는 프리덤 하우스(Freedom House)와 폴리티 포(Polity IV) 등이다. 프리덤 하우스 지표의 경우 정치권리(선거제도, 정치적 다원성과 참여, 정부기능), 시민권리(표현과 신념의 자유, 집회와 결사의 자유, 법치, 개인의 자율성과 권리)로 구성한다. 그러나 전문가들의 정성자료에 의존하는 평가 때문에 중국은 북한과 유사한 비민주적 그룹으로 분류되고 있다. 이것은 중국이 여전히 비민주국가라는 것을 설명하는 데에는 효과적이지만 중국에서 민주주의 실험이 가지는 비교정치학적 의미와 중국식 민주화의 성취를 반영하기는 어렵다.[87] 즉 이것은 서구의 자유민주주의에 대한 대안적이고 유효한 정치체제가 존재할 수 있다는 가능성을 차단하고 있고 심지어 자유민주주의와 선거민주주의에 대한 개념적 범주도 명확하지 않다.[88]

따라서 중국에서의 민주주의의 진화를 참여와 경쟁의 관점을 넘어 '좋은' 민주주의의 관점에서 새롭게 접근할 필요가 있다. 민주주의 질적 접근을 접근한 다이아몬드와 몰리노는 결과의 질, 내용의 질, 과정의 질로 구분하고 이를 다시 법의 지배, 참여, 경쟁, 수직적 책임성, 수평적 책임성, 자유, 평등, 반응성

• • •

87) 2014년 프리덤 하우스 지표에 의하면 자유권(6.5), 시민권(6), 정치적 권리(7)는 최악의 수준으로 북한의 자유권(7),시민권(7),정치적 권리(7)과 유사하며 아프리카 대부분 국가보다도 낮다. 중국의 개방도, 경제적 성취, 소통과 거버넌스 능력 등을 고려할 때 현실을 정확하게 반영하지 못하고 있다. http://www.freedomhouse.org/report/freedom-world/2014/china-0#.U4C0UU1ZqYk(검색일: 2014년 4월4일)

88) Laza Kekic, *The Economist Intelligence Unit's Index of Democracy: The World in 2007* (London, Economist, 2008), pp.1-11.

89) 좋은 민주주의는 나쁜 민주주의의 대립항이 아니라, 민주주의의 질의 문제이다. 기존의 시민권, 자유권 등의 지표만으로는 민주주의의 질적 평가가 어렵다. '좋은 민주주의'는 몰리노(Leonardo Molin) 등이 이미 초보적으로 제기한 이후 확산되고 있다. Leonardo Molino, "What is a 'Good Democracy'?" *Democratization* 11-5 (December 2004); "'Good' and 'Bad' Democracies: How to conduct research into Quality of Democracy," *Journal of Communist Studies and Transition Politics* 20-1 (March 2004); Larry Diamond and Leonardo Molino "The Quality of Democracy: An Overview," *Journal of Democracy* 15-4 (2004), pp.20-31.

으로 분류했다.[89]

이 지표를 다시 구성하면 절차(참여, 경쟁, 자유), 효능(대표성, 책임성, 반응성), 성과(성장, 평등, 복지), 통합(소통, 협의, 신뢰) 등으로 세분할 수 있다.[90]

이러한 평가방식은 민주주의의 본래적 의미를 살릴 뿐 아니라, 자유민주주의 이외의 다양한 민주주의 실험을 같은 준거를 가지고 평가할 수 있게 해 준다. 이때 중국에서의 민주주의 진화의 의미를 '있는 그대로' 파악할 수 있고 중국에서 도입한 협상정치의 의미를 당국가 체제를 강화하기 위한 정치공학으로 접근하는 과도한 일반화를 넘어설 수 있을 것이다. 다만 중국민주주의에 대한 질적 평가와 국가 간 비교(charting)는 실험 중인 '민주주의의 질'의 측정지표들과 가중치 부여와 같은 방법론적 개선이 이루어질 때 효과적으로 적용할 수 있다는 점에서 현재로서는 한계가 있다.[91]

• • •

90) 李熙玉 · 馬仁燮 (2013), pp. 87-90.
91) 이에 대한 한국 내 일련의 작업성과에 대해서는 『비교민주주의연구』(2014년 여름호)의 특집을 참고하라.

결론

　중화인민공화국 수립 이후 중국의 체제이데올로기는 부침을 거듭했다. 중국 정치를 관통하고 있는 것의 하나는 중국과 같이 거대한 인구와 국토를 지닌 국가는 공식적인 행정조직과 민주적 장치를 통해 운영하는 것이 사실상 불가능하다. 이런 점 때문에 역대 지도부는 당국가체제의 결속도를 높이고 하급관리들에게는 체제에 대한 순응을 높일 수 있는 이데올로기 장치에 많은 관심을 기울였다. 이런 점에서 정도의 차이가 있고 강조점의 차이, 대상의 차이가 나타나고 있으나 특정 형태의 권한에 대한 원칙이나 헌신을 대중들에게 요구하는 이데올로기의 중요성은 여전히 남아 있다.

　중국혁명의 열기가 남아 있던 마오쩌둥 시기는 혁명의 이데올로기가 지배했다. 대중노선, 주의주의(voluntarianism), 계급투쟁, 캠페인, 평등주의, 반(反)지성주의, 자력갱생 등이 중심이 되었다.[1] 마오쩌둥은 기본적으로 올바른 생각이 올바른 행동에 영향을 미친다고 보았고, 사회주의 이데올로기는 하나의 눈속임이라기보다는 내면화된 것이었다. 마오 시기 혁명 이데올로기에 대한 평가는 폭력으로서의 혁명과 독재, 민주주의를 실천하기 위한 것이라는 마오쩌둥 캠페인의 낭만화(romanticization), 넓은 대중의 동의를 획득해 서구 근대화를 넘어서는 중국적 길을 모색하기 위한 것이라는 그람시적(Gramscian) 해석 등으로 대별된다.[2] 그러나 전반적으로 마오 시기 이데올로기는 결과적으로 대약진운동, 문화대혁명과 같은 정책적 실패와 재난을 초래했으며, 이데올로기의 틀을 먼저

・・・

1) 케네스 리버살(김재관·차창훈 역), 『거브닝 차이나: 현대중국정치의 이해』(서울: 심산, 2013), pp.131-163; 이희옥, 『중국의 새로운 사회주의 탐색』(서울: 창비, 2005), pp.41-53.

만들고 그 속에서 현실을 해석하고 행동방식을 결정해 왔던 방법론은 실패했다. 이것은 독점적 권력을 정당화하고 '사회주의 건설'의 역사적 사명을 합법화하기 위한 이데올로기로서의 혁명은 공산주의 사회를 향한 과정과 목표가 될 수 없다는 것을 의미했다.

이후 중국의 이데올로기는 대중의 마음을 얻고 대중의 이익을 대변해야 하는 개혁과 건설의 이데올로기로 전환했다. 그러나 개혁개방 시기 이데올로기는 마오쩌둥 사상과의 지속과 변화를 동시에 지니고 있었다. 개혁(개방) 이데올로기는 마오쩌둥의 혁명적 헤게모니로부터 완전히 이탈한 것은 아니며, 마오쩌둥 사상으로부터 이론적 전거를 찾는 등 개혁개방 초기 덩샤오핑이 헤게모니를 구축하는 과정에서 적극적으로 의지했다. 그러나 시간이 갈수록 개혁이데올로기가 점차 혁명이데올로기를 대체하면서 발전했다. '개혁 또한 혁명이다', '가난은 사회주의가 아니다'는 것을 강조하는 한편 사회주의와 자본주의의 전통적인 이분법을 지양하고자 했다. 이것은 기존의 사회주의 이데올로기의 근간을 통해 다시 경제발전이라는 '하나의 중심'을 세우는 것이기도 했다. 실제로 이러한 이데올로기에 기초한 정책은 사회주의로의 전진을 막았던 악화된 경제 여건을 개선하고 정치적 혼란을 극복했기 때문에 당시로서는 일종의 만병통치약(panacea)이었다.[3] 방법론적으로도 개혁 이데올로기는 현실에서 이론을 '발견'하고 정책수행에 장애가 되는 이데올로기의 장치를 과감하게 폐기하거나 재해석함으로서 정책의 유연성을 확보하는 도구적 성격을 지녔다.

이 책에서 다루고 있는 포스트 덩샤오핑 시기는 과거와는 또 다른 양상을 보이고 있다. 전반적으로 개혁의 피로현상이 나타났고, 카리스마적 지배력이 약

• • •

2) Xiaobo Su, "Revolution and Reform: the role of ideology and hegemony in Chinese politics" *Journal of Contemporary China*, 20(69) 2011 p.315
3) Xiaobo Xu, 2012, p.320.

화되었으며 전통적 사회주의 이데올로기 호소력도 크게 약화되었다. 이런 점에서 일종의 사회주의 이데올로기의 위기라고 볼 수 있다. 그러나 이러한 위기가 서구의 자유민주주의로 향하는 것은 아니며, 서구 민주주의를 즉각적으로 도입하자는 것은 자유주의적 환상[4]이라는 것이다. 오히려 서구체제와 이데올로기에 대한 향수도 크게 줄어들었고 대중들은 경제적 업적에 의한 정당화, 민주주의나 주권 보호와 같은 추상적인 주장보다는 새로운 방법을 찾게 되면 정부의 주인이 되기보다는 정부로부터 통치 받을 의향이 있다는 현상도 나타났다.

장쩌민 시기는 체제 이데올로기 문제를 유연하게 접근하면서 카리스마적 리더십의 부족을 메우고자 했다.[5] 연성 권위주의(soft authoritarianism)에 기초한 정치개혁을 추진했고 정책결정 과정의 절차적 민주화와 정치적 제도화 그리고 시민사회의 자율성을 넓혔다. 비록 이것이 '자유화를 지닌 민주화(democratization with liberalization)'를 지향한 것은 아니었지만, 시민사회가 성장하고 이것이 참여 폭발로 이어져 체제안정의 위협이 되는 상황을 사전에 방어하기 위한 선제적인 조치[6]였다. 특히 장쩌민은 거대담론 대신 '3개대표론'과 같은 공산당의 존재방식, 경제의 세계화 등 개방이데올로기 등에 주목했다. 그리고 기존 체제이데올로기로 현실을 효과적으로 설명할 수 없을 때에는 선택적으로 사회애국주의나 유교와 국학(國學) 캠페인을 통해 사회주의의 공백을 메우기도 했다. 그러나 카

• • •

4) Richard Walker and Daniel Buck, "The Chinese road: cities in the transition to capitalism," *New Left Review* 46 (2007), pp.39-66.
5) '3개대표' 중요사상은 헌법과 당강령에 마오쩌둥사상이나 덩샤오핑이론과 같이 지도자의 이름을 사용하지 못하고 '이른바' '3개대표' 라는 의미에서 따옴표를 사용했고 중요사상도 하나의 사상체계가 아니라, '중요한 사상' 이라는 의미로 일반화시켰다.
6) 이것은 사회에서 발생하게 될 위험요인을 개량적인 조치를 통해 체제 내로 수렴하면서 국가주도의 시민사회의 틀을 유지할 것이라는 정치전략의 일환이다. B. Michael Frolic, "State-Led Civil Society," Timothy Brook and B. Michael Frolic eds., *Civil Society in China* (Armonk and N.Y: M. E. Sharpe, 1997), p.63.

리스마적 지배력이 사라진 상태에서 세계무역기구 가입 등 '외곽을 때리는 방식'으로 개혁의 국제화동력을 확보하고자 했으나, 이를 효과적으로 극복하지 못했고 사회적 격차가 확대되는 상황에서 새롭게 목소리를 내기 시작한 일단 당내 보수파를 의식했다.

이 과정에서 '도대체 무엇이 사회주의인가', '왜 발전을 추구하는가', '무엇을 위해 개혁하고 있는가'라는 근본적인 질문이 제기되었다. 후진타오 체제는 이 질문에 대답하기 위해 과학발전관과 사회주의 조화사회론을 제시했다. 이것은 좀더 사회주의의 본래적 목표로 돌아가고자 하는 이데올로기적 장치였다. 비록 후진타오 시기 이데올로기는 장쩌민의 '3개대표론'의 연장에서 출발했으나, 내부적으로는 '낡은 부대에 새 술을 붓는' 방식의 변화가 있었고 후진타오 2기체제에 들어서면서 이러한 흐름은 보다 분명해졌다. 국내적으로는 민생해결에 정책의 우선순위를 두었고 사회주의의 가치를 상대적으로 중시하면서 당내 세력균형을 유지하고자 했다.

다른 한편 중화의 가치를 통해 새로운 이데올로기를 창출하고자 했다. 구체적인 정책으로는 노동권의 상대적 강화, 민족자본 육성, 사회적 약자에 대한 배려, 사회적 격차 해소, 대중정치의 활성화, 당내민주주의의 확대 등으로 나타났다. 여기에 올림픽 개최, 상하이 엑스포 유치 등 '개최국 외교'를 통해 중국의 가치, 중국적 담론을 국제사회에 전파하고자 했다.[7] 특히 후진타오는 개인적으로도 태자당에 기반을 둔 장쩌민에 비해 중국공산주의 청년단(공청단)에 기반해 자수성가했기 때문에 상대적으로 민중주의적 관점이 강했고 이것이 사회주의의 합리적 핵심을 강화하는 이데올로기 선호로 나타난 측면이 있다.

• • •

7) 이러한 현상은 시진핑 대외정책의 방향에서도 그대로 나타난다. 새로운 대외정책은 '중국형' 강대국외교라고 할 수 있는 신형대국외교, 주변국외교, 개도국 외교, 경제외교, 개최국 외교의 축으로 나타났다. 『京華時報』(2013.12.18.).

이처럼 장쩌민과 후진타오 시기는 마오쩌둥과 덩샤오핑 시기의 체제이데올로기를 선택적으로 보완하면서 발전시켰다. 일단 마르크스-레닌주의와 마오쩌둥 사상 등 헌법적 가치를 유지했다. 이는 마오쩌둥 탄생 기념일에 국가주석과 총서기 자격으로 행한 각각의 연설에서도 잘 나타난다. 이것은 마오쩌둥 사망 이후에도 반일시위에 그의 사진을 들고 나올 정도로 마오쩌둥의 사상이 국민저변에 뿌리내리고 있는 현실을 의식한 것이었다. 그러나 제5세대 지도부인 시진핑 체제에서 또 다시 새로운 변화가 나타나고 있다.

우선 시진핑의 정치스타일은 선이 굵고 개혁의지가 강하다. '돌다리를 두드리며 걷는 방식' 대신 과감한 개혁드라이브를 통해 사회전반의 개조에 정책역량을 집중하고 있다. 부패와 기득권과의 전쟁, 오랫동안 만연한 관료주의 작풍 그리고 익숙한 정치관행의 타파를 시도하고 있다. 보시라이(薄熙來) 사건과 저우융캉(周永康) 사건 등 굵직한 권력형 부패문제에 대한 단호한 태도는 그 일단을 보여주고 있다. 특히 그는 문화대혁명 시기 '희망이 없는 절망'의 시대를 보낸 경험이 개혁의지를 강화시키고 있다. 시진핑 주석 가족의 재산 형성에 대한 외국언론의 부정적인 보도에도 불구하고, '솔선수범(以身作則)'을 통해 정면돌파를 선택했다. 국제문제에 대해서도 과거 국내 경제발전을 위해 안정적인 대외환경을 조성하고자 했던 도광양회(韜光養晦) 노선을 버리고 국내문제와 국제문제를 독립변수로 보는 경향도 늘었다. 신형대국외교, 주변외교 등 시진핑 시기 외교정책은 새로운 적극외교와 주동외교의 정치적 실험이다. 향후 이에 상응하는 이데올로기적 조정이나 새로운 담론의 출현을 전망할 수 있다.

우선 제5세대가 강조하는 것은 '중국의 꿈'이다. 제5세대 집권기간은 2022년(당), 2023년(국가)이다. 이것은 시기적으로 중국공산당 창당 100년(1921년)과 일치한다. 이런 점에서 현 지도부는 창당 100년(2021년)과 건국 100년(2049년)이라는 '두 개의 백년'을 맞아 중국공산당의 역사적 정당성과 지속가능성을 동시에 증명해야 하는 과제를 짊어지고 있다. 그 일단은 중국공산당 18기 3중전회와 전국인대 14기 2차 회의에서 '중국의 꿈'에 대한 구체적인 정책을 선보였다.[8] 여기에서 전면적 심화개혁, 시장화, 도시화, 균형발전, 청렴하고 안전한 국가를 제시했지만, 그 저변에는 문화강대국화, 소프트파워 강화, 중화의 부흥 등과 같은 중국의 가치가 자리 잡고 있다.

그러나 완전히 새로운 이데올로기를 발견하기는 어렵다. 사실 중국의 마르크스주의 중국화 과정은 이데올로기적 적용이었을 뿐, 이데올로기의 이론화 과정은 아니었고 국가의 상황(國情)에 따른 끊임없는 재이데올로기화 과정이었다. 따라서 시기별로는 자유주의와 계몽주의(1980년대 중반), 신권위주의(1980년대 천안문 직전), 신좌파(1990년대 중반), 신민족주의(1990년대 중반 베오그라드 공습 사건 이후), 문화보수주의(2000년대 초반), 민주사회주의(2000년대 후반) 등으로 전개되었던 경험을 참고할 수 있고, 유파별로는 중국특색사회주의 사상, 구좌파, 신좌파, 민주사회주의, 자유주의, 민족주의, 민수(民粹)주의, 신유가 등 8대사조를 참고할 수 있다.[9]

전반적으로 중국적 가치를 강조하는 일련의 흐름과 민족주의의 공간이 상대적으로 넓어지고[10] 자유주의와 민주사회주의 등 사회주의를 조작적(operational) 수준에서 보완할 수 있는 경향도 확대될 가능성이 있다. 또 하나 새로운 변화라면 유가를 중심으로 하는 전통문화와 충칭실험에서 보여준 붉은 문화(red culture)의 결합가능성이다.[11] 실제로 2006년 중국 중앙텔레비전이 다큐멘터리로

• • •

8) 中共中央對外聯絡部研究室, 『中國夢與世界』(北京: 外文出版社, 2013). 최초의 청사진은 18기 3중전회를 통해 제기되었다. 『人民日報』(2013.11.13).
9) 馬立誠, 『當代中國八種社會思潮』(北京: 社會科學文獻出版社, 2012), pp.290-326.
10) 일부 신좌파 등은 중국적 가치를 강조하는 정치사조와 결합하는 형태를 보이기도 했다. 조경란, 『현대중국의 지식인지도』(서울: 글항아리, 2013), pp.61-73.
11) Kelvin Chi-Kin Cheung, 2012, p.213.

제작해 방영한 〈대국굴기〉는 마르크스주의를 포함한 특정한 이데올로기를 모두 배제하고 강대국의 흥망과정만을 조명하였고 특히 '사상해방'을 강조하면서 이데올로기로부터 후퇴하는 경향을 보이기도 했다. 이어 2008년 미국의 금융위기 이후에는 체제자신감에 기초해 중화주의와 사회주의를 넘어서는 새로운 이데올로기를 창출하고 있다. 이것은 더 이상 서구적 가치를 벤치마킹 하는 것이 아니라, 자신의 고유를 찾아가는 과정에 접어들었다는 것을 의미한다.

요컨대 시진핑 시기 이데올로기는 '중국의 꿈'을 '중국적'으로 해석하는 형태로 나타날 가능성이 있다. 우선 담론력(power of discourse)을 강화할 것이라는 점이다. 중국은 이미 대국형 개방경제라는 중국의 특수성에 비추어 중국적 길을 선택했다. 대외적으로도 중국의 '핵심이익'을 존중해 줄 것을 국제사회에 요구하고 있다. 이것은 비단 영토와 역사문제 등 주권과 관련된 것이 아니라, 중국의 가치와 질서를 존중하라는 보다 근본적인 의미를 담고 있다. 이러한 추세는 체제의 자신감과 미국 헤게모니의 쇠퇴와 맞물려 보다 강화될 가능성이 있다. 또한 체제 이데올로기의 차원에서 보면 '더 많은 민주주의'와 '거버넌스의 민주화와 현대화'를 추구할 가능성이 있다. 왜냐하면 중국은 일단 서구 민주주의의 다당제와 3권분립 체제 도입에 대해 규범적으로 반대할 수는 있지만, '민주주의도 중국 것이 좋다'는 것을 설명할 수 있는 이데올로기적, 정책적 기반이 취약하기 때문이다. 이런 점에서 거버넌스 업적(governance performance)을 통해 정당성을 유지하고자 하는 새로운 실험 가능성이 대두되는 것이다.[12]

중국의 미래가 기본적으로 수축과 적응을 통해 시간을 정하지 않은 채 유지

● ● ●

12) Sheng Ding, "To build a Government of Better Transparency and More Accountability: the CCP's Governance Performance in the Hu era," Baogang Guo and Dennis Hickey, *Toward Better Governance in China: An Unconventional Pathway of Political Reform* (Lanham: Rowman & Littlefield Publishers, 2010), pp. 23-28.

해 나갈 가능성이 있다.[13] 이것은 시진핑 체제에 놓인 심각한 기득이익과 사회적 불안정성, 만연한 지대추구(rent-seeking) 현상 등으로 인해 붕괴되지는 않겠지만 한국이나 타이완과 같은 민주화를 달성하지 못한 채, 혼란을 거듭하면서도 문제를 해결하지 못한 채 라틴아메리카의 경로를 밟을 것이라는 예측[14]보다는 비교적 낙관적이다. 우선 시진핑 체제는 위기의식이 무엇보다 강하고 전면적 심화개혁이라는 방향을 수립했으며 실제 개혁을 수행하고 있다. 이 과정에서 시진핑 체제는 중화의 가치와 사회주의의 본래의 가치를 다시 결합하는 실험을 하고 있다. 이런 점에서 이데올로기의 유용성이 있다.[15] 따라서 주변화된 이데올로기 연구를 좀더 분석적인 차원으로 끌어올리는 한편 새로운 이데올로기적 뿌리가 어떤 요소가 어떻게 결합되어 나타나는가에 대한 섬세한 연구가 필요하다.

• • •

13) David Shambaugh, China's Communist Party (Washington D.C: Woodrow Wilson Press, 2008), pp.170-174; 리버설도 중국이 체제유지에 성공한다는 것을 전제로 한다면,엘리트 권위주의의 지속, 취약하고 부패한 권위주의 체제, 취약한 민주주의 체제, 근본적인 불안정이 지속될 가능성이 있는 모델로 보았다. Kenneth Lieberthal, Governing China: From Revolution to Reform (New York: W. W. Norton & Company, 2004).
14) 조영남, 『용과 춤을 추자』(서울: 민음사, 2012).
15) Lowell Dittmer and Guoli Liu eds., China's Deep Reform: Domestic Politics in Transition (Lanham: Rowman & Littlefield, 2006), pp.29-30: 이것은 공산당 강화와도 연결되고 있다. 중국에서 사회영역의 비약적 발전에도 불구하고 공산당원의 수는 2013년 말 8300여만 명으로 세계인구의 1%를 차지하고 있으며, 당원신청 대기자도 증가하고 있다.

참고문헌

1. 국문

김재기, "티베트의 중국으로부터 분리독립 운동의 기원과 전개," 『대한정치학회보』 13집 3호(2006).

김재철 편『새로운 중국의 모색 I 』(서울: 폴리테이아, 2005)

김재철, "사스의 정치: 외적압력과 중국의 국내적 변화," 『중국연구』 31권 (2003)

김한규, 『티베트와 중국: 그 역사적 관계에 대한 연구사적 이해』(서울: 소나무, 2000).

데이비드 헬드(박찬표 역), 『민주주의의 모델들』(서울: 후마니타스, 2012)

린이푸 외(한동훈 역), 『중국의 기적: 발전전략과 경제개혁』(백산서당, 1996)

마크 레너드 (장영희 역), 『중국은 무엇을 생각하는가』(서울: 돌배게, 2011)

백장채 외, 『차이나리포트 2012』(서울: 인간사랑, 2008)

베네딕트 앤더슨(윤현숙 역), 『상상의 공동체』(서울: 나남, 2002)

성균중국연구소 편, "중국은 중진국함정을 넘어설 수 있는가," 『성균차이나포커스』 5호 (2013)

세계환경발전위원회(조형준·홍성태 역), 『우리공동의 미래』(서울: 새물결, 1994)

손열 편, 『매력으로 엮는 동아시아』(서울: 지식마당, 2007)

쉬상린, "자유선거인가 아니면 국가통치인가," 『성균차이나브리프』 2권 2호 (2014)

아리프 딜릭(설준규·정남영 역), 『전지구적 자본주의에 눈뜨기』(서울: 창작과 비평, 1998)

안병우 편, 『중국의 변강인식과 갈등』(오산: 한신대학교출판부, 2007).

야마구치 즈이호·야자키 쇼켄(이호근 안영길 역), 『티베트 불교사』(서울: 민족사, 1990).

왕푸춰, "중국민주주의 기본적 특징과 발전," 『성균차이나브리프』 2권 1호 (2014)

왕후이(이희옥 역), "세계화속의 중국, 자기변혁의 추구," 『당대비평』 (2000, 봄/여름)

이남주, 『중국 NGO의 발전』(서울: 폴리테이아, 2007)

이동률, "90년대 중국애국주의 운동의 정치적 함의," 『중국학연구』 21집 (2005)

이문기, "캉샤오광의 협력주의 국가론," 『동아시아브리프』 6권 1호 (2011)

이민자, "티벳독립운동의 경제적 배경," 『동아연구』 36 (1998)

이정남, 『중국의 기층선거와 정치개혁 그리고 정치변동』(서울: 폴리테이아, 2007)

이홍규, "중국내 '사회주의 민주주의' 인식과 실천구상의 다양성,"『중소연구』제37권 3호 (2013 가을)

이홍영, "중국개혁의 정치적 의미,"『사상』(2003, 가을호)

이희옥, "셰타오의 민주사회주의론,"『동아시아브리프』6권 2호 (2011)

이희옥, "中 민족문제 화약고 티베트사태의 진실,"『신동아』5월 (2008).

이희옥, "중국민족주의 발전의 이데올로기적 함의,"『중국학연구』47집 (2009)

이희옥, "중국적 길과 사회주의 담론의 변화,"『중소연구』25권 4호 (2000/2001)

이희옥, "체제전환과 중국의 새로운 이데올로기 모색,"『국제정치논총』제45집 1호 (2005)

이희옥, "티베트자치문제의 지속과 변화: 3.14사건 분석을 위한 시론,"『중국학연구』 45집 (2008)

이희옥, "후진타오 체제의 사회주의: 지속과 분화,"『진보평론』18 (2003, 겨울)

이희옥, 『중국의 국가대전략 연구』(서울: 폴리테이아, 2007)

이희옥, 『중국의 새로운 사회주의 탐색』(서울: 창비, 2004)

이희옥 · 장윤미 편, 『중국의 민주주의는 어떻게 가능한가』(서울: 성균관대학 출판부, 2013)

자오치정(이희옥 역), 『중국은 무엇으로 세계와 소통하는가』(서울: 나남, 2012)

장윤미, "추이즈위안의 자유사회주의론,"『동아시아브리프』6권 2호 (2011)

전성흥, "개혁기 중국의 티벳정책: 분리주의운동에 대한 중앙의 개발주의 전략",『동 아연구』36집(1998).

전성흥, 『중국모델론』(서울: 부키, 2008)

정재호 편, 『중국의 강대국화』(서울: 사회평론 길, 2006)

조경란, 『현대중국의 지식인지도』(서울: 글항아리, 2013)

조영남, "중국의 최근개혁논쟁,"『중소연구』제37권 1호 (2013 봄)

조영남, 『21세기 중국이 가는 길』(서울: 나남출판사, 2009)

조영남, 『용과 춤을 주자』(서울: 민음사, 2012)

조영남, 『중국의 꿈: 시진핑 리더십과 중국의 미래』(서울: 민음사, 2013)

조영남, 『후진타오시대의 중국정치』(서울: 나남, 2006)

쩡삐젠(이희옥 역), 『중국 평화부상의 새로운 길』(오산: 한신대출판부, 2007)

쩡용녠, "중국공산당의 경쟁력,"『중국공산당의 경쟁력과 지속 가능성』(서울:중앙일 보, 2007.10.9.)

케네스 리버샬(김재관 · 차창훈 역), 『거브닝 차이나: 현대중국정치의 이해』(서울: 심 산, 2013)

판웨이(김갑수 역), 『중국이라는 국가모델론』(서울, 에버리치홀딩스, 2009)
『중화인민공화국법률휘편』(북경: 민족출판사, 2005)

2. 영문

Acemoglu, Daron and Robinson, James A., *Why Nations Fail: The Origins of Power, Prosperity, and Poverty* (New York: Crown Business, 2012)

Amin, Samir, "Theory and practice of the Chinese 'market socialism' project," *The Chinese Model of Modern Development* (London: Routledge, 2005)

Barme, John, *In the Red: On Contemporary Chinese Culture* (New York: Columbia University Press, 1999)

Baum, Richard, "China after Deng: Ten Scenarios in Search of Reality," *The China Quarterly* (March 1996)

Bohman, James, "The coming of age of deliberate democracy," *Journal of Political Philosophy* 6 (1998)

Bremmer, *Ian, The End of the Free Market: Who Wins the War Between States and Corporations?* (New York: Portfolio, 2010)

Brodsgaard, Kjeld Erik and Zheng, Yongnian eds., *The Chinese Communist Party in Reform (London and New York: Routledge, 2006)*

Brook, Timothy and Frolic, B. Michael eds., *Civil Society in China* (Armonk and N.Y: M. E. Sharpe, 1997)

Brown, Kerry, "The Communist Party of China and Ideology," China: An International Journal 10-2 (August 2012)

Burns, John P., "Renshi Dang' an: China's cadre dossier system," *Chinese Law and Government* 27-2 (1994)

Cai, Fang, "Is There a "Middle-income Trap? Theories, Experiences and Relevance to China," *China & World Economy* 29-1 (2012)

Cao, Lan, *Chinese Privatization: Between Plan and Market, Law and Contemporary Problems*, 63-4 (August 2000)

Cao, Tian Yu eds., The Chinese Model of Modern Development (London: Routledge, 2005)

Chang, Maria Hsia, *Return of the Dragon: China's Wounded Nationalism* (Boulder: Westview Press, 2001)

Chung, Jae Ho eds., *Charting China's Future: Political, Social, and International Dimentions* (Lanham: Rowman & Littlefield Publisbhers, 2006)

Comaoff, J. L. and Stern F. C. eds., *Perspectives on Nationalism and War* (Armsterdam: Gordonand Breach Publishers, 1995)

Davis, C. Michael." The Quest for Self-rule in Tibet", *Journal of Democracy* 18-4 (October 2007).

Diamond, Larry and Myers, Ramon H., *Elections and Democracy in Greater China* (New York: Oxford University Press, 2001)

Dickson, Bruce, "Allies of the State: Democratic support and Regime support among China's Private Entrepreneurs," *The China Quarterly* 196 (December, 2008)

Ding, Sheng, "To build a Government of Better Transparency and More Accountability: the CCP's Governance Performance in the Hu era, in Guo, Baogang and Hickey, Dennis, *Toward Better Governance in China: An Unconventional Pathway of Political Reform* (Lanham: Rowman & Littlefield Publishers, 2010)

Ding, Yijing, *Chinese democracy after Tiananmen* (Vancouver: UBC Press, 2001)

Dittmer, Lowell and Kim, Samuel S. eds., *China's Quest for National Identity* (Ithaca: Cornell University Press, 1993)

Dittmer, Lowell and Liu, Guo eds., *China's Deep Reform: Domestic Politics in Transition* (New York: Rowman & Littlefield Publishers, 2006)

Dittmer, Lowell, "Political Development: Leadership, Politics and Ideology," in Kallgren, Joyce K. eds., *The People's Republic of China After Thirty Years: An Overview* (Los Angels: U.C.L.A Press, 1979)

Downs, Etrica S. and Saunders, Philip C., "Legitimacy and the Limits of Nationalism: China and the Diaoyu Islands," *International Security* 23-3 (1998/1999)

Dreyer, June Teufel, "Economic Development in Tibet Under the People's Republic of China", *Journal of Contemporary China* 12-36(August 2003).

Eagleton, Terry, Ideology: *An Introduction* (London: Verso, 2007)

Edwards, Mile, "Han Dynasty," *National Geographic* 205-2 (2004)

Fairbank, John K., *China: A New History* (M.A: The Belknap Press of Harvard University Press, 1992)

Feng, Jinhua, "Public Notice on the Railway Construction Project Petition," *Patriot Alliance Net* (2003.8.4)

Fewsmith, Joseph, "The political and Social Implication of China's Accession to WTO," *The China Quarterly* (Spring 2001)

Fewsmith, Joseph, "Promoting the Scientific Development Concept," *China Leadership Monitor* 11 (Summer 2004)

Fewsmith, Joseph, *China Since Tiananmen: The Politics of Transition* (London,

Cambridge University Press, 2001)

Freeden, Michael, *Ideology: A Short Introduction* (Oxford: Oxford University Pressm, 2003)

Friedman, Edward and McCormick, Barrett L. eds., *What If China Doesn't Democratize: Implication for War and Peace* (Armonk: M. E. Sharpe 2000)

Fukuyama, Francis, *The End of History and the Last Man* (New York: Acon Books, 1972)

Gilley, Bruce, *China's Democratic Future* (New York: Columbia University Press, 2004)

Goldman, Merle and Macfarquhar, Roderock, "Dynamic Economy, Declining Party-state," *The Paradox of China's Post-Mao Reforms* (Harvard University Press, 1999)

Goldwin, Robert A. and Schambra, William A. eds., *How Democratic is the Constitution* (Washington: American Enterprise Institution, 1980)

Gordon, M. J., "China's Path to Market Socialism," *Challenge* 35-1 (Jan-Feb, 1992)

Gries, Hays P., *China's New Nationalism: Pride, Politics and Diplomacy* (Berkerly: University of California Press, 2004)

Guo, Dingping, "Chinse Model of Political Development: Comparative Perspectives," *Toward Political and Social Research with Asian Identity*, ACPR-SKKU-SNU Joint Workshop (August 3-4, 2007, Seoul)

Guo, Suijian and Guo, Baogang eds., *Challenges Facing Chinese Political Development* (Plymouth: Lexington Books, 2007)

Guo, Sujian, China's Peaceful Rise in the 21st Century: *Domestic and International Conditions* (Burlington: Ashgate, 2006)

Guo, Sujiao, "The Ownership Reform in China: What direction and how far?" *Journal of Contemporary China* 12-36 (2003)

Guo, Sujian, *Post-Mao China: From Totalitarianism to Authoritarianism?* (London Praeger, 2000)

Hart-Landsberg, Martin and Burkett, Paul, *China and Socialism; Market Reform and Class Struggle* (New York: Monthly Review Press, 2005)

He, Baogang and Warren, Mark E., "Authoritarian Deliberation: The Deliberative Turn in Chinese Political Development," *Perspectives on Politics* 9-2 (2011)

Heberer, Thomas and Schubest, Gunter, "Political Reform and Regime Legitimacy in Contemporary China," *Asien* 99 (April, 2006)

Hellman, Ronald G. and Rosenbaum, H. Jon eds., *Latin America: The Search for a New International Role* (New York: Wiley, 1975)

Herson, Lawrence J. R., *The Politics of Ideas: Political Theory and American Public Policy* (Homewood, Ill.: Dorsey Press, 1984)

Hoffman, A. *Steven. India and the China Crisis* (California: California University Press, 1990).

Hong, Zhaohui and Smith, Steven R. eds., *Dilemmas of Reform in Jiang Zemin's China* (London: Lynne Rienner Publishers, 1999)

Huang, Yasheng, "Democratize or Die: Why China's Communists Face Reform or Revolution," *Foreign Affairs* 92-1 (Jan/Feb 2013)

Hughe, Christopher R., *Chinese Nationalism in the Global Era* (New York: Routledge, 2006)

Huntington, Samuel P., *Political Order in Changing Societies* (New Haven: Yale University Press, 1968)

Huntington, Samuel P., *The Clash of Civilizations and the Remaking of World Order* (New York: Simon & Schuster, 1996)

Huntington, Samuel P., *The Third Wave: Democratization in the Late Twentieth Century* (Norman: University of Oklahoma Press, 1991)

Kallgren, Joyce K. eds., *The People's Republic of China After Thirty Years: An Overview* (Los Angels: U.C.L.A Press, 1979)

Kelvin Chi-Kin Cheung, "Away from socialism, towards Chinese characteristics: Confucianism and the futures of Chinese nationalism," *China Information* 26-2 (2012)

Kong, Qingjiang, "Quest for Constitutional Justification: privatization with Chinese characteristics," *Journal of Contemporary China* 12-36 (2003)

Landry, Pierre F., Decentralized Authoritarianism in China: *The Communist Party's Control of Local Elites in the Post-Mao Era* (New York: Cambridge University Press, 2008)

Lardy, Nicholas R., "The Economic Rise of China: Threat or opportunity?" *Economic Commentary* (August 1, 2003)

Lee, Jung Nam, "The revival of Chinese Nationalism: Perspectives of Chinese Intellectuals," *Asian Perspective* 30-4 (2006)

Leib, Ethan J. and He, Baogang eds., *The Search for Deliberative Democracy in China* (New York: Palgrave Macmilan, 2006)

Leibold, James, *Reconfiguring Chinese Nationalism: How the Qing Frontier and its Indigenes Became Chinese* (New York: Palgrave Macmillan, 1997)

Li, Cheng "China in the Year 2020: Three political Scenarios," *Asia Policy* 4 (July, 2007)

Li, Cheng "Intra-Party Democracy in China: Should We Take it Seriously?" *China Leadership Monitor* 30 (2009)

Li, Cheng ed., *Charting China's Future: Political, Social, and international Dimensions* (Roman & Littlefield, 2006)

Li, Cheng ed., *China's Changing Political Landscape: Prospects for Democracy* (Washington D.C: Brookings Institute Press, 2008)

Li, Cheng, *Rediscovering China : Dynamics and Dilemmas of Reform* (Maryland: Rowman & Littlefield Publishers, 1997)

Li, Cheng, "The End of the CCP's Resilient Authoritarianism? A Tripartite Assessment of Shifting Power in China," *The China Quarterly* (September 2012)

Li, Eric X. "The Life of the Party," *Foreign Affairs* 92-1 (Jan/Feb, 2013)

Liberthal, Kenneth, *Governing China: From Revolution to Reform* (New York: W. W. Norton & Company, 2004)

Lippit, Victor D., "But What about China," *Rethinking Marxism* 6-1 (Spring 1993)

Lipset, Seymour Martin, *Political Man: The Social Bases of Politics* (New York: Doubleday, 1960)

Liu, Yu and Chen, Dingding, "Why China will Democratize," *The Washington Quarterly* (December 2011)

Louis, Edmonds Richard eds., *The People's Republic of China after 50 Years* (London: Oxford University Press, 2000)

Lum, Thomas, *Problems of Democratization in China* (New York: Garland Publishing, 2000)

MaGregor, Richard, "Five Myths about the Chinese Communist Party," *Foreign Policy* (Jan/Feb 2011)

Marks, Gary and Diamond, Larry eds, *Reexamining Democracy* (London: Sage, 2007)

Mertha, Andrew, "Fragmented Authoritarianism 2.0: Political Pluralization in the Chinese Policy Process," *The China Quarterly* 200 (2009)

Molino, Leonardo, "'Good' and 'Bad' Democracies: How to conduct research into Quality of Democracy," *Journal of Communist Studies and Transition Politics* 20-1 (March 2004)

Molino, Leonardo, "What is a 'Good Democracy' ?" *Democratization* 11-5 (December 2004)

Naisbitt, John and Doris, *China's Megatrends* (New York: Harper Business, 2010)

Nathan, Andrew J. and Gilley, Bruce, *China's New Rulers: The Secret Files* (New York: New York Review Book, 2002)

Nathan, Andrew J., "Is Communist Party Rule Sustainable in China?" *Reframing*

China Policy: The Carnegie Debates (Washington D.C: Carnegie Foundation and Library of Congress, 2006)

Naughton, Barry, *Glowing Out of the Plan: Chinese Economic Reform* 1978-1993 (Cambridge: Cambridge University Press, 1996)

Ners, K. J., "Privatisation(from above, below or mass privatisation) Versus Generic: Private Enterprise Buildings," *Communist Economics and Economic Transformation* 7-1 (1995)

Nolan, Peter, *China at the Crossroads* (Cambridge: Polity Press, 2004)

Nolan, Peter, *Transforming China :Globalization, Transition and Development* (London: Anthem Press, 2005)

North, Douglas C., "Institution," *Journal of Economic Perspectives* 5-1 (Winter 1991)

Peerenboom, Randal, *China Modernizes: Threat to the West or Model for the Rest?* (Oxford: Oxford University Press, 2007)

Peerenboom, Randall, *China Modernizes* (New York: Oxford University Press, 2007)

Pei, Minxin, "The Chinese Political Order: Resilience or Decay," *Modern China Studies* 21-2 (2014)

Pei, Minxin, *China's Trapped Transition: The Limits of Developmental Autocracy* (London: Harvard University Press, 2006)

Petracca, Mark P. and Xiong, Mong, "The concept of Chinese Neo-Authoritarianism: An Exploration and Democratic Critique," *Asian Survey* 30-11 (Nov, 1990)

Przeworski, Adam and Limongi, Fernando, "Modernization: Theories and Facts," *World Politics* 7-1 (1997)

Przeworski, Adam, *Democracy and the Market* (Cambridge: Cambridge University Press, 1991)

Pye, Lucian W., "An Overview of the People's Republic of China: Some Progress, But Big Problems Remain," *The China Quarterly* 159 (1999)

Pye, Lucian W., "China: Erratic State, Frustrated Society," *Foreign Affairs* 69-4 (1990)

Pye, Lucian W., "How China's Nationalism Was Shanghaied," *The Australian Journal of Chinese Affairs* 29 (January 1993)

Ramo, Joshua Cooper, *The Beijing Consensus* (London: The Foreign Policy Center, 2004)

Richard Walker and Daniel Buck, "The Chinese Road: Cities in the Transition to Capitalism," *New Left Review* 46 (2007)

Salmenkari, Taru, *Democracy, Participation, and Deliberation in China* (Saarbrücken: VDM Verlag, 2008)

Sautman, Barry and June Teufel Dreyer eds., *Contemporary Tibet: Politics,*

Development and Society in a Disputed Religion (London: M.E. Sharpe, 2006).

Sautman, Barry, "Tibet: Myth and Reality," *Current History* (September 2001).

Scalapino, Robert, "China in the Late Leninist Era," *The China Quarterly* (December 1993)

Shambaugh David, ed., *Is China Unstable?* (Armonk: M.E.Sharpe, 2000).

Shambaugh, David, "China in 1990: The Year of Damage Control," *Asian Survey* 31-1 (Jan, 1991)

Shambaugh, David, "International Perspectives on the Communist Party of China," *China: An International Journal* 10-2 (Aug, 2011)

Shambaugh, David, *China's Communist Party* (Washington D.C: Woodrow Wilson Press, 2008)

Shen, Simon, *Redefining Nationalism in Modern China* (New York: Palgrave macmillan, 2007)

Shenkar, Oded eds., *The Chinese The Rising Chinese Economy and its impact on the global economy, the Balancer of Power and Your Job* (N.J: Wharton School Publishing, 2005)

Shi, Tianjian and Lou, Diqing, "Subjective Evaluation of Changes in Civil Liberties and Political Rights in China," *Journal of Contemporary China* 19-63 (Jan 2010)

Shutter, Robert G., *China's Rise in Asia: Promises and Perils* (New York: Rowman & Littlefield, 2006)

Smith W. Warren., "China's Policy on Tibetan Autonomy", *East-West Center Washington Working Papers,* 2 (October 2004).

Smith, Anthony, *The Antique of Nations* (Cambridge: Polity, 2004)

So, Alvin Y., *China's Developmental Miracle* (New York: M.E. Sharpe, 2003)

Solinger, Dorothy J., "Despite Decentralizaton: Disadvantages, Dependence and Ongoing Central Power in the Inland: The Case of Wuhan," *The China Quarterly* 145 (1996)

Stiglitz, Joseph E., *Globalization and Dimensions* (New York: Norton, 2002)

Su, Xiaobo, "Revolution and Reform: The Role of Ideology and Hegemony in Chinese Politics," *Journal of Contemporary China* 20 (2011)

Swain, Michael D. and Tellis, Ashley J., *Interpreting China's Strategy: Past, Present, and Future* (Santa Monica, CA: Rand Corporation. 2003)

Tomba, Luigi, "Of Quality, Harmony, and Community: Civilization and the Middle Class in Urban China," *Positions* 17-3 (2009 Winter)

Tubilewicz, Czeslaw ed., *Critical Issues in Contemporary China* (London: Routledge, 2006).

Tubilewicz, Czeslaw eds., *Critical Issues in Contemporary China* (New York: Routledge, 2006)

Unger, Jonathan ed., *Chinese Nationalism* (New York: M. E. Sharpe, 1996)

Walder, Andrew, "The Party Elite and China's Trajectory of Change," *China: An International Journal* 2-2 (September 2004)

Wang, Chaohua, *One China, Many Paths* (London, Verso, 2003)

Wang, John and Lai, Hongyi, China Into the *Hu-Wen Era: Policy Initiatives and Challenges* (New Jersey: World Scientific, 2006)

Wang, Juntao, "Reverse Course: Political Neo-Conservatism and Regime Stability in Post-Tiananmen China," *Ph.D. dissertation, Columbia University* (2006)

Wang, T. Y. eds., *China After The Sixteenth Party Congress: Prospect and Challenges* (Toronto: de Sitter Publications, 2005)

Wang, Xiaoying, "The Post-Communist Personality: The Spectre of China's Capitalist Market Reforms," *The China Journal* 47 (January 2002)

Wang, Yiwei, "Seeking China's New Identity: the myth of Chinese Nationalism," 『비교문화연구』 11권 1호 (2007)

Weatherley, Robert, *Politics in China Since 1949: Legitimizing Authoritarian Rule* (London and New York: Routledge, 2006)

Wei, C. X. George and Liu, Xiaoyuan, *Chinese Nationalism in perspective: Historical and Recent Cases* (Westport: Greewood, 2001)

Wu, Xu, *Chinese Cyber Nationalism: Evolution, Characteristics, and Implications* (New York: Lexington, 2007)

Xu, Xianglin, "Social Transformation and State Governance: Political Reform and Policy Choice in China," *A search for Good Democracy in Asia* (2014 International Conference on Good Democracy, 17-18 Jan, 2014)

Zeng, Ka, "Domestic Politics and the U.S-China WTO Agreement," *Issue & Studies* 37 (2001)

Zhao, Quansheng, *Interpreting Chinese Foreign Policy* (Oxford: Oxford Press, 1996)

Zhao, Suisheng, "A State-led Nationalism: The Patriotic Education Campaign in Post Tiananmen China," *Communist and Post-Communist Studies* 31-3 (1998)

Zhao, Suisheng, "China's Intellectuals' Quest for National Greatness and Nationalistic Writings in the 1990s," *The China Quarterly* 152 (December 1997)

Zhao, Suisheng, "Chinese Nationalism and Its International Orientations," *Political Science Quarterly* 115-1 (2000)

Zhao, Suisheng, "The China Model: Can It Be Replace the Western Model of Modernization," *Journal of Contemporary China* (2010)

Zhao, Suisheng, A Nation-state by Construction (California: Stanford University Press, 2004)

Zhao, Suisheng, *Debating Political Reform in China: Rule of Law vs. Democratization* (New York: Routledge, 2006)

Zhao, Suishenh ed, *Debating Political Reform in China: Rule of Law vs. Democratization* (Armonk N.Y, M.E.Sharpe, 2006)

Zheng, Yongnian, "Is Communist Party Rule Sustainable in China?" *Discussion Paper* No.22 (The University of Nottingham, 2007)

Zheng, Yongnian, *Discovering Chinese Nationalism in China, New Identity, National Interest, and International Behavior* (New York: Cambridge University Press, 1999)

Zhu, Yuchao, " 'Performance Legitimacy' and China's Political Adaptation Strategy," *Journal of Chinese Political Science* 16-2 (2011)

3. 동양문헌

『構建社會主義和諧社會學習參考』(北京: 中共黨史出版社, 2007)

『大論爭: 民主社會主義模式與中國前途(上)』(臺北: 天池圖書, 2007)

『馬克思恩格斯全集』1卷 (北京: 人民出版社, 1995)

『資本論』1卷 (北京: 人民出版社, 2004)

『中共中央關於加强黨的執政能力建設的決定』(北京: 人民出版社, 2004)

『中共中央關於完善社會主義市場經濟體制若干問題的決定』(北京: 人民出版社, 2003)

『中國共産黨第16屆中央委員會第4次全體會議公報』(北京: 人民出版社, 2004)

『中國共産黨第十五次全國代表大會文件彙編』(北京: 人民出版社, 1992)

『中國共産黨第十六次全國代表大會文件匯編』(北京: 人民出版社, 2002)

『中國共産黨第十六次全國代表大會文件彙編』(北京: 人民出版社, 2002)

『中國共産黨第十七次全國代表大會文件彙編』(北京: 人民出版社, 2007)

NHK 中國プロジクト 編, 『21世紀中國はどう變貌するか』(東京: NHK出版社, 2002)

賈華强·馬志剛·方栓喜, 『構建社會主義和諧社會』(北京: 中國發展出版社, 2005)

甘 陽, "中國道路: 三十年與六十年,"『중국의 개혁개방: 그 안과 밖』(서울: 성균관대 2007. 3.17-18)

江金權, 『中國模式研究:中國經濟發展道路解析』(北京: 人民出版社, 2007)

江澤民, "在新的歷史條件下,我們黨如何做到'三個代表'," 『論"三個代表"』(北京, 中央文獻出版社, 2001)

江澤民, 『全面建設小康社會開創中國特色社會主義事業新局面』(北京: 人民出版社, 2002)

康曉光, "中國特殊論:對中國大陸25年改革經驗的反思," 『戰略與管理』4期 (2003)

姜　輝, "全面理解和準確把握科學發展觀的精神實質與基本內涵," 『求是』9期 (2006)

高建・佟德志 編, 『中國式民主』(天津: 天津人民出版社, 2010)

高建・佟德志 編, 『協商民主(deliberative)』(天津, 天津人民出版社, 2010)

高　放, "再論社會主義國家的政黨制度," 『浙江社會科學』(2000)

郭立靑, 中共智囊建立合法性新論述背後, 『亞洲週刊』21卷 2期 (2007.1.14)

關志雄, 『中國: 二つの罠』(東京: 日本經濟新聞出版社, 2013)

冷溶編, 『科學發展觀與構建社會主義和諧社會』(北京: 社會科學文獻出版社, 2007)

凌志軍, 『變化:1990年-2002年中國實錄』(北京: 中國社會科學出版社, 2003)

淡火生, 『審議民主』(南京: 江蘇人民出版社, 2007)

唐　亮, 『現代中國の政治: 開發獨裁とそのゆくえ』(東京: 岩波書店, 2013)

鄧小平, "發展中日關係要看得遠些," 『鄧小平文選』3卷 (北京: 人民出版社, 1993)

鄧小平, 『鄧小平文選 2卷』(北京: 人民出版社, 1983)

馬建中, 『政治穩定論』(北京: 中國社會科學文獻出版社, 2003)

馬國川, 『爭鋒:一個記者眼里的中國問題』(中國水利水電出版社, 2008)

馬克思, "共産黨宣言," 『馬克思恩格斯選集』1卷 (北京: 人民出版社, 1995)

馬克思, "所謂原始蓄積," 『馬克思恩格斯選集』2卷 (北京: 人民出版社, 1995)

馬玲・李銘, 『胡錦濤新傳』(臺北:泰電電業, 2006).

馬立誠, 『當代中國八種社會思潮』(北京: 社會科學文獻出版社, 2012)

馬　戎, 『西藏的人口與社會』(北京: 同心出版社,1996).

莫岳云, 『全球化與當代社會主義』(北京: 人民出版社, 2006)

閔　琦, 『中國政治文化』(昆明: 雲南出版社, 1989)

潘　岳, "對革命黨向執政黨轉必的思考," 『開放』(2001年 7月)

房　寧, 『民主政治十論』(北京: 中國社會科學文獻出版社, 2007)

房　寧, 『草根經濟與民主政治』(北京: 社會科學文獻出版社, 2008)

方寧・宋強・王小東, 『全球化陰影下的中國之路』(北京: 中國社會科學出版社, 1999)

房寧・王炳權・馬利軍 外, 『成長的中國: 當代中國靑年的國家民族意識研究』(北京: 人民出版社, 2002)

潘　維, 『法治與民主迷信』(香港: 香港社會科學出版社, 2003)

潘　維, 『中國模式: 解讀人民共和國的60年』(北京: 中央編譯出版社, 2009)

謝慶奎 編, 『民生視閾中的政府治理』(北京: 北京大學出版社, 2012)

謝慶奎, "當代中國民族主義思潮興起的表現,特徵及原因分析," 『동양정치사상사』제5권 1호 (2006)

謝　韜, 『大論爭: 民主社會主義模式與中國前途(下)』(臺北, 天池圖書, 2007)

上海社會科學院理論時評小組, 『2006年: 重大理論問題研究年度綜述』(上海: 學林出版社, 2007)

徐斯儉, "中共16大與政治改革," 『中國大陸研究』46卷 4期 (2003)

徐湘林 等編, 『民主,政治秩序與社會變革』(北京, 中信出版社, 2003)

石　中, "中國現代化面臨的挑戰," 『戰略與管理』1期 (1994)

蕭功秦, "新加坡的 '選擧權威主義' 及其啓示," 『戰略與管理』1期 (2003)

蕭功秦, "軟政權與分利集團化:中國現代化的兩重陷穽," 『戰略與管理』1期 (1994)

蘇張和, "走出民主政治研究的困局," 『求是』11期 (2013)

孫立平, "現代化進程中中國各種社會關係的新變化," 『戰略與管理』1期 (1994)

孫永仁, "社會主義紅旗必將在中國一代人手中傳下去: 何新現象的啓示," 『中共中央黨校報告選』3期 (1991)

宋强 外, 『中國可以設不』(北京: 中華工商聯合出版社, 1996)

宋强 外, 『中國還是能設不』(北京: 中國文聯出版社, 1996)

宋　琦, "法人社會主義:能極大促生産力發展的公有制形式," 『中國市場經濟報』(1999.1.23)

施哲雄 編, 『發現當代中國』(臺北: 楊智,2007)

深圳大學當代中國政治研究所 編, 『當代中國政治研究報告』9輯 (2012)

梁啓超, 『梁啓超文集: 飮冰實合集十三』(北京: 中華書局, 1989)

楊魯慧, "論科學發展觀對當代國外發展理論成果的合理借鑒," 『科學』11期 (2004).

汝信 外, 『2005年: 中國社會形勢分析與豫測』(北京: 社會科學文獻出版社, 2005)

汝信·陸學藝·李培林 編, 『2003年:中國社會分析與豫測』(北京: 社會科學文獻出版社, 2003)

燕繼榮, "民主之困局與出路," 『學習與探索』2期 (2007)

閆健 編, 『讓民主造福中國:兪可平放談錄』(北京: 中央編譯出版社, 2009)

閆　健, 『民主是個好東西:兪可平放談錄』(北京: 社會科學文獻出版社, 2006)

王夢奎 主編, 『中國的全面協調可持續發展』(北京: 人民出版社, 2004)

王　山, 『第三只眼睛看中國』(太原: 山西人民出版社, 1994)

王瑞光·王智新·朱建榮·熊達雲 編, 『最新教科書 現代中國』(東京: 柏書房, 1998).

王紹光,『祛魅與超越』(北京: 中信出版社, 2010)

王紹光,『民主四講』(北京: 中信出版社, 2010)

王紹光・胡鞍鋼・周建明, "第二代改革開放戰略:積極推進國家制度建設,"『戰略與管理』2期 (2003)

王小東, "民族主義和中國的未來,"『天涯』2期 (2000)

王偉光, "深刻理解科學發展觀的理論內涵,"『理論視野』3期 (2004)

王逸舟,『當代國際政治析論』(上海: 人民出版社, 1995)

王逸寧, "社會主義市場經濟的政治要求,"『上海社會科學』2期 (1993)

汪　暉, "當代中國的思想狀況與現代性問題,"『文藝爭鳴』6期 (1998)

汪　暉, "文化批判理論與當代中國民族主義問題,"『戰略與管理』4期 (1994)

俞可平 外,『馬克思主義與科學發展觀』(重慶: 重慶出版社, 2006)

俞可平 外,『中國模式與北京共識』(北京: 社會科學文獻出版社, 2006)

俞可平,『敬畏民意』(北京: 中央編驛出版社, 2012)

俞可平,『政治與政治學』(北京: 社會科學文獻出版社, 2003)

俞可平,『中國公民社會的興起及其治理的變遷』(北京: 社會科學文獻出版社, 2002)

劉美珣,『中國特色社會主義』(北京: 清華大學出版社, 2004)

劉世軍・郝鐵川,『江澤民"三個代表"思想研究』(南京: 南京大學出版社, 2002)

游崇宜, "西方協商民主的興起與中國特色協商民主的比較,"『福建省社會主義學院學報』5期 (2010)

陸建華, "1996: 中國青年的成長環境,"『中國青年』6期 (1996)

陸學藝,『當代中國社會階層研究報告』(北京: 社會科學文獻出版社, 2002)

李建平,『社會和諧發展論』(北京: 社會科學文獻出版社, 2006)

李景鵬,『挑戰,回應與中變革』(北京: 北京大學出版社, 2012)

李君如, "協商民主:重要的民主形式,"『世界』9期 (2006)

李君如,『當代政治體制改革研究』(福州: 福建人民出版社, 2007)

李君如,『小康中國』(北京: 社會科學文獻出版社, 2003)

李成(許效禮 外譯),『中産中國』(上海: 上海譯文出版社, 2013)

李世濤 編,『知識分子立場:自由主義與中國思想界的變化』(北京: 時代文藝出版社, 2000)

李世濤 編,『知識分子立場:民族主義與轉型期中國的命運』(長春: 時代文藝出版社, 2002)

李安定,『李安定藏學論文選』(北京: 中國藏學出版社,1992).

李曄・王仲春, "美國的西藏政策與西藏問題的由來",『美國研究』2期(1999).

李恒瑞 等, 『當代中國科學發展觀論綱』(廣州: 廣東人民出版社, 2006)

李希光・劉康, 『妖魔化中國的背後』(北京: 中國社會科學出版社, 1996)

李熙玉・馬仁燮, "亞洲'優質民主'探索:理論,評價指標,類型," 『成均中國觀察』4期
　　　(2013)

人民日報理論部 編, 『六個爲什么』(北京: 人民日報出版社, 2009)

林尙立 外, 『複合民主』(北京: 中國編譯出版社, 2012)

林尙立, "有機的公共生活:從責任建構民主," 『社會』3期 (2006)

林尙立, "協商政治: 對中國民主政治發展的一種思考," 『學術月刊』4期 (2003)

張明軍・吳新葉・李俊, 『當代中國政治社會分析』(北京: 中央編譯出版社, 2008)

張法・張頤武・王一川, "從現代性到中華性:新知識型的探尋," 『文藝爭鳴』2期 (1994)

田科武, "無法打贏的戰爭," 『中國靑年研究』4期 (1999)

程美東, 『透視當代中國重大突發事件1949-2005』(北京: 中央黨史出版社, 2006).

丁學良, 『辯論中國模式』(北京: 社會科學文獻出版社, 2011)

政協全國委員會辦公廳, 中共中央文獻研究室 編, 『人民政協重要文獻選編(下)』(北京:
　　　中央文獻出版社, 2009)

趙軍, "現代化史與政治史," 『戰略與管理』1期 (1994)

趙培杰, "關於民主的'東西'之爭," 『理論熱點:百家爭鳴12題』(北京: 社會科學文獻出版
　　　社, 2010)

朱建榮, 『中國 第三の革命:ポスト江澤民時代の讀み方』(東京: 中央公論新社, 2002)

朱高正, "自由主義與社會主義的對立與互動," 『中國社會科學』6期 (1999)

朱光磊・郭道久, "非國家形態民主:當代中國民主建設的突破口," 『教學與研究』6期
　　　(2002)

周少來, 『東亞民主生成的歷史邏輯』(北京: 中國社會科學出版社, 2013)

周勇闖・景蔚, 『領航: 三個代表思想形成大回放』(北京: 文匯出版社, 2002)

中共中央關於制定國民經濟和社會發展第十五年計劃的建議輔導讀本』(北京: 人民出
　　　版社, 2005)

中共中央對外聯絡部研究室, 『中國夢與世界』(北京: 外文出版社, 2013)

『中共中央宣傳理論局 外編, 『2006年馬克思主義理論研究和建設工程研究選編』(北京:
　　　學習出版社, 2007)

中國社會科學院哲學研究所, 『哈貝馬斯在華講演集』(北京: 人民出版社, 2002)

陳映眞, "尋找一個失去的視野," 『海峽評論(臺北)』2期 (1991)

蔡　昉, 『避免中等收入陷穽』(北京: 社會科學文獻出版社, 2012)

千石保・丁謙, 『中國人の價值觀』(サイマル出版會, 1992)

靑連斌, "學術界關於構建和諧社會的理論思考," 『構建社會主義和諧社會學習參考』 (北京: 中共黨史出版社, 2007)

清華大學國情硏究中心, 『2030中國: 邁向共同富裕』(北京: 中國人民大學出版社, 2011)

肖立輝, 『當代中國政府與政治硏究』(河南人民出版社, 2008)

崔文華, 『河殤論』(北京: 文化藝術出版社, 1998)

崔之元, "激發對'社會主義市場經濟'的想像力," 『中國經濟時報』(2006.7.31)

鄒東濤·歐陽日輝, 『所有制改革攻堅』(北京: 水利水電出版社, 2005)

佟玉華·馬繼東·徐琦, 『社會轉型期政治發展與民主政治建設』(北京, 中國社會科學出版社, 2009)

何 新, "我向你們的良知呼喚," 『東方的復興:中國現代化的命題與前途 1卷』(哈爾濱: 黑龍江人民出版社, 1991)

何增科, "民主化:政治發展的中國模式與道路," 『中共寧波市委黨校學報』2期 (2004)

何包鋼, 『協商民主:理論,方法和實踐』(北京: 中國社會科學出版社, 2008)

韓慶祥·張洪春, "究竟怎么理解以人爲本," 『社會科學輯刊』5期 (2005)

許紀霖, 『尋求意義: 現代化變遷與文化批評』(上海: 三聯書店, 1997)

胡鞍綱, "分稅制:評價與建議," 『戰略與管理』2期 (1996)

胡鞍鋼, 『中國:新發展觀』(杭州: 浙江人民出版社, 2004)

胡鞍鋼, 『中國崛起之路』(北京: 北京大學出版社, 2007)

胡鞍鋼·王亞華, 『國情與發展』(北京: 清華大學出版社, 2005)

胡岩, "近代'西藏獨立'的由來及其實質," 『西藏硏究』1期(2000).

胡偉希, "21世紀中國的民族主義:歷史基因與發展前景," 『동양정치사상사』제5권 1호 (2006)

黃中平, 『學習與運用黨的最新理論成果』(北京: 紅旗出版社, 2007)

4. 신문류

『人民日報』　　　　　『光明日報』　　　　　『眞理的追究』

『解放日報』　　　　　『北京靑年報』　　　　『信報財經新聞』

『北京日報』　　　　　『新京報』　　　　　　『南方都市報』

『南方週末』　　　　　『新週刊』　　　　　　『문화일보』

『太陽報』　　　　　　『中國工商時報』　　　『조선일보』

『中國時報』　　　　　『中國經濟時報』　　　*South China Morning Post*

『經濟參考報』　　　　『中流』

중국의 새로운 민주주의 탐색

1판 1쇄 인쇄 2014년 6월 20일
1판 1쇄 발행 2014년 6월 30일

지은이	이희옥
펴낸이	김준영
펴낸곳	성균관대학교 출판부
출판부장	박광민
편집	신철호 · 현상철 · 구남희
외주디자인	서진기획
마케팅	박인붕 · 박정수
관리	이경훈 · 김지현
등록	1975년 5월 21일 제1975-9호
주소	110-745 서울특별시 종로구 성균관로 25-2
전화	02)760-1252~4
팩스	02)762-7452
홈페이지	http://press.skku.edu

ISBN 979-11-5550-052-1 (03340)

이 책은 2012년 정부(교육과학기술부)의 재원으로 한국연구재단의 지원을 받아 수행된 연구임(NRF-2012S1A3A2033775)